⊙中国社会科学杂志社学者文库⊙

思想镜像的生成

王 广/著

SIXIANG JINGXIANG DE SHENGCHENG

中国社会科学出版社

图书在版编目（CIP）数据

思想镜像的生成／王广著．—北京：中国社会科学出版社，2013.4

ISBN 978 – 7 – 5161 – 2222 – 8

Ⅰ.①思… Ⅱ.①王… Ⅲ.①哲学—文集 Ⅳ.①B – 53

中国版本图书馆 CIP 数据核字（2013）第 057328 号

出 版 人	赵剑英
责任编辑	张　林
特约编辑	张冬梅
责任校对	王兰馨
责任印制	戴　宽

出　　版	中国社会科学出版社
社　　址	北京鼓楼西大街甲 158 号（邮编 100720）
网　　址	http://www.csspw.cn
	中文域名:中国社科网　　010 – 64070619
发 行 部	010 – 84083685
门 市 部	010 – 84029450
经　　销	新华书店及其他书店

印刷装订	三河市君旺印装厂
版　　次	2013 年 4 月第 1 版
印　　次	2013 年 4 月第 1 次印刷

开　　本	710 × 1000　1/16
印　　张	16.25
插　　页	2
字　　数	275 千字
定　　价	49.00 元

《中国社会科学杂志社学者文库》序

在中国社会科学杂志社建社三十周年,《中国社会科学》（1980 年 1 月创刊）迎来创刊三十周年、《中国社会科学报》（2009 年 7 月 1 日创刊）创刊一周年的特殊日子里,中国社会科学杂志社诸同仁精选自己的学术研究成果,汇集成这套《中国社会科学杂志社学者文库》出版了。这是中国社会科学杂志社科研人员呈现给自己单位的一份深情厚礼。

三十年来,中国社会科学杂志社始终坚持"编研结合"的方针,要求编辑人员结合自己的编辑工作,认真研究理论和学术问题,既要密切跟踪国内外学术前沿,又要准确把握本学科的学术历史;既要关注重大理论和实践问题,又要拥有真正属于自己的研究领域,努力形成自己的研究理念、研究风格和独到见解。正是浓厚的学术氛围、严谨的学术风气、深厚的学术积淀,使杂志社不同于一般的编辑机构,它拥有一支具有较深理论造诣和学术积累的科研队伍,推出了一批具有较高学术水准的研究成果。中国社会科学杂志社主办的学术报刊,始终保持着较高的学术水平,在繁荣发展中国特色哲学社会科学事业的洪流中,占有醒目而且重要的位置。

最近几年,中国社会科学杂志社在中国社会科学院党组的关心和领导下,进一步加强了对理论学术前沿的研究和引领,率先在全国期刊界成立了马克思主义理论编辑室,建立了理论前沿研究中心,创办了《中国社会科学内部文稿》,创办了新中国第一份全国性哲学社会科学专业报纸《中国社会科学报》,完善采、编、发流程管理,大力实施"开门办刊"和"开门办报"方针,更加强调"编研一体化",努力培养和造就一大批专家型编辑、记者,努力为推动构建具有鲜明中国特色、中国风格、中国气派的当代学术话语体系作出更大贡献。这套学术文库,可以说是对杂志社编研结合办社方针成果的一次检阅。

尽管这部学术文库所收论著，既有离退休老同志的论文辑录，也有在职同志的自选集，还有青年同志的学术专论，但毕竟只是部分同仁的科研成果，未必代表杂志社工作人员的最高学术水平。当然，从其所涉领域、研究理路、学术风格中，人们能或多或少地体会到杂志社独特的学术视野和科研特色。

从事哲学社会科学研究，是一项充满挑战、异常艰辛的工作。在这里，没有坚定的信念，没有坚强的意志，没有经受挫折、百折不回的精神，是不可能做出任何重要成绩的。好在中国学术，具有源远流长的优秀学术传统，无论是从事编辑工作，还是从事科研工作，只要认真反思、体会、继承这些优秀传统，就能够获得一些重要的教益。

一是求是的传统，也就是追求真理、探索规律的传统。真正的学问家，从来都将认识人类之命运作为自己全部学术活动的出发点，力图通过对社会关系、社会形态的反思，通过对人和自然关系的反思，总结出具有普遍意义的历史结论，即所谓"究天人之际，通古今之变，成一家之言"。事实上，高层次的学术活动，不但是严谨的，而且是思辨性的，充满了理性的睿智。

二是求真的传统。学术研究，就其直接目的而言，就是揭示和研究人类活动的各种形态。这决定了它必须将具体的事实作为自己学术立论的重要基础。明儒王阳明曾提出"五经亦史"的重要论断，称"以事言谓之史，以道言谓之经。事即道，道即事。《春秋》亦经，五经亦史"。其言未必准确，但反映了中国学术注重事实、不空言义理的重要传统。学术的科学性，首先取决于研究者是不是在依靠事实说话。事实的论证，要永远重于空洞的说教。

三是经世的传统。这就是主张学术研究要服务国家，服务民族，做到文须有益于天下，有益于将来。经世不但是研究目的，而且是一种道德，一种精神，体现了中国知识分子"位卑未敢忘忧国"，以学问回报社会的高尚情操和庄严责任感。在中国传统社会，学术从来都以经世为其基本目的。章学诚在《浙东学术》一文中，明确阐述了自己以史经世的学术主张："史学所以经世，固非空言著述也。且如六经，同出于孔子，先儒以为其功莫大于《春秋》，正以切合当时人事耳。后之言著述者，舍今而求古，舍人事而言性天，则吾不得而知矣。学者不知斯义，不足言史学也。"这就是说，注意人伦日用，关注时代需要，是章学诚治史的重要特

征，也是其以史经世的基本内容。正是经世的传统使史学在中国历代社会
与政治变革中发挥着独特的重要作用。

环顾当今学林，中学与西学互动，传统与现代并存。然而，我们民族
悠久、深远的优秀学术传统，仍是我们前进的基础和出发点，是不可或缺
的智慧宝库。学术研究如果不以求是为目的，如果不关注、不探索社会演
变的规律，以烦琐考证取代理论思维，以堆砌资料为博，以叠床架屋为
精，拾芝麻以为玑珠，袭陈言而自诩多闻，以偏赅全，见小遗大，学术就
注定要丧失自己应有的精神境界，在由无数具体事实堆积而成的汪洋大海
中迷失方向。一旦如此，其着力逾多，其离科学精神所追求的境界愈远。
但另一方面，如果缺乏严谨求实的科学精神，缺乏对规范的必要尊重，脱
离实际，游谈无根，空言"义理"，或以一偏之见为理，或以望文生义为
理，或以自逞胸臆、杜撰"体系"为理，或以拾洋人、权威牙慧为理，
学术也会丧失自己的精神境界，堕落为"玄学"。就学术与社会的关系而
言，如果缺乏对国家和民族的责任感和使命感，将学术研究与服务现实简
单对立，学术将不但会丧失发展的余地，而且也会逐渐丧失生存的空间。
反之，如果将经世致用简单化、庸俗化，用应时之作取代理性而严谨的科
学探索，学术就会堕落为"俗学"，也谈不上起码的尊严。

当代中国正面临着极其宝贵的发展机遇，也面临着极其严峻的挑战。
当代中国学术也是如此。如何立基，何去何从，是每一个治学者都不能不
面对的重大问题，岂可不深思而慎择之。

《中国社会科学杂志社学者文库》付梓之际，聊草数言，权充书序。

高 翔

2010 年 4 月于鼓楼西大街甲 158 号院

目　录

理论思考

正义研究

学术述评

序

高 翔

近日，中国社会科学杂志社年轻的副编审王广同志，将其近年论文结集成册，名曰《思想镜像的生成》，嘱余为序，余欣然应之。

环顾当今学界，学者出书已属平常之事，专著、文集、资料汇编、散文甚至小说，等等，令人眼花缭乱，目不暇接。然而，其中真正有独到见解，真正经得起推敲者，并不多见。我欣喜地看到，《思想镜像的生成》，不同凡响，是一部真正洋溢着思想激情，论证严谨，颇见功力的著作。它对当代中国道路的探索，对正义问题的分析，对政治哲学等重大问题的见解，无不表明中国哲学界、思想界后继有人。

学术研究，讲究的是独立思考，崇尚的是开拓创新。我从来都认为，做学问不要崇拜更不要迷信任何权威，在真理面前人人平等。一个最基本的常识是：在学术探索过程中，除了敬畏真理，我们不能迷信任何别的东西。这讲的就是学术的纯洁性，讲的就是学者要有赤子之心。江泽民同志在谈到理论工作时曾指出："必须结束过去那种在理论研究中'定于一尊'的局面，破除封建意识，倡导学术民主和理论民主。真理面前人人平等。学术和理论面前人人平等。实践是判别理论是非的唯一标准。"[①] 在学术研究中，如果我们盲从于所谓的权威，如果我们整天挖空心思论证所谓的教条，如果我们不是以真理判断是非，而是以教条认定对错，这样的学者不可能有大的出息。一旦中国学术界弥漫着盲从、迷信风气，中国学术就不可能有大的出路。

---

① 《江泽民文选》第 1 卷，人民出版社 2006 年版，第 32 页。

应该说，当前，中国学术正处于有史以来最好的发展时期。中国特色社会主义的伟大实践，使中国在短短三十多年里创造了人类有史以来最伟大的发展奇迹，为中国的学术繁荣提供了极其深厚的沃土。然而，必须承认：我们学术创新的步伐，和中国共产党理论创新的步伐相比，和中国高速现代化的客观形势相比，显得有些滞后。原因何在？除了体制、学风等方面的原因外，我看还有一个很重要的原因，这就是教条主义的束缚。如果说 20 世纪 80 年代，对我们的学术研究危害较大的主要是把马克思主义当作一成不变的教条的话，那么，现在，更要警惕的是把西方的思想、学术当作神圣不可侵犯的教条，用西方的原理来规范中国学术，也就是说，要高度重视"西教条"的危害。

当代中国文化具有走向世界的良好条件。科学总结人类历史，特别是中国历史的内在逻辑，认真研究中国特色社会主义事业的宝贵经验，并进行科学的提炼和概括，为人类文明的提升贡献中国人的思想和智慧，是当代中国学人的重要历史使命。

然而，一个民族的学术文化要走向世界绝不能是盲目的，更不能一相情愿。走向世界的前提是我们真正懂得世界，拥有了与其他民族平等对话的实力和资格。我们正处在一个急剧变革的时代，从生产方式、交往方式、生活方式到思维方式都发生了深刻的变革。面对方兴未艾的全球化浪潮，面对深刻变动与密切相连的国际文化激荡，当代中国学术话语体系需要在研究方法、理论范式、学术理念等诸多方面实现创造性转换。这就离不开对其他民族优秀文明成果的借鉴和吸收。然而，借鉴甚至吸收其他优秀文明成果，并不意味着否定马克思主义对中国学术理论的指导地位，迎合所谓"国际主流学术"的要求。当代中国学术理论界，如果不加分析地盲目跟从以西方价值观为核心的所谓"国际主流学术"，不但在学术研究上是一种没有出息的做法，更重要的是，它将断送中国学术理论的独立性，葬送中国学术理论的未来。因此，我们有必要在中国学术界再次疾呼独立思考，努力恢复中国学人对中国学术的价值自信；更加强调学术的民族风格、中国特色，继承和弘扬我们民族源远流长的优秀学术传统；大力提倡立足国情、立足当代，以重大现实问题为主攻方向，鼓励学者大胆探索，勇于创新，为民族的复兴、人类文明的提升，提供经得起检验的科学方案。在这些方面，王广显然不但有自己的独立思考，而且将其思考结果融入到了具体的问题研究，例如他对正义问题的研究等，态度可嘉，成绩可喜！

　　中国社会科学杂志社深刻地理解自己对当代中国学术的使命与义务，所以，我们反复要求编辑要站在历史的制高点和时代的制高点做学问，要真正知道学术的渊源流变及其内在逻辑，真正理解时代对学术的要求以及学术的发展趋向。令我感到欣慰的是，现在我们已经建立起一支有理想、有信念、讲政治、懂理论、通学术的年轻编审队伍。这支队伍在世界理论学术编辑界独树一帜，可以和任何国家的同行展开平等的有尊严的对话，这是我最感到自豪的。王广则是其中重要一员。他的理论素养、学术眼界、精益求精的精神，都促使他在学术上不断进步。从他身上，你可以感受到我们事业的朝气与活力，更可以看到未来的希望！

　　学术之路漫远而艰辛，没有哪个人的成长道路是一帆风顺的。对未来，我们宁愿将困难想得更多一些，把生活的艰辛理解得更透一些。然而，真诚可以感动天地，坚韧可以开辟未来。于王广，余有厚望焉。

2012 年 7 月 3 日

（作者为中国社会科学院副秘书长，

中国社会科学杂志社总编辑、研究员）

理论思考

中国特色社会主义道路的
理论探索与历史价值

新中国成立 60 年来尤其是改革开放 30 年来，中国走过了一段昂扬奋起的不平凡历程，中国人民在中国共产党的领导下，以乘长风破万里浪的雄姿胜慨谱写了中华民族几千年来最为辉煌灿烂的篇章。中国特色社会主义道路越走越宽广，中国特色社会主义事业以更加磅礴的发展态势巍然屹立于世界东方。

关于中国特色社会主义道路的内涵，党的十七大报告进行了精辟概括："中国特色社会主义道路，就是在中国共产党领导下，立足基本国情，以经济建设为中心，坚持四项基本原则，坚持改革开放，解放和发展社会生产力，巩固和完善社会主义制度，建设社会主义市场经济、社会主义民主政治、社会主义先进文化、社会主义和谐社会，建设富强民主文明和谐的社会主义现代化国家。"①

中国特色社会主义道路，蕴涵着马克思主义的真理光芒、深邃的民族文化智慧和对当代中国国情的深切体认，构成了一种崭新的文化样态，它在民族文化力量的层面上深刻地寄寓着中华民族的发展智慧，标示着中华民族百余年来在追寻民族独立、国家富强、社会和谐这一伟大梦想的道路上，披荆斩棘、艰辛探索而形成的崇高文化成果。

---

① 胡锦涛：《高举中国特色社会主义伟大旗帜，为夺取全面建设小康社会新胜利而奋斗——在中国共产党第十七次全国代表大会上的报告》，人民出版社 2007 年版，第 11 页。

一 中国特色社会主义道路的理论探索

中国特色社会主义道路，是关于中国发展道路的总的理论概括，以其对中国发展道路的清晰洞察与深刻把握而构成一种崭新的文化样态。这一新的文化样态的择出，不是主观意志驱使下的偶然，而是充满了历史的必然性，走过了一段艰辛备尝、风云激荡的历史行程。享其实者怀其树，饮其流者怀其源。今天我们回首百年，梳理马克思主义传入中国、与中国实际相结合，并逐步指引中国革命、建设和改革取得胜利，并最终确立中国特色社会主义道路的艰难历程，决不是为了发思古之幽情，也不是简单地重述这段历史，而是为了穿透历史的风云变幻，系统总结中国特色社会主义道路寻觅、探索、创造，并在中国大地上扎根生长的历史必然因素，深刻展示中国特色社会主义道路作为一种崭新文化样态的历史积淀和宏大景观。

（一）马克思主义传入中国与革命道路的探索

马克思主义理论揭示了自然界、人类社会和思维发展的客观规律，论证了社会主义取代资本主义的历史必然性，指明了实现无产阶级与全人类解放的理想目标和现实道路，实现了人类思想史上划时代的根本变革，开创了现代意义上的社会科学。然而，马克思主义传入中国，并与中国具体实际相结合，指导中国新民主主义革命取得胜利，并不是一帆风顺的。1840 年鸦片战争以后，坚船利炮、亡国灭种的威胁驱散了天朝上国的迷梦，无数仁人志士开始了苦心寻找救亡图强道路的历程。但是，包括康有为、梁启超的资产阶级改良主义，孙中山先生的资产阶级民主革命在内的各种探索，都无一例外地失败了。中国人民仍在黑暗中痛苦地摸索。

延至"五四"新文化运动时期，改造社会的各种思潮更加复杂，风起云涌，纷纭多变，让人有目不暇接之感。大体说来，当时中国主要有以下几种思潮：（1）信奉三民主义的资产阶级民主派，其中又可以分为以孙中山、廖仲恺为代表的左翼，和以戴季陶、胡汉民为代表的右翼；（2）信奉改良主义的资产阶级改良派，以梁启超、张东荪等人为代表；（3）无政府主义，主张一切财产归公，废除一切政府机构；（4）合作主义，以复旦大学部分教员和学生组织的"平民学社"为代表，主张通过合作社和平改造社会；（5）新村主义，以周作人为代表，主张另辟一块小天地，建立没有压迫剥削、人人平等幸福的新社会；（6）托尔斯泰泛劳动主义，强调自劳而食，人人参加劳动；（7）工读主义或工学主义，主张劳心与劳力、工与读相结合；（8）马克思主义，以李大钊、陈独秀、毛泽东等为代表。① 从这里可以看出，马克思主义只是当时各种社会思潮中的一家，而且最初还不是占主流的一家。梁启超就认为，马克思的学说有"谬误"，"其目的皆在现在，而未尝有所谓未来者存也"，并称马克思的学说"架空理想"，"足以煽下流"。②

　　然而，真理的光辉无法长久掩盖。通过在实践中的多方比较，人们逐渐发现，只有以马克思主义为指导，推翻军阀统治和国外资本主义的压迫，中国的独立富强才能实现。除此以外的其他道路都是空想，根本无法实现。这种声音逐渐地成了社会的主流和强音，获得了人民群众的拥护与支持。《晨报》1921 年 7 月 2 日—6 日发表题为《社会主义与资本主义争论问题》的文章，认为中国要发展实业，推翻军阀统治和外国压迫，就必须实行社会主义，而"资本主义不能实行于今日中国"。《新共和》第 1 卷第 2 号发表《贫乏问题的原因及其解决方案》一文，其中明确写道："据现在大家公认的道理，代资本主义而起的当然是社会主义。我想：有理性、有良心的人，决不至反对社会主义！我们中国除非那些闭眼瞎说，不晓得世界大势的顽固党，也决没有胡乱反对社会主义的！"③ 这些论述也许还没有达到透彻、严谨、科学的理论化高度，但它们真切地反映了人民心底的声音，代表了广大人民群众对共产主义和社会主义的接纳与信奉。以李大钊、毛泽东等为代表的中国共产党人，则抱着严肃认真的态度，对马克思主义和社会主义道路展开了深刻的思考。毛泽东明确指出："十月革命帮助了全世界的也帮助了中国的先进分子，用无产阶级的宇宙观作为观察国家命运的工具，重新考虑自己的问题。走俄国人的路——这就是结论。"④

---

① 参见陈汉楚编著《社会主义在中国的传播和实践》，中国青年出版社 1984 年版，第 99—101 页。

② 《饮冰室合集》文集第五册，第 79、86 页。

③ 转引自陈汉楚编著《社会主义在中国的传播和实践》，中国青年出版社 1984 年版，第 102—103 页。

④ 《毛泽东选集》第 4 卷，人民出版社 1991 年版，第 147 页。

　　回顾历史可以看到，中华民族在最初向往现代化时曾经尝试走资产阶级（改良或革命）道路，但历史无情地告诉人们，这条道路走不通。要实现中国自立、自强，必须改弦更张，另觅新路。

　　如果说马克思主义传入中国，为中国特色社会主义道路的最终确立奠定了最初的思想基础，那么，它在此后的发展历程也不是一帆风顺、顺势而成的问题。它还面临着一个把马克思主义基本原理与中国具体实际相结合，推进马克思主义中国化和用中国化的马克思主义指导中国革命实践的重大问题。

　　不可否认，中国共产党在立党之初，对这一问题还没有达到理论自觉的高度，往往依赖于俄国革命成功的经验，过度信奉马克思主义的本本，而忽略了中国具体国情与俄国、西欧的巨大差异。正因为如此，中国共产党在大革命失败之后，即遵照十月革命的成功经验，制定了在大城市武装暴动，夺取政权的革命道路。当时党内许多同志都认为，只要武装控制了大城市，就可以顺利地取得革命胜利，实现全国的解放。具体说来，在中国共产党找到正确的革命道路之前，一直存在着两种错误倾向，而尚未被党内大多数同志自觉意识到。其中，一种是从书本出发，在马克思主义经典著作中寻找解决现实问题的答案，以为靠照抄照搬马克思列宁主义词句就可以实现中国革命胜利的教条主义；另一种是轻视科学理论的指导作用，从狭隘经验出发，满足于一得之功和一孔之见的经验主义。这两种错误倾向，一个是脱离了中国国情与革命具体实际，一个是忽略了科学理论的思想指导，其实质是一致的，就是割裂了马克思主义普遍真理与中国具体实际不可分割的血肉联系，忽视了马克思主义中国化。而忽视了这一问题，就意味着中国革命难以找到正确的方向道路，深刻地影响到中国共产党的生死存亡，影响到中国革命的兴衰成败。正是在这样一个重大历史关头，以毛泽东为代表的中国共产党人，把关注的目光和思考的中心，投注到了推进马克思主义中国化，推进马克思主义普遍原理与中国具体国情相结合，寻找中国新民主主义革命的正确道路问题上。八七会议前后，毛泽东提出了"上山"和"在枪杆上夺取政权，建设政权"的主张。经过长期的艰苦探索，历经无数奋斗牺牲，中国共产党人才领导中国人民开创了一条前人没有走过的中国自己的革命道路——"农村包围城市，武装夺取政权"，从而完成了反帝反封建的任务，取得了革命胜利，建立了中华人民共和国。

归结起来，在上述奋斗、探索、调查、钻研、总结、提升的过程中，中国共产党人实际上主要在解决两大历史任务。其一，是在思想理论上，把马克思列宁主义普遍原理与中国革命具体实际相结合，认识中国革命的本质规律，形成关于中国新民主主义革命正确道路的科学理论；其二，是在实践运动上，探索中国新民主主义革命的正确方向道路，并据以采取正确的战略决策和重大方针，领导中国革命走向胜利。

（二）社会主义现代化建设道路的初步探索

新中国成立之后，把马克思主义基本原理与中国具体实际结合起来、领导推进社会主义现代化建设，是横亘在共产党人面前的一个重大问题。

对这段历史，邓小平同志曾经总结说，"我们建国三十九年，头八年好，后十年也好，当中那些年受'左'的干扰，情况不大好。"[①] 在此发展过程中，发展得好，其根本原因就是坚持了马克思主义中国化的正确方向，把马克思主义普遍原理与中国具体实际相结合；发展得不好，出现"左"的倾向和严重干扰，其根本原因就是没有找到一条适合中国国情的发展道路，或者照搬苏联模式，脱离中国具体实际，或者生搬硬套经典作家的论述，无视中国国情。也就是说，放弃了马克思主义中国化的努力，重新陷入教条主义或者狭隘经验主义的窠臼，割裂了马克思主义普遍原理与中国具体实际的联系。

社会主义改造基本完成以后，中国共产党领导全国各族人民开始转入全面的大规模的社会主义建设。直到"文化大革命"前夕的 10 年中，虽然遭到过严重挫折，经济社会建设仍然取得了很大的成就。毛泽东等老一辈革命家也结合社会主义建设的初步实践，总结提出了许多重要思想，推动了具有中国特色的社会主义道路的探索过程。1957 年春，毛泽东提出必须正确区分和处理社会主义社会两类不同性质的社会矛盾，把正确处理人民内部矛盾作为国家政治生活的主题。继而，他又提出要"造成一个又有集中又有民主，又有纪律又有自由，又有统一意志，又有个人心情舒畅、生动活泼，那样一种政治局面"的要求。1958 年，毛泽东又提出要把党和国家的工作重点转到技术革命和社会主义建设上来。这些正确思想都深刻地闪烁着马克思主义唯物辩证法的真理光辉，具有长远的指导意义。

---

① 《邓小平文选》第 3 卷，人民出版社 1993 年版，第 260 页。

1958 年，中共八大二次会议通过了社会主义建设总路线及其基本点，提出要"鼓足干劲，力争上游，多快好省地建设社会主义"。这一总路线反映出中国共产党人寻找社会主义建设正确道路的良好愿望，但由于时代条件的限制和各种主客观因素的影响，这一道路理论充溢着主观主义、脱离实际的色彩。急于求成、夸大主观意志和主观努力作用的因素逐渐渗入毛泽东等中央主要领导同志的领导工作中，以致没有经过认真的调查研究和试点试验，就在总路线提出后轻率地发动了"大跃进"运动和农村人民公社化运动，严重脱离了中国的具体国情。

在领导纠正"大跃进"和人民公社化运动错误的过程中，以毛泽东等为代表的中国共产党人又提出了许多重要观点和有益思想，丰富了马克思主义理论宝库，为探索中国特色社会主义道路奠定了比较坚实的基础。其中，毛泽东提出了不能剥夺农民，不能超越阶段，反对平均主义，强调发展商品生产、遵守价值规律和做好综合平衡，主张以农轻重为序安排国民经济计划等观点。周恩来提出了中国知识分子绝大多数已经是劳动人民的知识分子，科学技术在中国现代化建设中具有关键性作用等观点。刘少奇提出了许多生产资料可以作为商品进行流通，社会主义社会要有两种劳动制度、两种教育制度等观点。朱德提出了要注意发展手工业和农业多种经营的观点。邓小平提出了关于整顿工业企业，改善和加强企业管理，实行职工代表大会制等观点。陈云提出了计划指标必须切合实际，建设规模必须同国力相适应，人民生活和国家建设必须兼顾，制订计划必须做好物资、财政、信贷平衡等观点。邓子恢等提出了在农业中要实行生产责任制的观点。这些思想，凝结着社会主义建设初期宝贵的工作经验，迄今仍然具有重要的借鉴意义。

正因如此，胡锦涛同志在中国共产党的十七大报告中指出，"我们要永远铭记，改革开放伟大事业，是在以毛泽东同志为核心的党的第一代中央领导集体创立毛泽东思想，带领全党全国各族人民建立新中国、取得社会主义革命和建设伟大成就以及艰辛探索社会主义建设规律取得宝贵经验的基础上进行的。新民主主义革命的胜利，社会主义基本制度的建立，为当代中国一切发展进步奠定了根本政治前提和制度基础。"

（三）中国特色社会主义道路的提出与总结

中国新民主主义革命道路的探索与胜利，以及新中国成立后社会主建设的初步展开，为中国特色社会主义道路的理论概括提供了思想基础和实践根基。然而，从中共十一届三中全会实现从"以阶级斗争为纲"到以经济建设为中心的转折，开创改革开放和社会主义现代化建设的新时期，到初步较为系统地总结中国特色社会主义道路和中国特色社会主义理论体系，仍然经历了一个漫长而艰辛的探索过程。

改革开放之初，在邓小平主持下起草的《关于建国以来党的若干历史问题的决议》，全面系统地总结了新中国成立以来正反两方面的经验教训，概括为十条基本经验。其一，在社会主义改造基本完成以后，党和国家工作的重点必须转移到以经济建设为中心的社会主义现代化建设上来，大力发展社会生产力，逐步改善人民的物质文化生活。其二，社会主义经济建设必须从我国国情出发，量力而行，积极奋斗，有步骤分阶段地实现现代化的目标。其三，社会主义生产关系的变革和完善必须适应于生产力的状况，有利于生产的发展。社会主义生产关系的发展并不存在一套固定的模式，我们的任务是要根据我国生产力发展的要求，在每一个阶段上创造出与之相适应和便于继续前进的生产关系的具体形式。其四，在剥削阶级作为阶级消灭以后，阶级斗争已经不是主要矛盾。既要反对把阶级斗争扩大化的观点，又要反对认为阶级斗争已经熄灭的观点。其五，逐步建设高度民主的社会主义政治制度，是社会主义革命的根本任务之一。其六，社会主义必须有高度的精神文明。其七，改善和发展社会主义的民族关系，加强民族团结。其八，必须加强现代化的国防建设。国防建设要同国家的经济建设相适应。其九，在和平共处五项原则的基础上，积极发展同世界各国的关系和经济文化往来，维护世界和平。第十，必须把我们党建设成为具有健全的民主集中制的党，禁止任何形式的个人崇拜。执政党的党风问题是关系到党的生死存亡的问题。党的各级组织同其他社会组织一样，都必须在宪法和法律的范围内活动。① 这十条基本经验，从本质上说，都是把马克思主义普遍原理与中国具体实际相结合的产物，形成了中国特色社会主义道路最可宝贵的理论资源。

在此基础上，以邓小平为代表的中国共产党人在更深层次上展开了对具有中国特点、中国规律、中国特色的社会主义现代化建设道路的探索。邓小平在十二大开幕词中，把这一时期的基本经验用高度凝练的语言概括

---

① 《三中全会以来重要文献选编》（下），人民出版社 1982 年版，第 839—844 页。

为："把马克思主义的普遍真理同我国的具体实际结合起来，走自己的道路，建设有中国特色的社会主义，这就是我们总结长期历史经验得出的基本结论。"这一论断，为探索中国特色社会主义道路破了题。邓小平强调，我们的现代化建设，必须从中国的实际出发。照抄照搬别国经验、别国模式，从来不能得到成功。这是邓小平第一次提出和使用"建设有中国特色的社会主义"的概念。

其后，在领导中国特色社会主义建设实践中，以邓小平、江泽民、胡锦涛等同志为代表的中国共产党人，不断推进马克思主义中国化进程，日益紧密地将马克思主义普遍原理与当代中国实际相结合，中国特色社会主义道路日臻清晰。党的十三大作出了我国正处在社会主义的初级阶段的论断，分析了这一阶段的基本特征和主要矛盾，确立了党在社会主义初级阶段的基本路线，明确了现代化建设三步走战略，并对第二步发展战略作了具体部署。这进一步明确了中国特色社会主义建设的现实起点和历史任务。邓小平发表南方谈话，为中国改革发展进一步指明了方向。其后召开的党的十四大，明确提出我国经济体制改革的目标是建立社会主义市场经济体制，以利于进一步解放和发展生产力，确定了加速改革开放、推动经济发展和社会全面进步必须努力实现的十个方面的主要任务。以邓小平南方谈话和十四大召开为标志，改革开放和社会主义现代化建设事业进入一个新的发展阶段。同样，中国特色社会主义道路的发展，也进入了一个新的发展阶段。

1997 年，邓小平同志逝世，国内外普遍关注中国举什么旗、走什么路。在这种情况下，中共十五大召开，紧紧把握社会主义初级阶段的基本特征，深入贯彻党在社会主义初级阶段的基本路线，制定了建设有中国特色社会主义的经济纲领、政治纲领、文化纲领，初步形成了中国特色社会主义建设三位一体的总体布局。并根据社会主义市场经济的总体要求，进一步明确了经济体制改革和经济发展战略、政治体制改革和民主法制建设、有中国特色社会主义的文化建设的发展战略和改革的重大举措。延至党的十六大，则站在新世纪的入口，以"把中国特色社会主义事业全面推向新世纪"为主题而召开。这次大会回顾了十三届四中全会以来十三年的发展历程，概括总结了党领导人民建设中国特色社会主义必须坚持的十条基本经验，并将其归结为"三个代表"重要思想。这些基本经验，涉及中国社会主义现代化建设的方方面面，实际上已经初步勾勒出了中国特色社会主义道路的基本蓝图。

2007 年 10 月，党的十七大胜利召开。胡锦涛在十七大报告中回顾了改革开放的光辉历程，指出，"在改革开放的历史进程中，我们党把坚持马克思主义基本原理同推进马克思主义中国化结合起来，把坚持四项基本原则同坚持改革开放结合起来，把尊重人民首创精神同加强和改善党的领导结合起来，把坚持社会主义基本制度同发展市场经济结合起来，把推动经济基础变革同推动上层建筑改革结合起来，把发展社会生产力同提高全民族文明素质结合起来，把提高效率同促进社会公平结合起来，把坚持独立自主同参与经济全球化结合起来，把促进改革发展同保持社会稳定结合起来，把推进中国特色社会主义伟大事业同推进党的建设新的伟大工程结合起来，取得了我们这样一个十几亿人口的发展中大国摆脱贫困、加快实现现代化、巩固和发展社会主义的宝贵经验。"这十个结合，构成了新中国成立以来尤其是改革开放以来社会主义现代化建设实践经验的高度概括和深刻总结。报告着重指出，改革开放以来我们取得一切成绩和进步的根本原因，归结起来就是：开辟了中国特色社会主义道路，形成了中国特色社会主义理论体系。高举中国特色社会主义伟大旗帜，最根本的就是要坚持这条道路和这个理论体系。这次大会系统阐明了中国特色社会主义旗帜、中国特色社会主义道路和中国特色社会主义理论体系，并高度概括了中国特色社会主义道路的科学内涵，申明了中国人民坚定不移地走中国特色社会主义道路的决心、信心和勇气。

回顾历史可以看到，从马克思主义传入中国到新中国成立，再经过 30 年改革开放的实践运动，中国共产党人带领全国各族人民逐渐确立了一条发展中国、发展马克思主义、实现中国现代化、推进世界社会主义运动的中国特色社会主义道路。中国特色社会主义道路，在世界文明发展模式中构成了一种崭新的发展理论和文化样态。它以其严密深刻的科学内涵，系统回答了当代中国的领导力量、发展方向、发展道路、发展目标等问题，展示了一幅实现中华民族伟大复兴、社会主义和共产主义雄健转折的时代图景。

二　中国特色社会主义道路的历史价值

一个国家的兴旺发达，一个民族的自立自强，其背后往往充盈着一种深厚的思想文化内涵。正是这种思想文化内涵，深刻地拓展了民族国家新的发展视阈，开辟了民族国家新的发展空间，昭示了民族国家未来的发展路向。反过来，民族国家的发展跃迁又为其思想文化内涵提供了强大的物质依托和实践验证。这就是文化的力量。中国特色社会主义道路，是中国人在百余年来历经各种颠沛波折，尝试多种发展道路未果，矢志不渝追寻现代化和民族自立、自强所达致的文化自觉，它标志着中华民族对自身命运的深切把握，标志着中国共产党治国理政的高度成熟，标志着当代中国在世界文明体系中确立了独特的发展道路。

如果说，"没有共产党就没有新中国"，是人民在中国共产党几十年抛头颅、洒热血、前赴后继、兴邦救国的峥嵘岁月中所收获的革命真理；那么，只有中国特色社会主义才能发展中国，则是30年改革开放和社会主义现代化建设行程所展示的又一条真理性认识。当代中国的发展稳定，必须坚定不移地走中国特色社会主义道路。除此以外，没有任何一条道路能够解决中国的和平和发展问题。只有中国特色社会主义道路而不是别的什么道路，能够最大限度地团结和凝聚不同社会阶层、不同利益群体人们的智慧和力量，建设我们共同的家园。中国特色社会主义道路，既是当代中国发展进步的必然选择，也是中华民族实现伟大复兴的必由之路；既是我们党在改革开放和社会主义现代化建设历史新时期的理论主题，也是实践主题；既是我们党的精神动力导向，也是符合我国现实国情的正确抉择。

（一）中国特色社会主义道路标志着中华民族对自身命运的深切把握

中华民族是世界上最古老最伟大的民族之一，在悠久的历史长河中创造了源远流长、博大精深的古代文明。在很长的一段时间中，中华文明一直站在世界文化的前列，以顽强的生命力与无与伦比的延续性，历几千年而弦歌不辍，对人类文明的发展做出了巨大的贡献。

然而，曾经发达不代表永远发达，历史的辉煌不能掩盖中国的近代耻辱。从16世纪到19世纪，在欧洲人走出中世纪的寒夜、向着现代化迅跑的时候，中国文化被世界历史潮流无情地甩在了身后。被动和落后必然挨打。当西方先发国家在欧洲站稳了脚跟，把资本主义的铁骑和坚船利炮驰往亚洲的时候，中华民族才在血与火的惨痛中警醒过来。一代代先进的中国人急起直追，多方寻求救亡自强之路，但世界历史严酷的格局和清政府的腐败昏聩，注定只能使他们的努力一次次归于失败。从19世纪洋务运动的破产，戊戌变法的夭折，到 20 世纪初辛亥革命的流产，从魏源到康有为、梁启超再到孙中山先生，中华民族始终未能找到一条正确的道路，改变近代中国多舛的命运。

如前所述，马克思主义传入中国，才使中国革命的面貌焕然一新，中国革命才走上正确之途。这条道路的确立过程绝不是简单的和一帆风顺的。五四运动前后，既有陈序经等"全盘西化派"的大肆鼓吹，也有由于第一次世界大战导致欧洲文化中心论破产，从而产生的以杜亚泉、梁漱溟等为代表的"东方文化派"。是从根子上向西方学起，还是寄希望于"东方文明"或"儒学复兴"？实践证明，只有马克思主义在中国的传播发展，才为中国现代化指明了方向，为中国文化与民族精神重建提供了科学的世界观和方法论，为中华民族把握自身命运找到了正确的道路。从此以后，中华民族开始了在中国特色社会主义道路上的迅跑和探索，为改变自身命运、实现民族命运的雄健转折奠定了深厚根基。

（二）中国特色社会主义道路标志着中国共产党治国理政的高度成熟

建设社会主义、使中国走向繁荣富强，是一项崭新的事业。从新中国成立以后，中国共产党人的艰辛探索就未尝中断。我们党从亲身实践中不断总结经验，从国际共产主义运动中不断吸取教训，终于开辟出一条让人民摆脱贫穷、告别落后，让民族走向富强、走向繁荣之路——中国特色社会主义的伟大道路。在半个多世纪的艰辛探索和不断实践中，以毛泽东同志、邓小平同志、江泽民同志为核心的党的三代中央领导集体，把马克思主义基本原理同中国社会主义建设和改革实际结合起来，逐步认识、深刻回答了什么是社会主义、怎样建设社会主义和建设一个什么样的党、怎样建设党等重大问题，带领全党全国各族人民走上了建设中国特色社会主义的正确道路。党的十六大以来，以胡锦涛同志为总书记的党中央，高举邓小平理论和"三个代表"重要思想伟大旗帜，深入贯彻落实科学发展观，带领全党全国各族人民与时俱进、顽强奋斗，继续解放思想，坚持改革开放，推动科学发展，促进社会和谐，推动社会主义经济建设、政治建设、文化建设、社会建设和党的建设取得新的丰硕成果，中国特色社会主义事业展现出更加蓬勃的生机和更加旺盛的活力。中国特色社会主义道路，昭示出中国共产党人在治国理政、带领中国人民发展前进的历史途程中更加稳健成熟。沙特阿拉伯《中东报》2005 年 6 月 5 日发表的一篇文章就此谈道："中国经济发展的成功有诸多因素，但最重要的是政治制度。中国共产党为自己制定了明确的目标，并为实现这些目标调动了一切可利用的资源。"①

李长春此前在纪念五四运动 90 周年大会上的讲话中指出，"坚持走中国特色社会主义道路，是实现国家富强、民族振兴、人民幸福唯一正确的选择。走什么样的道路，选择什么发展方向，关系到一个国家、一个民族的前途命运。中国共产党成立后，我们党带领全国各族人民，完成了新民主主义革命任务，实现了民族独立和人民解放，建立了中华人民共和国。新中国成立后，党领导人民创造性地实现了由新民主主义到社会主义的转变，全面确立了社会主义基本制度，使占世界人口四分之一的东方大国进入了社会主义社会。党的十一届三中全会以来，经过艰辛求索，我们终于走上了中国特色社会主义这条来之不易的复兴之路。中国特色社会主义道路，延续并从根本上发展了近代以来无数仁人志士的期盼和追求，凝结着五四运动以来千千万万革命先烈的奋斗和牺牲，承载着一代又一代中国共产党人的理想和探索，我们应该倍加珍惜。只要我们不动摇、不懈怠、不折腾，坚定不移地推进改革开放，坚定不移地走中国特色社会主义道路，就一定能够实现国家富强、民族振兴、人民幸福的宏伟蓝图和奋斗目标。"② 因此，唯有坚持中国特色社会主义道路，我们才能实现中国人民的一切理想和追求。

（三）中国特色社会主义道路标志着中国确立了独特的文明发展道路

中国特色社会主义道路以及当代中国的发展成就，被国际舆论概括为"中国模式"、"北京共识"，正在被越来越多的人所关注、重视和认可，越来越强烈地吸引着世界的目光。"软实力"概念的提出者、美国学者约瑟夫·奈于 2008 年 2 月表示："中国的经济增长不仅让发展中国家获益巨大，中国特殊的发展模式和道路也被一些国家视为可效仿的榜样……更重要的是将来，中国倡导的政治价值观、社会发展模式和对外政策做法，会进一步在世界公众中产生共鸣和影响力。"俄罗斯共产党主席久加诺夫

---

① 转引自詹得雄《国外热议"中国模式"及其启示》，http://news.xinhuanet.com/world/2008 - 03/27/content_ 7867764.htm。

② 人民网，http://politics.people.com.cn/GB/101380/9236405.html。

说："中国成功的公式是：社会主义＋中国民族传统＋国家调控的市场＋现代化技术和管理。"俄罗斯经济学院教授弗拉基米尔·波波夫在2006年9月25日发表的一篇文章中说："中国的发展模式，或者说东亚的发展模式，对所有发展中国家具有无法抗拒的诱惑力，因为这种模式引发了世界经济史上前所未有的一轮增长……这种模式与美国开出的新自由主义经济处方可谓背道而驰。"① 以研究中国政治经济见长的美国哈佛大学商学院教授里金纳·艾布拉米认为，"中国模式"产生了巨大的国际影响。中国改革开放三十年，实现了经济发展，保持了社会稳定，这对众多的发展中国家非常具有吸引力。虽然这些发展中国家与中国国情有所不同，"中国模式"也许不完全适用，但"中国模式"的出现毕竟为他们提供了一条不同于西方国家和世界银行、国际货币基金组织所倡导的发展道路，值得他们思考。② 郑永年也就此提出："在改革开放以来的将近30年中，中国以'摸着石头过河'的方式发展出了自己的模式。……这种新型发展模式不仅已经为越来越多的发展中国家所认同和接受，而且也对像俄罗斯这样的新兴民主国家产生了很大的影响。尽管中国内部还面临着无穷的问题，但在一些西方人士看来，这种正在形成中的中国模式很有可能对西方的民主模式构成有效的挑战。"③

有学者将中国发展模式进行了如下概括：以增进世界第一人口大国公民的福祉为核心；充分挖掘社会主义基本制度和现代市场经济体制相结合的巨大潜力；努力发挥劳动力丰富、市场广阔和后发国家三大优势；着力实行有中国特色的"四轮推动"，即有中国特色的工业化、城镇化、市场化和国际化，这是中国经济发展模式的四大支撑；在更大范围内推进有中国特色的"五位一体"建设，即有中国特色的经济、政治、文化、社会和生态文明建设。④ 中国发展模式是否可以用这几点来全面概括，还可以

① 詹得雄：《国外热议"中国模式"及其启示》，http：//news. xinhuanet. com/world/2008 - 03/27/content_ 7867764. htm。

② 《"中国模式"挑战传统理论》，http：//www. chinanews. com. cn/gj/hwkzg/news/2009/05 - 08/1683863. shtml。

③ 《2008：中国复兴之路新起点——访中国问题专家郑永年》，《国际先驱导报》2007年12月27日。

④ 常修泽：《世界发展多样性中的"中国模式"》，http：//www. mof. gov. cn/mof/zhengwux - inxi/diaochayanjiu/200808/t20080821_ 65817. html。

加以讨论，但上述特点确实反映了中国发展道路和模式的重要特征。从这些特点来看，它们的确在人类通往现代化的多种道路和发展模式中树立起了另外一种崭新的发展样态。

世界是丰富多彩的，人类文明的发展嬗变也是如此。在漫长的人类文明史上，不同时代、不同地域条件下的人们艰辛探索，创造出了一个又一个独具特色、别具风貌的发展道路。社会生产力的风云集聚将古老的人类文化景观推出了世界历史舞台，一些悠久的文明渐次失落，一些新兴的文明中道崩溃，历史的聚光灯似乎一齐打在了资本及其驱动下的资本主义世界。"资产阶级，由于一切生产工具的迅速改进，由于交通的极其便利，把一切民族甚至最野蛮的民族都卷到文明中来了……它迫使一切民族——如果它们不想灭亡的话——采用资产阶级的生产方式；它迫使它们在自己那里推行所谓的文明，即变成资产者。"① 正由于此，一些短视的学者开始宣扬所谓的历史终结，认为人类社会历史将不带任何悬念地完美投入资本的怀抱。然而，资产阶级学者这种"新福音传道者的辩词"，只能在思辨的天国终止人类社会历史的发展嬗变，一旦触及现实物质生活的生产和再生产，它的抽象色调和虚妄无知便立即暴露无遗。马克思对资本主义制度的批判鲜明地揭示了这一点，展示了另外一幅与资本主义世界完全不同的社会主义文明景观。《共产党宣言》发表150多年来，现实世界社会主义运动波澜起伏，曲折发展的历史启示我们，人类文明的发展道路丰富多样，人类对超越资本主义、实现共产主义的探索并未终止，而是以更加成熟、更加稳健的姿态转入一个新的行程。中国特色社会主义道路，既是这一宏大历史背景下的智慧凝结，也必将引领中国驰入一个更加辉煌广阔的前程。

---

① 《马克思恩格斯选集》第1卷，人民出版社1995年版，第276页。

解放思想的价值维度、实质内涵与理论难点

解放思想是发展中国特色社会主义的一大法宝，在马克思主义中国化的理论创新进程和中国特色社会主义的历史实践进程中发挥着巨大作用，深刻地提升着中华民族的理论思维和精神面貌，为实现中华民族伟大复兴奠定了基础，开辟了道路。2008 年，我们隆重纪念了改革开放 30 周年；2009 年，我们又迎来了新中国成立 60 周年。置身这样重要的历史时刻，更应当倍加珍惜思想解放的优良传统，更加全面深入地把握解放思想的科学内涵。惟其如此，才能准确地发挥解放思想的历史作用，才能既不走封闭僵化的老路，也不走改旗易帜的邪路，坚定不移地在中国特色社会主义道路上走向深入。

一 为何解放思想——解放思想的认识根源

科学理解解放思想，首先需要搞懂的一个理论问题就是，为什么要继续解放思想？归根结底，继续解放思想为的是冲破阻碍改革开放深入开展的思想理论路障，为中国特色社会主义事业与中华民族伟大复兴贡献精神动力和智力支持。这一理论认识有着历史和现实两方面的深刻根源。

历史是一条绵延不息的长河，未来是今天的发展，今天是昨天的延续。然而，时世的迅捷变化以及这些变化构成的茂密丛林，往往遮蔽了人们透过眼前事变深刻把握历史规律的视线，难以在历史的长时段视阈中深刻洞察那些具有长久指导意义和深远历史价值的事物。因而，对于那些拥

有巨大历史感的人们来说，要科学理解解放思想，就必须把目光投向历史的深处，系统总结和深刻分析解放思想的历史脉络和认识论根源。

自从人猿揖别、人类进入文明时代之后，思想这一奇葩，便被人类不断地从物质实践的地基上总结产生出来并反过来指导、推动人类的实践进程。思想，说到底是现实的反映、凝练和升华。人类的现实生活不停顿地向前发展，人类的思想世界也不停顿地创新发展。旧的思想、观点、学说、理论被不断地质疑、扬弃甚至推翻，新的思想、观点、学说、理论则被提出并逐渐冲破人们头脑中的思想束缚，占领人们的头脑，进而在实践中发挥出巨大作用。随着实践进程的发展，曾经是新的思想、观点、学说、理论又被推到了历史舞台的幕后。从这一意义上说，解放思想构成了人类思想理论发展创新的普遍规律。没有解放思想，就没有思想的进步、理论的创新，也就不会有实践的进展。思想是行动的先导，思想越解放，新的认识就越多，新的实践也就越多。纵观历史，我们可以毫不夸张地说，人类发展的全部历史，就是一部打开了的关于思想解放的大书。

但同时，我们必须看到，人类在不同的时代、不同的社会形态中面临着不同的问题，产生着不同的思想。人们永远需要解放思想，但思想解放的具体对象和理论指向却迥然不同。换言之，解放思想的具体内涵是由人类所处时代及其面临的迫切问题所决定的。

马克思曾指出，"一个时代的迫切问题，有着和任何在内容上有根据的因而也是合理的问题共同的命运：主要的困难不是答案，而是问题。因此，真正的批判要分析的不是答案，而是问题。"① 这里的"批判"实际上深刻地蕴涵着打破理论教条、解放思想的意义，而这正是由"时代的迫切问题"所决定的。回顾人类思想史，可以鲜明地看到这一点。欧洲中世纪，一切科学理论都成为神学的婢女，人们严肃地讨论天堂中的玫瑰是否长刺。随后人道主义的潮流和文艺复兴的浪潮打破了对神的崇拜，转为对人的呼唤和推崇。这一思想解放的目的是为新兴的市民阶层服务，冲破中世纪的思想枷锁和经济、政治政策上的种种障碍，为建立新型的资产阶级秩序服务。纵观中华民族的文明发展史，亦复如是。每一次深刻的社会变革，都是以思想解放为先导的。如果没有先秦时期儒、道、墨、法等诸子学说的"百家争鸣"，很难设想会有各诸侯国的变法革新运动，也难

---

① 《马克思恩格斯全集》第 1 卷，人民出版社 1995 年版，第 203 页。

以出现秦始皇奋六世之余烈而统一中国的局面。迄至近代，西方列强的坚船利炮打破晚清政府闭关锁国的大门之后，人们面临的是"天崩地解"、"神州陆沉"的千年未有之大变局。在这种情况下，实现民族独立和国家富强成为时代最迫切的问题。从白话文运动到新青年运动再到五四运动，人们冲破封建罗网所作出的一切解放思想的努力，都顽强地指向这一目标。因而，当我们谈论解放思想时，所指向的必然是那个时代所面临的最迫切的问题和最热烈的呼声。

在当代中国，我们所面对的最迫切的问题无疑就是中国特色社会主义的前途命运、中国的和平发展和中华民族的伟大复兴。回顾改革开放的不平凡历程可以发现，以思想的大解放带动事业的大发展，是改革开放以来我国发展基本经验的总结。党的十一届三中全会以来，我国之所以发展很快，从一个贫穷、落后、封闭的国家发展成为在世界上拥有重要地位和广泛影响的国家，至关重要的一条就是一直坚持用解放思想这一理论武器来释放蕴藏在中华民族中的巨大活力和聪明智慧，为改革开放奠定思想基础和精神支柱。因此，在当代中国说到解放思想，其所要解放的就是那些有碍于改革开放伟大进程，有碍于中国特色社会主义，有碍于中华民族伟大复兴的僵化保守思想。正由于此，邓小平强调指出，"解放思想，开动脑筋，实事求是，团结一致向前看，首先是解放思想。只有思想解放了，我们才能正确地以马列主义、毛泽东思想为指导，解决过去遗留的问题，解决新出现的一系列问题，正确地改革同生产力迅速发展不相适应的生产关系和上层建筑"。[①]

二　为谁解放思想——解放思想的价值维度

人作为实践和认识的主体，总是处于一定的价值关系之中，不受任何价值维度制约的实践主体和认识主体是不可能的，不存在任何价值追求的实践活动和认识活动也是不可能的。在解放思想中也深刻地蕴涵着价值维度。即是说，在解放思想的过程中，始终存在着一个为谁解放思想、解放思想为着什么服务的问题。在当代中国，解放思想的价值指向只有一个，那就是为了更好地服务于人民的事业，更好地实现与维护国家和民族

---

① 《邓小平文选》第2卷，人民出版社1994年版，第141页。

利益。

对于当代中国来讲，中国特色社会主义最集中地体现和凝聚着人民的愿望要求和民族、国家的利益。当代中国人口众多，资源相对匮乏，地区发展相当不平衡，在这种情况下，只有坚持并进一步完善社会主义制度，才能完成现代化的艰巨任务。同时，也只有坚持并进一步完善社会主义制度，才能消除贫富差距拉大等社会问题，使现代化的成果惠及全体人民。换言之，只有马克思主义普遍原理与中国实际相结合的中国特色社会主义，才能解决中国在发展中面临的一系列问题，实现人民幸福、社会和谐、国家强盛与民族振兴，舍此别无他途。

而中国特色社会主义与改革开放又是深刻地联系在一起的。正如十七大报告所指出的，改革开放是决定当代中国命运的关键抉择，是发展中国特色社会主义、实现中华民族伟大复兴的必由之路；只有社会主义才能救中国，只有改革开放才能发展中国、发展社会主义、发展马克思主义。从这一意义上讲，人民的事业、国家和民族利益与中国特色社会主义道路，以及改革开放事业这三者是统一的，是三位一体的关系。在当代中国，坚持解放思想正确的价值维度，就是服务于人民的事业、国家和民族利益，就是服务于中国特色社会主义道路，就是服务于改革开放伟大事业。

不可否认，在现实生活中，有些人也提倡解放思想，却忽视甚至扭曲了解放思想的价值维度。解放思想既可以坚持正确的方向，为人民的事业和民族、国家的利益服务，也可以为巨额资本、金融寡头服务，还可以为西方发达国家所宣扬的所谓普世价值服务。当前理论界和学术界的一些人所宣扬的新自由主义、民主社会主义、历史虚无主义、新文化保守主义等思潮，究其实质，就是在思想解放的过程中偏离了正确的价值维度。

但是，这些所谓的"解放思想"已经远远背离了我们党所强调的解放思想的本义，成了"敬献"于巨大现实利益或者抽象理论预设面前的"神圣"祭品。在当代中国，离开中国特色社会主义而奢谈发展，或者离开中国具体国情而抽象地谈论民主、人权等价值范畴，只能使中国成为资本主义发达国家的附庸，沉没在意图吞并天下、无限扩张的资本逻辑中。在当代中国梦想其他发展道路和发展模式，正如邓小平所警示的，"可以使中国百分之几的人富裕起来，但是绝对解决不了百分之九十几的人生活富裕的问题"。① 从这一意义上讲，把解放思想引向其他轨道，不是由于对中国国情懵懂无知，就是出于现实利益的强烈驱使。

三　怎样解放思想——解放思想的实质内涵

早在全国第三次邓小平建设有中国特色社会主义理论研讨会开幕式上的讲话中，胡锦涛就曾指出，"要鼓励广大理论工作者以马列主义、毛泽东思想特别是邓小平建设有中国特色社会主义理论为指导，坚持正确的方向，进一步解放思想，勇于冲破不符合时代要求的陈旧观念的束缚，排除各种错误思想的干扰，结合新的实践积极开拓科研领域，推动理论研究工作的发展，更好地促进学习和宣传。"② 在十七大报告中，胡锦涛则向全党同志提出明确要求，"全党同志要倍加珍惜、长期坚持和不断发展党历经艰辛开创的中国特色社会主义道路和中国特色社会主义理论体系，坚持解放思想、实事求是、与时俱进，勇于变革、勇于创新，永不僵化、永不停滞，不为任何风险所惧，不被任何干扰所惑，使中国特色社会主义道路越走越宽广，让当代中国马克思主义放射出更加灿烂的真理光芒。"③

这实际上涉及解放思想的实质内容和深刻内涵，也就是解放哪些思想、怎样解放思想的问题。我们认为，在当代中国，面临新阶段、新任务，继续解放思想主要应当实现以下三个方面的解放：

第一，继续解放思想，要从对马克思主义的教条式理解中解放出来。

这是一个"老"问题了，事实上中国共产党从新民主主义革命之初即面对着反对把马克思主义教条化的严肃任务，其后的几十年间从未中断过对这一问题的探讨。但是，问题老并不意味着问题随着时代的发展已经获得圆满解决。实际上，我们所最难解决的难题恰恰蕴藏在那些反复出现的老问题中。因而，继续解放思想，首要的一个问题就是坚持把思想从对马克思主义的教条式理解中解放出来。

马克思主义是实践性与科学性高度统一的科学理论，它始终严格地以

---

① 《邓小平文选》第3卷，人民出版社1993年版，第64页。

② 胡锦涛：《在全国第三次邓小平建设有中国特色社会主义理论研讨会开幕式上的讲话》（1996年12月17日），《人民日报》1996年12月18日。

③ 胡锦涛：《高举中国特色社会主义伟大旗帜，为夺取全面建设小康社会新胜利而奋斗——在中国共产党第十七次全国代表大会上的报告》，人民出版社2007年版，第11页。

客观事实为根据。而实际生活总是处于不停的变动中，这种变动的剧烈和深刻，近一百多年来达到了前人难以想象的程度。当前我们正处于一个急剧变革的时代，从生产方式、交往方式、生活方式到思维方式都发生了并且仍在发生着深刻而巨大的变化。因此，马克思主义必定随着时代、实践和科学的发展而不断发展，不可能一成不变。这就意味着，对待马克思主义的学风问题至关重要，即究竟是从本本出发，还是用马克思主义的立场观点方法来研究和解决中国的现实问题？

　　答案是不言而喻的。如何理解马克思主义，如何运用马克思主义，是关系到能否坚持和发展马克思主义的问题，是关系改革开放能否健康发展的问题，是关系党和国家前途和命运的问题。毛泽东在延安整风时就强调：“应确立以研究中国革命实际问题为中心，以马克思列宁主义基本原则为指导的方针，废除静止地孤立地研究马克思列宁主义的方法。”① 对于那些以教条主义立场理解马克思主义的人来说，“应该老实地对他说，你的教条一点什么用处也没有。马克思、恩格斯、列宁、斯大林曾经反复地讲，我们的学说不是教条而是行动的指南。这些人偏偏忘记这句最重要最重要的话。中国共产党人只有在他们善于应用马克思列宁主义的立场、观点和方法，善于应用列宁斯大林关于中国革命的学说，进一步地从中国的历史实际和革命实际的认真研究中，在各方面作出合乎中国需要的理论性的创造，才叫做理论和实际相联系。如果只是口头上讲联系，行动上又不实行联系，那末，讲一百年也还是无益的。我们反对主观地片面地看问题，必须攻破教条主义的主观性和片面性。”②

　　邓小平、江泽民、胡锦涛等中央领导同志在新时期也反复强调这一点。他们多次指出，解放思想，“就是要求我们的思想认识符合客观实际，在马克思主义指导下，冲破落后的传统观念和主观偏见的束缚，改变因循守旧、不接受新事物的精神状态。我们决不能停留在对马克思主义的某些原则、某些本本的教条式理解上，或者停留在对社会主义的一些不科学的甚至扭曲的认识上，或者停留在那些超越社会主义初级阶段的不正确的思想上，而必须用辩证唯物主义和历史唯物主义的世界观、方法论去分

---

① 《毛泽东选集》第3卷，人民出版社1991年版，第802页。
② 同上书，第820页。

析和解决问题，使思想适应发展变化的新形势。"① 这就是说，需要随着实践的变化与发展而不断返回理论自身进行审视，重新考察理论赖以建立的基础，使理论随实践的发展而修正、发展并充满生命力，向着更高、更新层次跃进。"科学社会主义是在实际斗争中发展着，马列主义、毛泽东思想是在实际斗争中发展着。我们当然不会由科学的社会主义退回到空想的社会主义，也不会让马克思主义停留在几十年或一百多年前的个别论断的水平上。所以我们反复说，解放思想，就是要运用马列主义、毛泽东思想的基本原理，研究新情况，解决新问题。"② 邓小平的这一告诫和箴言应当永远为我们所铭记。

第二，继续解放思想，要从对西方思想理论的盲目崇拜中解放出来。

胡锦涛指出，"坚持解放思想、实事求是的思想路线，就必须有世界眼光，重视对当代世界经济、政治、科技、文化的研究，善于把握历史发展的潮流，走在时代前列。解放思想、实事求是，要求我们以广阔的眼界去观察和把握世界的主题和发展趋势，抓住机遇，迎接挑战，发展自己。"③ 这意味着，解放思想要以海纳百川的胸襟去借鉴和汲取世界上其他文明形态所创造的一切优秀成果。

需要提起注意的是，在坚持这一点的同时要始终反对走到另一个极端，即盲目崇拜西方的思想理论，认为西方发达国家所宣扬的发展道路、政策决策乃至其所谓普世性价值可以包治百病，解决中国社会所有的问题。这种思想倾向是思想不成熟的深刻症候，实际上不过是教条主义的另一种表现。

思想理论不过是现实状况的反映和凝结。西方的思想理论不过是西方国家发展道路和发展经验的理论总结与思想概括。世界上没有两片相同的叶子，也没有两种相同的国情。因而，不顾具体国情的差异，要求其他国家也秉承自己的意志，走上自己的发展道路，这本身就是一种对民族意志的强奸。

众所周知，鸦片战争以后，一代又一代先进的中国人向西方寻求救国

---

① 《江泽民文选》第 1 卷，人民出版社 2006 年版，第 246 页。

② 《邓小平文选》第 2 卷，第 179 页。

③ 胡锦涛：《在纪念真理标准讨论二十周年座谈会上的讲话》（1998 年 5 月 8 日），《人民日报》1998 年 5 月 11 日。

救民的真理，包括"从帝国主义的老家即西方资产阶级革命时代的武器库中学来了进化论、天赋人权论和资产阶级共和国等项思想武器和政治方案"①，但都不能改变中国半殖民地、半封建社会的悲惨命运，"又是抵不住，败下阵来，宣告破产了"。② 十月革命一声炮响，给中国送来了马克思主义，使中国人学到了一样新的理论武器，从此中国革命的面貌才焕然一新，中国社会才真正找到正确的道路。新中国成立以后，特别是改革开放以来，我们坚持走自己的路，建设中国特色社会主义，我国经济社会发展才不断呈现出崭新的面貌，综合国力、人民生活水平以及国际影响力不断攀升。因此，即使是《意识形态的终结》的作者丹尼尔·贝尔在谈到美国的发展状况时，也深刻地指认了这一点："我认为，关于美国的许多社会理论之所以是不适当的，在很大程度上是因为人们把来自欧洲社会学的一些不着边际的观念不加批判地应用于极其不同的美国生活经验的缘故。"他就此提出，"关于美国和政治的任何一个理论都必须从严格的经验水平的研究出发。"③

当前那种盲目崇拜西方思想理论的倾向不过是理论幼稚的表现，源于中国国情的无视与批判精神的缺失。要改变这一状况，需要如毛泽东所说的，对任何事情"都要经过自己头脑的周密思考，想一想它是否合乎实际，是否真有道理，绝对不应盲从，绝对不应提倡奴隶主义。"④

第三，继续解放思想，要从对某些狭隘经验的盲目迷信中解放出来。

改革开放以来，中国大地上发生了翻天覆地的变化。这些变化同人们思想的解放、观念的更新、精神面貌的变革是分不开的。一方面，思想解放给人们的实践运动提供了强大的精神动力和智力支撑；同时，实践的深刻变革又推动了人们思想的更大解放，观念的更大更新。

在解放思想的感召下，全国各地各方面各领域都创造出了许多新鲜经验，这些新经验有力地推动了现代化事业的发展，实现了当代中国的迅捷发展。但同时，我们必须看到，社会实践及其需要是不断向前发展的，永远不会停留在一个水平上。经过 30 年的发展，各地的实际情况同改革开

---

① 《毛泽东选集》第 4 卷，人民出版社 1991 年版，第 1514 页。

② 同上。

③ ［美］丹尼尔·贝尔：《意识形态的终结》，张国清译，江苏人民出版社 2001 年版，第 2、3 页。

④ 《毛泽东选集》第 3 卷，第 827 页。

放初期相比已经发生了巨大的变化。面对变化了的新情况，曾经正确的和广泛适用的经验可能已经变得落后于现实，可能已经变得狭隘。把过去的经验原封拿来套用在新的已经变化了的实践活动中，结局只能导致一场新的刻舟求剑的泡沫剧。因而，在这种形势下，要继续解放思想，必须坚持马克思主义的认识论，在新的实践中解放思想，在新的实践中实事求是，探索把握新的发展规律，不断开拓创新。换言之，在新的历史条件下，我们不能停留在已经做过的事情上自我满足，不能仅仅依赖那些曾经正确和有效的经验，而必须着眼于新的实践和新的发展，把解放思想提高到新的水平和境界。

经验是好的，经验主义却是错误的。毛泽东曾经指出，"……经验主义者的经验是局部的、狭隘的，他们中的多数对于全面性的问题往往缺乏独立的明确的完整的意见……因此，我们不但要克服主观主义的教条主义，而且也要克服主观主义的经验主义。必须彻底克服教条主义和经验主义的思想，马克思列宁主义的思想、路线和作风，才能普及和深入全党。"① 经验主义错误的本质，就在于把局部的、暂时的、狭隘的经验上升为具有全局意义、长远意义、普遍意义的绝对真理，而看不到现实实践出现的新变化。实践的发展必然提出许多新问题，实践运动是思想解放的先行者。随着实践的新发展，思想也应不断发展，打破习惯势力和主观偏见的束缚，研究新情况，解决新问题，这才是我们所要继续坚持、永远坚持的解放思想。

胡锦涛在中共十六届三中全会上提出了科学发展观，并在十七大报告中作了深刻阐发。科学发展观，实际上就是当代中国共产党人继续解放思想，突破狭隘经验主义的重要理论成果。自从十一届三中全会拉开了当代中国和平发展的序幕，"发展是硬道理"这一真理性认识已经被中国人民广泛认可，并实实在在地推动了中国经济社会的发展进步。然而，随着实践的演进，在我们的发展当中也暴露出了一些问题。这提示我们，在改革开放不断向纵深迈进的今天，仅仅停留在发展是硬道理这个层面上，已经远远不足以概括当代中国发展的新特征、新本质，而必须站在时代的高度、中国特色社会主义全局的高度和未来的高度，探索建构一种更加科学、更加合理、更能反映时代与中国新特征的发展观。换言之，当代中国

---

① 《毛泽东选集》第3卷，第989—990页。

的发展不能只是某个亮点、某个领域、某个地区的片面发展，更不能靠牺牲一方面来换取另一方面的发展，而必须是全面、协调、可持续的科学发展。因而，科学发展观，是立足社会主义初级阶段基本国情，总结我国发展实践，借鉴国外发展经验，适应新的发展要求提出来的。科学发展观，是对党的三代中央领导集体关于发展的重要思想的继承和发展，是马克思主义关于发展的世界观和方法论的集中体现，是同马克思列宁主义、毛泽东思想、邓小平理论和"三个代表"重要思想既一脉相承又与时俱进的科学理论，是我国经济社会发展的重要指导方针，是发展中国特色社会主义必须坚持和贯彻的重大战略思想。

从某种意义上可以说，没有把思想从对某些狭隘经验的盲目迷信中解放出来，没有对狭隘经验主义的反思和批判，就没有科学发展观的提出。当前，继续解放思想和推动科学发展应当统一于夺取全面建设小康社会新胜利和开辟中国特色社会主义新局面的历史途程中。

四　处理好几对辩证关系——解放思想的理论难点

解放思想是一个蕴涵着深刻的哲学智慧的理论范畴，当前科学理解解放思想，应当处理好以下几对辩证关系：

1. 解放思想与实事求是

解放思想与实事求是是高度统一的。

毛泽东创立了中国共产党实事求是的思想路线，邓小平坚持和发展了这一路线，其主要表现就是他把实事求是和解放思想联系和统一起来，明确提出了解放思想就是实事求是的理论概括。邓小平指出："解放思想，就是使思想和实际相符合，使主观和客观相符合，就是实事求是。今后，在一切工作中要真正坚持实事求是，就必须继续解放思想。"① 江泽民也多次指出："解放思想与实事求是是统一的，应一以贯之。不解放思想，教条主义盛行，不可能做到实事求是；离开实事求是，脱离实际，脱离亿万群众创造性的实践，不是真正的思想解放。"② 这就是说，解放思想无非就是解决思想领域中的矛盾，而思想领域中的矛盾不过是现实矛盾的反

---

① 《邓小平文选》第 2 卷，第 364 页。
② 《江泽民论有中国特色社会主义》（专题摘编），中央文献出版社 2002 年版，第 629 页。

应，解放思想就是要求正确地揭示、把握现实矛盾，寻求克服这些矛盾的现实途径。因而，解放思想与实事求是具有根本的一致性，只有着眼于解放思想来理解实事求是，我们才能正确地跟踪现实，引领实践，才能产生改革开放和一系列理论创新、制度创新；反之，只有以是否做到实事求是作为思想是否真正解放的根本尺度，我们才能真正地研究新情况，解决新问题。

回顾党和国家发展奋斗的历史，可以发现，每次思想解放所提出的任务、所要解决的问题、所采取的途径、所达到的效果、所总结的规律，实际上都决不是随心所欲、任凭思维信马由缰地想当然，而只能是根据现实情况的新变化，解决实践提出的新问题，满足实践的新要求，实现实事求是与解放思想的高度统一。当前我们强调继续解放思想，不应当忽视和忘记解放思想与实事求是相统一的原则。

2. 解放思想与统一思想

解放思想与统一思想之间没有矛盾，也是辩证统一的关系。

思想是行动的先导，统一思想是统一行动的前提。只有统一思想，才能在全体人民中达成共识，团结人心，凝聚力量；只有统一思想，才能调动一切积极因素，使中华民族保持清醒的头脑和坚定的信心，同心同德，把中国特色社会主义事业推向前进。中国人口众多，发展不平衡，又要时刻警惕西方反华势力的渗透和分裂，因而不强调解放思想必然导致一盘散沙、分崩离析的后果。解放思想的本质，则是实事求是地研究新情况，解决新问题，按照客观事物发展规律办事。邓小平就曾强调，"解放思想必须真正解决问题。"① 如前所述，当前继续解放思想，就是冲破阻碍改革开放深入开展的思想理论路障，为中国特色社会主义事业与中华民族伟大复兴贡献精神动力和智力支持。

从上述界定中可以看出，统一思想不是反对解放思想，而是从强调更好地凝聚主体力量，建设中国特色社会主义这一角度讲的；解放思想也不是不要统一思想，而是从强调更好地解决实践中出现的新问题，建设中国特色社会主义这一角度讲的。二者的侧重点有所差别，但在本质、出发点和落脚点等方面则是高度一致和辩证统一的。

在解放思想中统一思想，在统一思想中坚持思想解放，是中国共产党

① 《邓小平文选》第2卷，第279页。

在长期革命、建设和改革中收获的宝贵经验，也是党在新时期新阶段永葆先进性和战斗力的重要要求。在当代中国，统一思想应当努力实现三个方面的统一，即把全党的思想统一到中国特色社会主义道路和中国特色社会主义理论体系上来，统一到中央应对复杂国际局势作出的重要判断和重大决策上来，统一到党和国家关于今后工作的总体要求和部署上来。

3. 解放思想与思想指导

强调解放思想，决不意味着动摇马克思主义的指导地位，更不允许在意识形态领域实行指导思想多元化。

有人认为，强调马克思主义为指导，会成为解放思想的障碍。依照这种观点，所谓解放思想，就是思想过程不受任何约束，冲破任何界限，从而把党和国家的指导思想也看作解放思想、实现思想自由的障碍。然而，这是对解放思想的极大误解。

马克思主义理论揭示了自然界、人类社会和思维发展的客观规律，论证了社会主义取代资本主义的历史必然性，指明了实现无产阶级与全人类解放的理想目标和现实道路，实现了人类思想史上划时代的根本变革，开创了现代意义上的社会科学。恩格斯曾经说过："科学愈是毫无顾忌和大公无私，它就愈加符合工人的利益和愿望"。① 作为科学世界观，马克思主义既是工人阶级的根本利益和意志的理论表达，具有意识形态的功能；同时，又是人类认识世界和改造世界所取得的最优秀的思想成果，具有科学认知的功能。马克思主义是科学性和革命性高度统一的理论体系，它不但为人们观察、分析社会问题和社会矛盾提供了科学的立场、观点和方法，也为中国革命、建设和改革实践提供了理论指南。坚持马克思主义的指导地位，不但是中国特色社会主义的内在要求，也是五四运动以来历史发展所昭示的客观真理。因此，我们讲的解放思想，是在马克思主义指导下冲破陈旧观念和狭隘经验的束缚与禁锢，而决不是连马克思主义这一指导思想都要"解放"掉。

回顾改革开放伊始，春回大地，百废初兴，但同时在社会上极少数人中间出现了散布怀疑社会主义、否定党的领导的资产阶级自由化思潮。针对这种思潮，邓小平旗帜鲜明地提出，必须坚持四项基本原则，并着重揭示了解放思想的深刻内涵："什么叫解放思想？我们讲解放思想，是指在

---

① 《马克思恩格斯选集》第 4 卷，人民出版社 1995 年版，第 258 页。

马克思主义指导下打破习惯势力和主观偏见的束缚，研究新情况，解决新问题。解放思想决不能够偏离四项基本原则的轨道，不能损害安定团结、生动活泼的政治局面。全党对这个问题要有一个统一的认识。如果……离开四项基本原则去'解放思想'，实际上是把自己放到党和人民的对立面去了。"① 因此，在任何情况下，讲解放思想都不能与马克思主义指导思想相割裂、分离，甚至对立，而应当将两者作为一个整体，统一于坚持改革开放、开辟中国特色社会主义新局面与实现中华民族伟大复兴的壮丽事业之中。

五　结　语

马克思在分析和批判德国 19 世纪 40 年代初期的思想状况时，曾经描绘了德意志意识形态家们所掀起的思想革命的世界性骚动。一些强大的王国产生了，又匆匆消逝了，瞬息之间出现了许多英雄，但是马上又因为出现了更勇敢更强悍的对手而销声匿迹，一些原则为另一些原则所代替，一些思想勇士为另一些思想勇士所歼灭。然而，透过这些意识形态家们满口讲的"震撼世界"的词句，马克思深刻地指出，他们只不过是用意识来代替意识，用词句来反对词句，究其实质不过是哲学宣讲者的夸夸其谈和天真幼稚的空想。②

在当代中国，要科学理解解放思想，充分发挥思想解放的历史作用，就必须坚决摆脱为马克思所批判过的那种状况，把解放思想深刻地构筑在当前中国实践的基础上，在理想与现实、理论与实践、继承与创新、历史与逻辑之间找到合理的连接点，在继续解放思想、坚持改革开放、推动科学发展、促进社会和谐的辩证统一中，奠定当代中国和平发展的雄厚基础，开拓马克思主义中国化的新境界，气势恢弘地实现中华民族的伟大梦想。

---

① 《邓小平文选》第 2 卷，第 279 页。

② 参见马克思、恩格斯《德意志意识形态》（节选本），人民出版社 2003 年版，第 3—10 页。

人民观察自身的精神之镜

——马克思恩格斯办报精神对当代学术理论报纸的启迪

一 继承马克思恩格斯的办报精神

"真正的社会主义"大军所占领的正是天空中最光亮的那一部分！"特利尔日报"这家全心全意拥护"真正的社会主义"的报纸，以银河的形状，环绕着所有这些明亮的星座伸展开来，放射着市民慈善的柔和光芒。只要任何一件哪怕是稍微牵涉到"真正的社会主义"的事件发生了，"特利尔日报"总是慷慨激昂地出来应战。从安内克少尉一直到哈茨费尔特伯爵夫人，从比雷菲尔德博物馆一直到阿斯通夫人，"特利尔日报"都大卖气力，为"真正的社会主义"的利益而斗争，弄得满头都是高贵的汗珠。这家报纸实实在在是一条温柔、慈悲、博爱的银河，只有在异常稀有的情况下它才变成酸牛奶。但愿它像真正的银河那样，沿着自己的河床，安安静静地流着，继续以仁慈心肠的奶油和小市民的干酪供应正直的德国市民们；它丝毫用不着担心有人来揩它的油，因为像它那样一碗清汤，哪里还有什么油水？①

这段辛辣的嘲讽和批判，是马克思和恩格斯在其名作《德意志意识形态》中对具有"真正的社会主义"思想倾向的报纸《特里尔日报》所

---

① 《马克思恩格斯全集》第 3 卷，人民出版社 1960 年版，第 682—683 页。

作的"真实颂歌"。如这段剖析所示，马克思恩格斯在漫长的社会实践变革中，不仅亲身参与、指导了多种革命运动，撰写了多部完整而重要的理论著作；而且以报纸为强大的理论阵地和思想武器，创办了多份革命报纸，撰写、发表了大量报纸文章，对各种各样的反马克思主义报纸进行了深刻的批判，厘定了报纸的历史使命和理论价值。

在1848—1849年革命时期，马克思恩格斯对报纸的重视程度进一步提高。马克思1848年5月底创办《新莱茵报》时在给《黎明报》编辑的信中提到："由卡尔·马克思主编的一种新的日报《新莱茵报》，从6月1日起将在科伦城开始出版。这个报纸将在我们北方为《黎明报》在意大利所提出的那些民主原则而斗争。由此可见，我们对意大利和奥地利之间争执的问题将抱什么态度是用不着怀疑的。我们要捍卫意大利争取独立的事业，要和奥地利在意大利以及在德国和波兰的专制统治作誓死的斗争。我们向意大利人民伸出兄弟之手，并且要向他们证明，德国人民绝不会参与那些在我国也经常反对自由的人们对你们所实行的压迫。我们要竭力使两国的伟大和自由的人民能够结成联盟并和睦相处；由于丑恶的政治制度，这两国人民至今还互抱敌意。因此，我们要求粗暴的奥地利丘八立刻撤出意大利，使意大利人民有可能按照自己的独立意志来选择他们所需要的政体。"①

其后，马克思和恩格斯在《〈新莱茵报。政治经济评论〉出版启事》中更是直截了当地写道："本杂志以《新莱茵报》为名，应视为该报的延续。"② "报纸最大的好处，就是它每日都能干预运动，能够成为运动的喉舌，能够反映丰富多彩的每日事件，能够使人民和人民的日刊发生不断的、生动活泼的联系。至于杂志，当然就没有这些长处。不过杂志也有杂志的优点，它能够更广泛地探讨各种事件，并且只谈最主要的问题。杂志可以详细地科学地研究作为整个政治运动的基础的经济关系。"③

可以说，马克思恩格斯不仅是伟大的思想家和革命家，而且是伟大的报人。马克思恩格斯一生都没有离开报纸工作。马克思逝世前夕，还关注着祖国的党报《社会民主党人报》。恩格斯的名字也是同一连串报刊紧紧

---

① 《马克思恩格斯全集》第5卷，人民出版社1965年版，第8—9页。
② 《马克思恩格斯全集》第10卷，人民出版社1998年版，第115页。
③ 同上书，第115—116页。

连在一起的。他是《新莱茵报》、《新莱茵报。政治经济评论》的编辑，是《德意志电讯》、《知识界晨报》等报刊的撰稿人，是《莱茵报》、《北极星报》的通讯员，是《德意志—布鲁塞尔报》、《雅典娜神殿》等报刊的记者，是《派尔—迈尔新闻》、《军事总汇报》等报刊的专栏作者，是各国社会主义报刊和党报的指导者。直至逝世前几天，还询问奥地利《工人报》的出版情况。马克思和恩格斯创办、主编了 4 种报刊，协助创办、参与编辑了 5 种报刊，指导编辑方针的报刊达 10 种，此外，还为 60 余种报刊撰稿、提供科学著作和文件，有更多的报刊发表过他们的声明，转载过他们的文章。

根据《马克思恩格斯全集》，他们共写了 17000 余篇（部）文章（著作），其中政论、通讯和消息约 750 篇，占总数的 45%；论战性文章 260 篇，占总数的 16%。《马克思恩格斯全集》收入他们写的信件 4000 余件，这些信件中不少是提及报刊工作和评论报刊文章的。马克思和恩格斯的报刊文章同有关信件加起来超过 2000 万字。① 翻开马克思恩格斯的著作，他们关于如何办好报纸的论述仍然具有深刻的指导意义，他们在报纸上发表的大量文章也具有独特的思想光辉。

今天，我们办好报纸尤其是办好学术理论报纸，需要努力学习马克思恩格斯的办报精神，大力弘扬马克思主义办报传统，让马克思恩格斯的办报思想在当代放射出更加灿烂的真理光芒。当前，应当着重从以下三方面继承马克思恩格斯的办报精神。

第一，继承马克思恩格斯的办报精神，就要把办报真正当做人民的事业，让报纸永远发出人民的声音。马克思从最早编辑、主编《莱茵报》之初，就自觉地将报纸视做人民用来观察自己的一面精神上的镜子，奋笔疾书，写出了多篇揭示人民疾苦、反映人民需求、维护人民利益的战斗檄文。从批判普鲁士的书报检查令，到围绕林木盗窃法展开辩论，再到挖掘摩泽尔地区农民贫困的社会根源，马克思以如椽巨笔公开捍卫着贫苦民众的利益，把人民的要求、人民的意愿，浓墨重彩地书写在自己的报纸版面上。正是在马克思的根本影响下，《莱茵报》由一家自由资产阶级反对派的报纸变成具有鲜明革命民主主义倾向的人民喉舌。"如同生活本身一样，报刊总是常变常新，永远也不会老成持重。它生活在人民当中，它真

---

① 参见童兵《马克思主义新闻思想史稿》，中国人民大学出版社 1989 年版，第 45—46 页。

诚地同情人民的一切希望与忧患、热爱与憎恨、欢乐与痛苦。"这就是马克思对待报纸的态度。

第二，继承马克思恩格斯的办报精神，就要努力分析解决时代面临的重大问题，让报纸永远洋溢着关怀现实、关注实践的精神。"一个时代的迫切问题，有着和任何在内容上有根据的因而也是合理的问题共同的命运：主要的困难不是答案，而是问题。""问题是时代的格言，是表现时代自己内心状态的最实际的呼声。"马克思在多个学术领域学养深厚，甚至在数学领域都有独到的发现，但马克思从来不允许自己的研究和办报事业披上一件纯"学术"的外衣，以此掩盖时代迫切需要回答的问题。1850 年代初期，马克思在给《纽约每日论坛报》、《人民报》等报纸写稿时，就紧密结合报刊工作来研究党的政治活动，研究政治经济学的重要问题，研究世界历史，包括各殖民地国家的历史、经济、社会制度，从而使他的研究总是深刻地指向"时代的格言"。时代在不停地向前发展，时代面临的问题也在不断嬗变，但归根结底，直面问题、直面现实的精神却不能丢掉。

第三，继承马克思恩格斯的办报精神，就要深刻剖析各种非马克思主义、反马克思主义思潮的实质，坚持真理，弄清问题。马克思是那个时代"最遭忌恨和最受污蔑的人"（恩格斯语），在他的报人生涯中亦复如此。从马克思早期操持《莱茵报》起，就多次遭到《科隆日报》、奥格斯堡《总汇报》等报刊及其刊载的错误观点的指责和攻击。马克思坚决秉持自己的办报理念，进行了兼具原则性和灵活性的回应。及至马克思主义科学理论创立后，来自资产阶级、小资产阶级等多个方面的误解、歪曲和诽谤就更多和更尖锐了。然而，马克思从未停止理论战斗的步伐。正如恩格斯所说，"斗争是他的生命要素。很少有人像他那样满腔热情、坚忍不拔和卓有成效地进行斗争。""最早的《莱茵报》（1842 年），巴黎的《前进报》（1844 年），《德意志—布鲁塞尔报》（1847 年），《新莱茵报》(1848—1849 年)，《纽约每日论坛报》（1852—1861 年），以及许多富有战斗性的小册子"，这一串串响亮的名字，将因为马克思服务人民、坚持真理的思想品格和不屈的战斗精神，而永远在人类报刊史上闪耀着灿烂的光芒。

二 学术理论报纸的时代境遇

当今时代,马克思恩格斯的办报精神对办好学术理论报纸仍然具有深刻的指导意义。人类社会历史发展的长河奔腾不息,而其中每个时代都以其独具的风貌、特征、规律和问题,刻蚀下独特的时代特征。时代是学术理论报纸发展的背景和温床,更是办好学术理论报纸最本质的源泉与动力。黑格尔在论述时代与哲学的关系时曾经写道:"每个人都是他那时代的产儿。哲学也是一样,它是被把握在思想中的它的时代。"① 实际上,不仅仅是哲学,全部哲学社会科学都是时代所孕育的思维产物。也就是说,"每一个时代的理论思维,从而我们时代的理论思维,都是一种历史的产物,它在不同的时代具有完全不同的形式,同时具有完全不同的内容。"② 而作为学术研究和理论宣传的载体、阵地的学术理论报纸,更离不开时代的影响。

当前我们正处于一个急剧变革的时代,从生产方式、交往方式、生活方式到思维方式都发生了并且仍在发生着深刻而巨大的变化。这一变革的时代拓展了中国学术理论报纸的刊发平台,开辟了中国学术理论报纸的生长空间,预示了中国学术理论报纸的发展愿景。从根本上看,当今时代变革对当代中国学术理论报纸的影响,最突出地表现在以下几个方面:

(一) 中国特色社会主义的实践场域

中国特色社会主义事业的伟大实践和中国人民的艰辛探索,为学术理论报纸的发展提供了深厚的源泉和不竭的动力,也向学术理论报纸提出了更新更高的要求。

改革开放 30 年,是中国人民奋力探索中国特色社会主义道路的过程,也是在新的历史条件下深入探索具有中国特色与中国气派的当代中国发展智慧和伟大思想的过程。胡锦涛在党的十七大报告中对中国特色社会主义道路进行了系统阐述。中国特色社会主义事业,在世界文明发展模式中构成了一种崭新的发展理论和文化样态。它以其严密深刻的科学内涵,系统

---

① [德] 黑格尔:《法哲学原理》,范扬、张企泰译,商务印书馆 1961 年版,序言第 12 页。
② 《马克思恩格斯选集》第 4 卷,人民出版社 1995 年版,第 284 页。

回答了当代中国的领导力量、发展方向、发展道路、发展目标等问题，展示了一幅中华民族实现伟大复兴，社会主义和共产主义事业蓬勃兴起、雄健转折的雄浑图景。中国特色社会主义道路是中国人在百余年来历经各种颠沛波折，尝试多种发展道路未果，矢志不渝追寻现代化和民族自立、自强所达致的文化自觉，它标志着中华民族对自身命运的深切把握，标志着中国共产党治国理政的高度成熟，标志着当代中国在世界文明体系中确立了独特的发展道路。

事实证明，正是在中国特色社会主义事业的伟大实践中，对社会主义的中国特色、具体形态和特殊内容的大胆探索中，科学社会主义才保持了强大的生命力。这一理论与实践的双重探索，既无现成模式和理论定规可依，又无他人经验可资借鉴，尚处于初级阶段的中国特色社会主义事业只有在开拓性的实践进取中展开改变世界的理论创新。这是一个呼唤热情、智慧、勇气和创造力的时代。这样一个时代，既为学术理论报纸尤其是党所领导下的学术理论报纸的繁荣发展提供了深厚的源泉与不竭的动力，也为当代中国的理论创造、为学术理论报纸的壮大开辟了广阔的天地，构建了大显身手的舞台。

经过 30 年的发展，中国社会的经济形态、政治形态、文化形态、社会建设等各方面，都发生了崭新的变化。我国成功实现了从高度集中的计划经济体制到充满活力的社会主义市场经济体制的伟大历史转折。我们建立和完善社会主义市场经济体制，建立以家庭承包经营为基础、统分结合的农村双层经营体制，形成公有制为主体、多种所有制经济共同发展的基本经济制度，形成按劳分配为主体、多种分配方式并存的分配制度，形成在国家宏观调控下市场对资源配置发挥基础性作用的经济管理制度。在不断深化经济体制改革的同时，我国不断深化政治体制、文化体制、社会体制以及其他方面的体制改革，不断形成和发展符合当代中国国情、充满生机活力的新的体制机制，为我国经济繁荣发展、社会和谐稳定提供了有力的制度保障。可以说，改革开放 30 年，是中华文明史上发展最为迅捷、变化最为显著的一个时期。与此同时，成就与问题同在，在改革发展的途程中，也不可避免地面临着各种不足和挑战。政治体制改革如何深化，和谐社会建构如何加强，文化建设如何推进，都在吸引着人们作出更加深刻丰富的思考。这些思考的成果，都需要在学术理论报纸上表征和呈现出来。因而，中国特色社会主义事业以恢弘的实践场域，奠定了当前学术理论报纸繁荣发展的基础，形成了学术理论报纸进一步前进的动力。

（二）马克思主义指导思想的丰富升华

当前，马克思主义与各种社会思潮的砥砺激荡，既深刻地在学术理论报纸上反映出来，又为我们在理论交锋中更加准确地认识马克思主义、认识现实、认识中国提供了生动丰富的教科书。

马克思主义是当代中国学术的旗帜和灵魂。作为科学的世界观，马克思主义既是工人阶级的根本利益和意志的理论表达，具有意识形态的功能；同时又是人类认识世界和改造世界所取得的最优秀的思想成果，具有科学认知的功能。马克思主义是科学性和革命性高度统一的理论体系，它不但为人们观察、分析社会问题和社会矛盾提供了科学的立场、观点和方法，也为中国社会主义革命和建设的实践提供了理论指南。坚持马克思主义的指导地位，不但是学术理论报纸工作的内在要求，也是五四运动以来历史发展的必然要求，更是我国社会主义制度的根本要求。

然而，随着经济全球化浪潮的涌来，当前世界范围内各种思想文化交流、交融、交锋更加频繁，"西强我弱"的国际舆论格局还没有根本改变，思想理论文化领域的斗争更趋激烈、更趋复杂。在这样的情况下，学术理论报纸工作，任务更为艰巨、责任更加重大。由于多种复杂因素的影响，当前马克思主义主流意识形态的地位一方面得到了巩固和加强，另一方面也面临失语和断裂的危险。与马克思主义影响力、号召力在某种程度上的降低、退场相对应，在理论学术界，各种思潮则是风起云涌，借助不同的理论范式和学术框架为阐发各自不同的主张和见解打开道路。尤为突出的是，这些不同的思潮和声音，在论及中国社会性质、发展道路、改革方向等重大问题时，往往蕴涵着不同的价值理念，隐藏着现实的政治诉求，值得引起人们深思和警惕。

在当前及今后相当长的一段时期，马克思主义与各种社会理论思潮的砥砺激荡将是一个绕不开的问题，思想文化领域的多元、多样、多变趋势将进一步加剧，同时，巩固马克思主义在意识形态领域指导地位的任务将更加重要、突出，也更加艰巨。理论学术界种种争鸣态势，不可避免地反映在学术理论报纸上。马克思主义理论阵营需要进一步扩大，各种非马克思主义、反马克思主义的思潮、文章，也在努力强化自己的影响，提高自己的声调。

必须指出的是，尽管种种非马克思主义、反马克思主义思潮都高喊着"震撼世界的词句"，试图以多元的思想挑战和博弈马克思主义指导思想的一元化格局，但它们注定是不能成功的。其中最根本的因素，就在于中国社会发展的历史进程内在地包含了马克思主义中国化的实际进程，这种理论与实践一致性的历史逻辑是任何思潮所不具备的。一当这些思潮试图援引某些西方的理论预设来替代中国的实践运动，或者试图用虚假的普世价值规制具体的现实时，它们臀部上背弃最广大人民群众利益的胎记就会清晰地暴露出来，弥散在某些报刊上的理论迷雾也将随之消散。

（三）　与西方意识形态观念的激荡碰撞

当前学术理论报纸工作还面临的一个时代挑战就是西方意识形态通过或明或隐的方式，在理论学术界和学术理论报纸界渗透、传播西方价值观，使学术理论报纸界成为马克思主义主流意识形态与其他思想观念争鸣、碰撞的重要阵地。

改革开放以来，中国打开国门，与世界开展积极而广泛的交流，吸收借鉴其他文明形态创造的一切优秀成果。但与此同时，西方意识形态、思想认识、价值观念等因素也渗透进来，试图影响中国人的核心价值观念，为实现西方发达国家的战略图谋提供助力。郑永年就此提出："中国对外开放的时期正是新自由主义在西方方兴未艾的时候，无论是出国考察的学者和官员，还是在西方留学的学生，大多在一定程度上接受了新自由主义的影响。这些人回国后把新思想带到了中国。"[1]　刘国光也指出，"缤纷杂陈的生活方式和思想潮流传入中国，对比落后的中国，有一些人不加分析地看到欧美比中国富得多，就一味向往以至敬慕；加上苏东剧变，世界社会主义运动处于低潮，这些人实际上丧失了对社会主义的信心，在吸取西方有益东西的时候，对西方糟粕失去抵抗力，盲目信奉，成为崇拜者、宣传者。"[2]

学术理论报纸是思想交锋争鸣的主战场，这些西方意识形态为了蛊惑

---

① 郑永年：《新自由主义在中国的变种及其影响》，http://www.zaobao.com/special/forum/pages6/forum_zp081028.shtml。

② 刘国光：《新自由主义：一个与中国特色社会主义格格不入的意识形态》，《中国社会科学报》2009年3月3日。

人心，引起关注，必然将学术理论报纸作为重要进攻方向，通过各种学术化包装方式与马克思主义分庭抗礼，争夺群众。这种态势对学术理论报纸界的健康发展已经形成了严重挑战。更为严重的是，某些西方势力利用其在经济、科技、文化等领域的优势和强势推行其西化战略，有战略意图地扩张其主流意识形态与文化模式。这种状况使学术理论报纸界坚持和发展马克思主义的任务、巩固党和国家主流意识形态地位的任务更加严峻。

需要强调指出的是，西方意识形态和各种思潮在当代中国的激荡、冲突，愈加彰显出中国特色社会主义道路的伟大历史价值。中国的改革发展、中华民族的伟大复兴是世界密切关注的问题，是每一个中华儿女都应当深远思之的，然而，在论及中国社会性质、发展道路、改革方向这些重大问题时，西方理论体系所提出的问题从来不是来自时代条件的折射和实际呼声的反映，而总是依附于国外的各种转型理论，以主观绝对所设定的普遍必然性，从世界发展的一个片断中抽象出全面规范中国社会转型的精神绝对论。换言之，它们都远离了中国的国情和中国的现实，只是片面、单纯地企图以主观设定的某种理论、理念来规范和导引中国发展。这些思潮借助西方的理论假设或传统的想象代替中国现实生活本身的致思方式，不仅暴露了其非批判的本质，而且意味着它们缺乏建设性的维度和理论建构的高度。从这一意义上讲，它们没有与中国特色社会主义相竞争、相抗衡的任何资格和品格。中国特色社会主义道路在"中西今古"之争中所容纳的深厚的文化内蕴和恒久的理论价值，必将在中华民族实现伟大复兴的历史进程中愈加灿烂地迸射出来，必将在当代中国学术理论报纸的发展历程中愈加丰富多彩地呈现出来。

三　推动学术理论报纸达致新的思想高度

改革开放以来，尤其是中共十六大以来，我们党继承马克思恩格斯的办报思想、办报精神、办报经验，逐渐探索出了一条适应中国特色社会主义事业需要、符合学术理论报纸发展规律的体制和机制，办出了一批具有重要现实价值和重大国际影响力的学术理论报纸，培养了一支政治可靠、学养深厚、学风优良的办报队伍，为推进马克思主义中国化、时代化、大众化，为推动学科体系、学术观点、科研方法创新，为促进中国特色、中国风格、中国气派的哲学社会科学话语体系的形成，做出了突出贡献，留下了宝贵经验。当前，应当继承这些优秀经验，推动当代中国学术理论报纸达致新的思想高度，更加深刻地成为人民观察自身的精神之镜。

（一）坚持以中国特色社会主义理论体系为指导

中国特色社会主义，是新时期学术理论研究工作的旗帜和灵魂，更是学术理论报纸工作的旗帜和灵魂。中国特色社会主义理论体系，坚持和发展了马克思列宁主义、毛泽东思想、凝结了几代中国共产党人带领人民不懈探索实践的智慧和心血，是马克思主义中国化最新成果，是党最可宝贵的政治和精神财富，是全国各族人民团结奋斗的共同思想基础。改革开放以来，尤其是党的十六大以来，办好学术理论报纸最重要的经验就在于，紧紧抓住马克思主义普遍原理与当代中国实际相结合这一主线，坚持以中国特色社会主义理论体系为指导，一刻也不偏离正确的政治方向。

中国特色社会主义理论体系的确立，绝不是简单和一帆风顺的。自五四运动前后，即有陈序经等"全盘西化派"的鼓吹，也有由于第一次世界大战导致欧洲文化中心论破产，从而产生的以杜亚泉、梁漱溟等为代表的"东方文化派"。是从根子上向西方学起，还是寄希望于"东方文明"或"儒学复兴"？而自改革开放以来，围绕着中国的前途命运问题，围绕着改革开放的性质和方向问题，又产生了各种争论。中国到底向何处去？当代中国的指导思想到底是什么？不清醒地认识和回答上述问题，作为上层建筑重要领域的学术理论报纸工作，就找不到正确的方向，就不能正确地把握自身的发展，更不能正确地引领学术理论研究。实践证明，是马克思主义为中国现代化道路指明了方向，只有中国特色社会主义能够不断推动中国发展。正由于此，李长春出席纪念党的十一届三中全会召开30周年研讨会时强调指出，当今世界正在发生广泛而深刻的变化，当代中国正在发生广泛而深刻的变革。理论工作要紧密联系国际国内形势的变化，始终围绕党和国家工作大局，在新的历史起点上进一步开创工作新局面。要不断深化理论学习和宣传，大力推动用中国特色社会主义理论体系武装全党、教育人民。要切实加强理论研究，不断深化对中国特色社会主义发展规律的认识。要着眼打造精品工程，努力推动马克思主义理论研究和建设工程取得新的实质性进展。要完善工作体制和机制，大力营造有利于理论创新的良好环境。要加大人才培养和队伍培训力度，努力造就一支宏大的、高素质的马克思主义理论队伍。[①]

总之，改革开放以来，学术理论报纸界所取得的一切成就，归根结底概括起来，就在于始终旗帜鲜明地以中国特色社会主义理论体系为指导，一刻也不偏离中国特色社会主义的伟大航程。

（二）引导学术理论报纸关注重大理论和现实问题

学术理论报纸既要关注文本中发现的问题，更要注重社会生活实践提出的问题。改革开放以来，我们党的学术理论报纸事业之所以能够取得长足进步，获得巨大发展，就在于学术理论报纸以高度的历史使命感和敏锐的现实针对性，认真思考和深入解答重大的现实和理论问题。

马克思曾指出："一个时代的迫切问题，有着和任何在内容上有根据的因而也是合理的问题共同的命运：主要的困难不是答案，而是问题。因此，真正的批判要分析的不是答案，而是问题。"正因为问题之于时代、之于社会历史发展具有如此重要的地位，所以准确把握和解决时代与实践提出的重大问题，就成为学术理论报纸义不容辞的历史使命。

30 年前，学术理论报纸勇敢地站在时代的最前沿，《实践是检验真理的唯一标准》成为改革开放的先声。党的十六大以来，中央提出宣传思想文化工作的"三贴近"原则，提出要贴近实际、贴近生活、贴近群众。学术理论报纸自觉地关注时代最亟须解决的重大理论和实践问题，投向党中央以及广大人民群众最关注的重大现实问题，投向为实现中华民族伟大复兴所必须解决的重大基础性学术理论课题，为推动软实力建设和社会进步提供科学的解决方案。近年来，党和国家先后启动了马克思主义理论研究和建设工程等一大批重大学术理论建设项目，重点扶持一批对经济社会发展和哲学社会科学发展有重大影响的课题研究。在这些重大研究项目的实施过程中，学术理论报纸不仅是学术交流和探讨的有效平台，也是成果发布和推广的重要媒介，极大地促进了当代学术理论研究的发展繁荣。

---

① 《李长春出席纪念党的十一届三中全会召开 30 周年研讨会》，新华网，http：//news. xinhuanet. com/newscenter/2008 - 12/20/content_ 10531177_ 1. htm。

（三）传承优秀学术传统，借鉴世界文明成果

改革开放以来，党的学术理论报纸事业除了坚持正确的政治方向、积极服务社会实践之外，还有一个重要的经验，这就是既大力传承中华优秀学术传统，又积极借鉴世界文明成果，从而使学术理论报纸工作呈现出鲜明的民族性和时代性；既保留着独特的民族精神，又洋溢着强烈的时代气息；既是民族的，又是世界的。

"周虽旧邦，其命维新"。中华民族是世界上最古老最伟大的民族之一，在历史悠久长河中创造出了源远流长、博大精深的灿烂文明。中华民族具有明道、求真、经世的优秀学术理论传统，格物、致知、诚意、正心、修身、齐家、治国、平天下是历代贤哲的人生追求。这些世代相传的优秀学术理论传统，是当代哲学社会科学研究的基础和出发点。马丁·路德曾提出，一个国家的前途，不取决于它的国库之殷实，不取决于它的城堡之坚固，也不取决于它的共同设施之华丽，而在于它的公民的文明素养，即人们所受的教育、人们的学识、开明和品格的高下，这才是利害攸关的力量所在。因此，发掘中华文化的宝贵遗产，传承民族文化的优秀成果是学术理论报纸的使命。近些年来，学术理论报纸界更加注重对民族文化的清理和保护，重视文物和非物质文化遗产研究，国学、民族文化等都成为学术理论报纸关注的热点。通过一系列的努力，学术理论报纸界力图使传统文化与当代社会相适应、与现代文明相协调，在保持民族性的同时，体现出鲜明的时代特色。

在传承优秀学术传统的同时，当代中国的学术理论报纸还以广博的胸襟、开阔的视野借鉴世界其他文明体系创造的一切优秀成果。当前，美国次贷危机引发的全球性经济危机，蕴涵着世界多极化和经济全球化的深刻变化，一超多极的格局虽未根本改变，但美国的霸权已经日渐式微，以中国为代表的新兴经济体、和平发展的力量正逐步壮大。全球范围内，宗教、民族、文化的冲突不断加剧，气候变化、粮食安全、能源资源安全、公共卫生安全问题日益突出，当今世界正处在大变革大调整之中。面对方兴未艾的全球化浪潮，面对深刻变动与密切相连的世界，当代中国学术理论体系需要在研究方法、理论范式、学术理念等诸多方面实现创造性转换。马克思主义是没有离开人类文明发展大道的最没有狭隘宗派主义的思想，决不认为马克思主义产生以后，马克思主义以外的一切思想都是毫无

意义的消极因素。马克思主义是当今世界上推动历史发展的最先进的思想，但决不认为一切思想都是落后的、反动的，承认除马克思主义以外，还有许多思想有其进步意义和合理内涵。马克思主义具有最广阔的胸怀和包容能力，它善于通过批判的方法，吸收和借鉴全人类的一切思想精华，使自己得到丰富和发展。马克思主义从不唯我独尊，而要和一切有进步意义的思想和流派建立起最广泛的统一战线。正是马克思主义独有的思想品格和历史使命，决定了当代中国学者必须借鉴人类文明包括西方发达国家所创造的一切优秀文化成果，坚持以我为主，为我所用。然而，这并不意味着否定马克思主义对中国文化的指导地位，迎合所谓"国际主流文化"的要求。当代中国学术理论界，如果不加分析地盲目跟从以西方价值观为核心的所谓"国际主流文化"，不但在学术理论研究上是一种没有出息的做法，更重要的是，它将断送中国文化的独立性，葬送中国文化的未来，其结果只能是将中国文化变成西方意识形态的附庸，用西方意识形态改造我们的社会和文化。

（四）处理好现代学术理论报纸发展中的重要矛盾

办报办刊，既是一门意识形态性很强的工作，又是一门艺术；既是理论与实践的高度统一，又是科学与艺术的完美结合。改革开放以来，尤其是党的十六大以来，我们党和政府科学认识和深刻把握了现代学术理论报纸发展的内在规律，妥善处理好办报办刊过程中存在的一系列深刻复杂的辩证关系，这也是新时期学术理论报纸工作取得长足进步的一条重要经验。

1. 一元与多元

一元与多元，是办好学术理论报纸首先要处理好的一对矛盾。在意识形态领域必须始终立场坚定地坚持马克思主义的一元指导，决不能搞指导思想的多元化。这是 20 世纪末叶苏东剧变、国际社会主义运动陷入低潮带给我们的惨痛教训。苏东剧变其原因固然错综复杂，但重要根源之一就是任凭各种社会思潮自由泛滥，主张意识形态领域指导思想多元化。俄罗斯科学院院士季塔连科就曾经说过："意识形态的失误是导致苏共垮台的致命原因"，"苏联人民应当对苏联解体负责，是苏联人民没有捍卫自己的利益"。（季塔连科在中国社会科学院所作的专题学术演讲"苏联解体的原因"）编辑出版学术理论报纸，有必要通过自己的工作，使党员干部和人民群众把自己的行为与人民利益和国家前途命运联系起来，通过对社会主义运动经验与教训的深刻反思，真正认识到意识形态领域思想混乱给国家前途和人民利益带来的重大危害，强化忧患意识，自觉地为坚持马克思主义在意识形态领域的指导地位贡献力量。

　　同时，我们也必须看到，改革开放之后，随着经济和政治体制改革的日益深入，人们的生活方式日趋多样化，价值观念和思想意识也日趋多样化，呈现出个人本位、社会本位、自然本位、信仰本位等多元价值取向并存的局面，思想意识层面愈益呈现出多元、多样、多变的态势。在人们思想文化生活呈现多元态势的发展过程中，不可避免地包含着一些不和谐的因素。对这一部分因素，要具体情况具体分析，开展深入细致的研究工作，不能搞简单化和绝对化。对消极落后的思想倾向和价值观念，要加以正确引导，对腐朽反动的思想倾向和价值观念，则要予以坚决抵制。坚持一元引导多元，尊重差异、包容多样，既毫不动摇地坚持马克思主义的指导地位，又努力形成学术和文化领域百花齐放、丰富多彩的和谐景象。

　　2. 学术与政治

　　办好学术理论报纸，不仅要把握正确的政治方向，而且要坚持严格的学术质量，做到学术与政治的辩证统一。因而，学术与政治，是办好学术理论报纸要处理好的又一对重要矛盾。

　　在具体的办报办刊工作中，要旗帜鲜明地反对两种错误倾向。一是打着所谓"纯学术"研究的旗号脱离正确的政治方向，甚至以"纯学术"面貌为包装反对党的路线方针政策。学术理论研究工作固然有高度的学术性，但从来没有所谓纯而又纯的"纯学术"研究。一方面，研究者本人不可避免地要受到其世界观、方法论、价值观、研究理念等因素的影响，从而不能与政治方向相脱离；另一方面，法学、政治学、社会学等学科领域本身就有很强的意识形态性，即使是历史学、考古学、地理学等意识形态性不强的学科，也是社会存在更加抽象的反映，因而都要强调政治方向的问题。二是单纯强调政治方向而忽视学术质量，以单纯的政治标准替代学术质量。学术理论研究不能成为简单的贴标签、喊口号、政治表态，而必须付出艰苦的理论努力，以高度的理论思维推动学术研究取得新进展。因而，仅仅关注政治方向而忽视学术质量的倾向也是错误的。

3. 普及与提高

在学术理论报纸的办报办刊实践中，普及与提高不是毫不相干的两个方面，而是辩证统一的关系。

毛泽东同志曾经指出，"我们的提高，是在普及基础上的提高；我们的普及，是在提高指导下的普及"。办好学术理论报纸必须处理好这一辩证关系，既注重学术理论研究的深入开展，又重视哲学社会科学知识的普及与传播，实现广泛性与先进性的完美结合。十六大以来，学术理论报纸成为全国哲学社会科学工作者、爱好者共同的学术阵地和窗口，既成为哲学社会科学研究和学术交流的高端平台，又做好广大哲学社会科学爱好者的知识普及工作，提高了全体人民的精神面貌、价值观念和思想道德素质，为推动学术理论研究走进实践、走进大众、走进青年，为社会主义文化大发展大繁荣做出了积极的贡献。

4. 引导与批判

思想文化领域有其特殊的规律。汲取"文革"的惨痛教训，社会主义精神文明建设一直坚持以立为主、重在建设的指导方针，这也是学术理论报纸的指导方针之一。30 年来，学术理论报纸工作坚持以正面引导为主，坚持以科学的理论武装人、以正确的舆论引导人、以高尚的精神塑造人、以优秀的作品鼓舞人，切实推动学术理论研究深入发展。

在加强正面引导的同时，我们还必须坚持和发扬马克思主义的批判性品格，对各种错误思潮、倾向、言论展开针锋相对的批判。中国特色社会主义事业，由于肩负着实现中华民族伟大复兴的历史使命，因而其每一步前进，都必然会遇到来自国内外各种反对势力的干扰和挑战。这些干扰和挑战经常会以各种面目出现，但在意识形态和思想文化领域内的表现往往最为复杂，也最具迷惑性、煽动性。学术理论报纸必须始终坚持正确的方向和明确的目标，始终保持清醒的头脑和自觉的意识，在纷繁复杂、花色繁多的社会思潮和舆论的表象下，敏锐地抓住关系党和国家事业根本的问题，对其展开深入批判。这种批判决不是回到"文革"期间的所谓"大批判"，而是依据历史和现实的双重逻辑，以充足的论据、深刻的论辩，雄辩地说明中国特色社会主义的合理性和中国共产党执政地位的合法性等重大问题，教育人民、团结人民。正如邓小平同志指出的："我们在强调开展积极的思想斗争的时候，仍然要注意防止'左'的错误。过去那种简单片面、粗暴过火的所谓批判，以及残酷斗争、无情打击的处理方法，决不能重复。无论是开会发言、写文章，都要进行充分的说理和实事求是的科学分析。"① 在当前西方话语体系来势汹汹，企图控制世界舆论，"矮化中国"、"唱衰中国"的形势下，我们必须更加鲜明地坚持批判原则，自觉地在国际斗争中建立我们自己的话语权。真理越辩越明。通过学术理论报纸艰苦的科学批判工作，中国人民的理论思维水平和理论思维能力将不断提升，对历史和现实规律的认识将更加深刻和准确。

---

① 《党在组织战线和思想战线上的迫切任务》，《邓小平文选》第 3 卷。

正义研究

正义研究的前提省思:从马克思早期
正义观及其理论转型谈起

一 引 言

公平正义是和谐社会建构的重要维度。"实现社会公平正义是中国共产党人的一贯主张,是发展中国特色社会主义的重大任务。"① 运用马克思主义的基本理论和方法,深入分析当代中国的社会公平正义问题,为建设和谐社会提供强大的思想资源与智力支持,具有极为重要的实践意义和理论价值。

近年来一些学者已经开始关注社会公平正义问题并提出了种种方案,对解决这些问题作出了探索性回答。应当说,这充分彰显了当代中国学者的学术使命感与淑世情怀。然而,仔细检审这些研究,我们也不无遗憾地看到,其间更多的是对当代西方以罗尔斯《正义论》为肇始的政治哲学讨论热潮的译介与讨论,以及从理性、人性等抽象的观念或原则中为现实世界搭建正义理想国的"思想"努力,而依据马克思主义的立场、方法和原理直面问题、研究问题的似乎尚不多见。他山之石,确乎可以攻玉,但如果脱离了当代中国语境的现实分析,一味执著于某些抽象价值原则在纯理性领域中的普世推演,那么这种种努力充其量也只不过是悬浮于半空中的思想泡沫与象牙塔中的"学术"独白。

---

① 胡锦涛:《高举中国特色社会主义伟大旗帜,为夺取全面建设小康社会新胜利而奋斗——在中国共产党第十七次全国代表大会上的报告》,人民出版社 2007 年版,第 17 页。

　　这实际上给我们提出了一个严肃的问题：研究当代中国公平正义问题的理论前提在哪里？或者说，我们应当秉持何种方法论原则、采取何种学术姿态、从什么样的理论起点出发，切入当代中国公平正义问题研究？

　　在这一问题上，笔者认为，回顾和梳理马克思早期正义观及其理论转型将带给我们极大的思想启迪。实际上，马克思在《莱茵报》时期也是从理性出发吁求正义、批判现实的，但在创立历史唯物主义之后，马克思即开始通过唯物史观的理论框架来分析社会公平正义问题，从而赋予了研究社会公平正义问题的重要方法论原则和理论起点。因此，要厘定当代中国社会公平正义问题的研究前提，我们需要从马克思早期正义观及其理论转型谈起。

　　总的来看，马克思从《莱茵报》时期的早期正义观①转向思想成熟时期的历史唯物主义正义观，主要经历了以下几个发展阶段：

　　（1）马克思在《莱茵报》时期，基本上持一种革命民主主义的正义观。马克思自1842年4月开始为《莱茵报》撰稿，写作《第六届莱茵省议会的辩论》（第一篇论文），于当年10月15日担任该报主编，至1843年3月17日发表《声明》②退出，历时约12个月。此一时期，马克思强烈反对当时的普鲁士封建专制制度，疾呼公民自由和政治地位上的平等，要求建立一种符合理性的新型国家，其正义观具有典型的革命民主主义和自由主义色彩。需要注意的是，从理论观点的一致性上看，马克思在给《莱茵报》撰稿之前写作的第一篇政论文章《评普鲁士的书报检查令》也应包括在这一时期之内。

　　（2）在为《莱茵报》写作《摩泽尔记者的辩护》时，马克思就遇到

---

　　①　马克思在他的博士论文中几乎没有提及公平正义等问题，他仅在博士论文第二部分第一章《原子脱离直线而倾斜》末尾的一个附注中，引证了第欧根尼·拉尔修论述"契约"与"公正"的一段话："对于一切不能签订关于彼此互不伤害也不让双方遭受伤害的契约的生物来说，既没有公正，也没有不公正，对于一切不能或不愿签订关于彼此互不伤害也不让双方遭受伤害的民族来说，也是如此。公正不是自在之物，而是一种在无论什么样的地区内在相互交往中产生的关于彼此互不伤害也不让双方遭受伤害的契约。"（参见《马克思恩格斯全集》第1卷，人民出版社1995年版，第84页）但仅凭这段引言，我们很难进一步展开正义观方面的研究。因此，本文在讨论马克思早期正义观时没有将其博士论文时期考虑在内。

　　②　《马克思恩格斯全集》第1卷，人民出版社1995年版，第445页。

了"要对所谓物质利益发表意见的难事"。① 为了解决这个"苦恼的疑问",马克思在退出《莱茵报》之后,首先对黑格尔的法哲学进行了批判性分析。如所周知,马克思的研究得出了不是国家决定市民社会,而是市民社会决定国家的结论。与本文主题密切相关的是,马克思把这一结论运用到他批判布鲁诺·鲍威尔的论战当中,揭示了政治革命与自由、平等、正义等资产阶级权利话语体系的局限性,从而超出了革命民主主义与激进自由主义的理论樊篱。

(3)对黑格尔法哲学的批判,使马克思意识到必须深入研究现实的市民社会,"而对市民社会的解剖应该到政治经济学中去寻求"②,马克思从而比较系统地开始了政治经济学研究(当然,其中还有青年恩格斯发表《政治经济学批判大纲》等因素的影响)。这一研究,使马克思得以在经济学的视阈中审视公平、正义和平等等范畴,从而进一步摆脱了唯心主义正义观的影响,向着历史唯物主义正义观迈进。

(4)随着研究的深入,马克思实现了世界观的整体转变,与恩格斯一道在《德意志意识形态》中初步建构了历史唯物主义理论框架。这一阶段,也意味着马克思彻底摆脱了唯心主义的影响,确立了历史唯物主义正义观。这也使得马克思在其后对正义问题的探讨上,呈现出完全不同的研究范式。

大体说来,马克思在《莱茵报》时期的正义观是比较明确和单一的,其后,则渐次进入了复杂而深刻的思想转变过程。上述(2)(3)(4)实际上是他在确立历史唯物主义正义观历程中至为关键的三步,通过这三个步骤,马克思逐步确立了在社会公平正义问题上的历史唯物主义研究范式,为解决社会公平正义问题研究了科学的锁钥。

从目前学术界发表的有关马克思正义观的研究成果来看,人们关注的主要是马克思思想成熟时期的正义观,关于马克思早期正义观及其转变的研究还处于空白地带。③ 我们的研究也希望在这一空白处作出初步探索。

---

① 《马克思恩格斯选集》第2卷,人民出版社1995年版,第31页。

② 同上。

③ 从文本依据上看,则表现为人们倾向于选择标志着共产主义形成与正式诞生的《哲学的贫困》、《共产党宣言》以及其后的《资本论》、《反杜林论》等文本著作。而马克思在此之前的著作,从他的第一篇政论文章《评普鲁士的书报检查令》到马克思恩格斯共同完成的巨著《德意志意识形态》,在公平正义问题研究上还较少有人问津。

二　《莱茵报》时期：革命民主主义正义观

《莱茵报》时期，是马克思结束博士论文的学院化写作之后，在原则、思想与现实的首度触碰中迸发出诸多思维火花的一个创作时段。马克思此一时期的正义观，洋溢着革命民主主义和激进自由主义的激情，闪耀着新理性主义的光辉，具有十分丰富和独特的内容。下面我们从以下几个方面试加分析。

（一）　基本内容

马克思早期正义观的基本内容，主要是站在劳动人民的立场上，反对当时的普鲁士封建专制统治，要求建立一种理性国家，追求资产阶级革命的自由和平等目标。

马克思此时持有的正义观，首先是由当时德国的社会历史状况所直接决定的。从中世纪以来，德国一直处于分裂和落后的状态。恩格斯在写到18世纪末叶的德国状况时说："这是一堆正在腐朽和解体的讨厌的东西。没有一个人感到舒服。国内的手工业、商业、工业和农业极端凋敝。农民、手工业者和企业主遭到双重的苦难——政府的搜刮，商业的不景气。贵族和王公都感到，尽管他们榨尽了臣民的膏血，他们的收入还是弥补不了他们的日益庞大的支出。一切都很糟糕，不满情绪笼罩了全国。没有教育，没有影响群众意识的工具，没有出版自由，没有社会舆论，甚至连比较大宗的对外贸易也没有，除了卑鄙和自私就什么也没有；一种卑鄙的、奴颜婢膝的、可怜的商人习气渗透了全体人民。一切都烂透了，动摇了，眼看就要坍塌了，简直没有一线好转的希望，因为这个民族连清除已经死亡了的制度的腐烂尸骸的力量都没有。"① 到了马克思走上历史舞台的19世纪40年代，全国总共有30多个邦国。各个邦国各自为政，大大小小的君主对人民进行残酷的剥削和压迫。在普鲁士邦，国王威廉四世于1840年即位。他为了挽救即将崩溃的封建专制制度，采用欺骗与镇压的两种手段，对劳动群众等其他阶级展开了严酷的剥削和压迫。人民没有起码的自由，各种进步思想都会遭到镇压，每一本书、每一份报，甚至每一首诗都

---

① 《马克思恩格斯全集》第2卷，人民出版社2002年版，第633—634页。

要经过检查才能出版。这种情况妨碍了德国社会和经济的发展。马克思就是在这种情况下，走上了反对封建制度、呼吁革命民主主义价值观的战场。在博士毕业谋求大学教席不成的情况下，马克思从 1842 年初起，作为《莱茵报》的撰稿人（1842 年 5 月）和主编（1842 年 10 月）参与到现实政治问题的讨论中来，开始了直接反对封建专制制度的斗争。

应当说，马克思在这一时期，很少就正义范畴本身作出明确的规定和丰富的探讨，他更多地是将自己的自由、民主追求当作一种正义的事业、正义的活动来进行的。在 1842 年 12 月写的《评奥格斯堡〈总汇报〉第 335 号和 336 号论普鲁士等级委员会的文章》中，马克思指出："为自己的家园而奋斗的讲求功利的智力，跟不顾自己的家园为正义事业而斗争的自由的智力当然是不同的，服务于某个特定目的、某种特定事物的智力同支配一切事物和只为自己服务的智力是有根本区别的。"① 可以看出，在当时马克思的视阈中，反对普鲁士邦的专制统治，给人民以自由、民主权利，这是一项超越了狭小地域的正义事业。质言之，在当时的马克思看来，所谓正义，就是进行民主主义革命，建立一种与专制国家相对立的理性国家。实际上，马克思在《莱茵报》时期的活动都是围绕着上述而展开的。从马克思的现有文献来看，他这一时期进行的民主、正义活动主要涉及下面几方面：

第一，马克思激烈地抨击了普鲁士的书报检查制度，捍卫思想自由的原则。通过《莱茵报》的撰稿、发行，马克思广泛宣传了他的革命民主主义观点，呼吁广大公民的自由权利。面对普鲁士警察、官僚阶层肆意践踏公民权利和压制进步报刊的做法，马克思愤慨地指出："没有一种动物，尤其是有思想的人，是戴着镣铐出世的"。② 马克思还指出："自由确实是人的本质，因此就连自由的反对者在反对自由的现实的同时也实现着自由；因此，他们想把曾被他们当作人类本性的装饰品而屏弃了的东西攫取过来，作为自己最珍贵的装饰品。"③ 也就是说，在马克思看来，人之所以为人，正是在于自由这一本质。而统治阶级无非就是想维护自己的"自由"，而剥夺其他阶层的自由权利。所以，实际上，"没有一个人反对

---

① 《马克思恩格斯全集》第 1 卷，人民出版社 1995 年版，第 339 页。

② 同上书，第 171 页。

③ 同上书，第 167 页。

自由，如果有的话，最多也只是反对别人的自由。可见，各种自由向来就是存在的，不过有时表现为特殊的特权，有时表现为普遍的权利而已。"①

第二，马克思强烈抗议普鲁士当时的区乡建制制度，维护人人平等的原则。当时，围绕着普鲁士政府打算在莱茵省实行城乡地方管理机构改革而展开了一场激烈的辩论。18世纪90年代以后，在未来的普鲁士莱茵省建立了新的区乡制度，大大削减了乡村封建土地占有制的特权，实现了城市的区和农村的乡在法律上的平等。但是，随着1815年普鲁士统治地位的确定，政府和封建贵族企图废除区和乡的平等权利，以恢复贵族势力的特权。这一企图遭到了莱茵省进步的资产阶级和具有民主意识的知识分子的强烈反对。他们竭力维护区和乡的平等权利。《莱茵报》在8月到12月期间发表了一系列反对实施普鲁士的等级原则、扩大封建贵族特权、维护区乡权利平等的文章。然而，与《莱茵报》的立场相对立，《科隆日报》连续发表文章攻击区乡权利平等原则，鼓吹封建等级制度原则。例如，科隆公证人杜比安就要求，城市和农村的区乡制度改革分开进行，因为"农村的乡落后，不容许享有和城市的区一样的权利"。② 针对这种观点，马克思在《莱茵报》上发表文章进行驳斥，提出"全体公民一律平等"是实行区乡制度改革的重要原则。在《论普鲁士等级委员会》等文章中，马克思还对封建君主制的社会基础——贵族统治和等级特权——进行了深入批判，要求实行人民代表制。

第三，马克思揭露了离婚法草案、林木盗窃法等封建法规的专制色彩与反动性质。在1842年12月18日写的《论离婚法草案》中，马克思写道："任何一个有理性的人都不会有一种非分的要求，认为自己的行为是他一个人才可以做的享有特权的行为；相反，每个有理性的人都会认为自己的行为是合法的，一切人都可以做的行为。"③ 也就是说，消灭特权、维护每一个人的自由、平等权利是一个正当的要求。否则，社会成员就会"像专制政体下面人人一律平等一样，虽然不是在价值上平等，但是在无价值上是平等的。"④ 针对反动的林木盗窃法，马克思指出："城市、乡村

---

① 《马克思恩格斯全集》第1卷，人民出版社1995年版，第167页。
② 引自《马克思恩格斯全集》第1卷，人民出版社1995年版，注释130、131。
③ 《马克思恩格斯全集》第1卷，人民出版社1995年版，第347—348页。
④ 同上书，第195页。

和诸侯……不但不想消除违犯林木管理条例者的权利和林木所有者的要求之间的距离，反而认为这一距离还不够大。在这里他们并不是想要同样地保护林木所有者和违反林木管理条例者，他们只是想把大小林木所有者一视同仁地加以保护。当问题涉及林木所有者时，大小林木所有者之间的完全平等就成为定理，而当问题涉及违反林木管理条例者时，不平等就变成公理。为什么小林木所有者要求得到和大林木所有者同样的保护呢？因为他们两者都是林木所有者。但是，难道林木所有者和违反森林管理条例者不都是国家的公民吗？既然大小林木所有者都有同样的权利要求国家的保护，那么，难道国家的大小公民不是更有同样的权利要求这种保护吗？"①马克思的这段论述尖锐地揭示出，当时的普鲁士国家实际上不过是维护贵族和有产者的工具而已，贫苦农民和无产者在其间是没有任何平等权利可言的。

（二）运思路径

马克思在《莱茵报》时期论证自由、正义和平等时，是站在唯心主义的立场上进行的，其论证带有典型的法哲学与唯心史观色彩。在马克思此时的思想中，"权利"是一个核心范畴。换言之，马克思对封建专制制度的抨击和对人民群众利益的维护，主要是以"权利"范畴为武器而进行的。张一兵教授也就此提出："1841 年，年轻的哲学博士马克思走进社会时，是一位地道的唯心主义哲学家，占据他脑海的是反映资产阶级民主主义政治的理性观念论，这种唯心主义理念论，只是在他接触到现实社会问题（《莱茵报》时期对经济利益关系的评论）时才开始出现裂痕。"②但同时需要指出的是，马克思此时虽然抱持资产阶级民主主义理念，但他的目的却不是为资产阶级利益作辩护，而是站在处于被统治地位的人民大众的立场上，为了被统治阶层的自由、民主权利而斗争。

在《评普鲁士最近的书报检查令》中，马克思针对书报检查令中对真理要做"严肃"和"谦逊"的探讨这一规定，写道："法律允许我写作，但是不允许我用自己的风格去写，我只能用另一种风格去写！我有权

---

① 《马克思恩格斯全集》第 1 卷，人民出版社 1995 年版，第 260 页。

② 张一兵：《回到马克思——经济学语境中的哲学话语》，江苏人民出版社 2005 年版，第 142 页。

利表露自己的精神面貌，但是首先必须使这种面貌具有一种指定的表情！哪一个正直的人不为这种无礼的要求脸红，而宁愿把自己的脑袋藏到罗马式长袍里去呢？"① 在这里，马克思旗帜鲜明地指出，任何人都有表达自己思想观点的权利，这种权利即使是法律和宗教立场也不能剥夺。这一观点与启蒙运动以来要求和维护人的权利的思想潮流是暗合的。在这一观点背后发挥深层理论支撑作用的，实际上是资产阶级革命时期关于自由、平等、正义的论证。它很容易让我们想起洛克关于自由的那段名言："唯一实称其名的自由，乃是按照我们自己的道路去追求我们自己的好处的自由，只要我们不试图剥夺他人的这种自由，不试图阻碍他们取得这种自由的努力。每个人是其自身健康的适当监护者，不论是身体的健康，或者是智力的健康，或者是精神的健康。人类若彼此容忍各人照自己所认为好的样子去生活，比强迫每人都照其余的人们所认为好的样子去生活，所获是要较多的。"② 可以看出，马克思在《莱茵报》时期的正义观，还属于资产阶级革命时期的话语体系，带有浓厚的理性主义色彩和自由主义倾向。

马克思继而指出："新闻出版是个人表达其精神存在的最普遍的方式。它不知道尊重个人，它只知道尊重理性。你们要以官方的方式用特殊的外在的标志来确定精神的表达能力吗？对别人我不可能是什么样的人，对自己我就不是而且也不可能是这样的人。如果对别人我没有权利成为英才，那么，对自己我也就没有权利成为英才；难道你们想把成为英才的特权只赋予个别人吗？每个人都在学习写作和阅读，同样，每个人也应当有权利写作和阅读。"③ 马克思在这里更加明确地反对那种只允许个别人享有某种权利的特权思想，而主张每个人都是平等的权利主体。针对基督教宣扬忍让、压制反抗的观点，马克思针锋相对地指出："难道你们认为你们因权利被侵犯而诉诸法庭是不正确的吗？然而使徒却说，这样做不对。当有人打了你们的左脸时，你们是连右脸也送过去呢，还是相反，去控告这种侮辱行为呢？但是，福音书却禁止这样做。难道你们在这个世界上不要求合理的权利吗？难道你们不因为稍微提高捐税而抱怨吗？难道你们不

---

① 《马克思恩格斯全集》第 1 卷，人民出版社 1995 年版，第 111 页。
② 密尔：《论自由》，许宝骙译，商务印书馆 1959 年版，第 14 页。
③ 《马克思恩格斯全集》第 1 卷，人民出版社 1995 年版，第 196 页。

因为个人自由稍被侵犯就怒不可遏吗？"①

如上所述，马克思早期正义观还具有激进的革命民主主义倾向，它坚定地站在劳苦大众一边，猛烈抨击封建阶级和资产阶级的奴役制度，因此，与资产阶级思想家的理性主义和自由主义具有相当大的差异。从1842 年 10 月撰写的《第六届莱茵省议会的辩论（第三篇论文）关于林木盗窃法的辩论》，到 1842 年 12 月底至 1843 年 1 月中撰写的《摩泽尔记者的辩护》，马克思的人民民主立场更加鲜明。针对当时维护土地所有者的林木盗窃法，马克思指出：　"这种为了幼树的权利而牺牲人的权利（——着重号为引者所加）的做法真是最巧妙而又最简单不过了。如果法律的这一条款被通过，那么就必然会把一大批不是存心犯罪的人从活生生的道德之树上砍下来，把他们当作枯树抛入犯罪、耻辱和贫困的地狱。"②

不仅如此，马克思还以权利范畴为理论武器，从正面来论证贫苦农民的正当权利。马克思指出："有些所有物按其本质来说永远也不能具有那种预先被确定的私有财产的性质。这就是那些由于它们的自然发生的本质和偶然存在的属于先占权范围的对象，也就是这样一个阶级的先占权的对象，这个阶级正是由于这种先占权而丧失了任何其他财产，它在市民社会中的地位与这些对象在自然界中的地位相同。"③ 也就是说，贫苦农民阶级不占有任何财产，因而在社会中的地位就如同枯枝在自然界中的地位一样。只是由于如此，"贫民在自己的活动中已经发现了自己的权利（——着重号为引者所加）。人类社会的自然阶级在捡拾活动中接触到自然界自然力的产物，并把它们加以处理。那些野生果实的情况就是这样，它们只不过是财产的十分偶然的附属品……"④ 从这一观点出发，马克思认为，贫苦农民捡拾枯枝是一项正当的甚至是天然合理的权利。

联系马克思在创建唯物史观之后对权利范畴的看法，可以更鲜明地看到马克思此时吁求自由、民主、正义价值观的法哲学路径。在《德意志意识形态》中，马克思和恩格斯指出："至于谈到权利，我们和其他许多人都曾强调指出了共产主义对政治权利、私人权利及权利的最一般形式即

① 《马克思恩格斯全集》第 1 卷，人民出版社 1995 年版，第 224 页。
② 同上书，第 243 页。
③ 同上书，第 252 页。
④ 同上书，第 253 页。

人权所采取的反对立场。"① 为什么要采取反对立场呢？是因为马克思已经认识到："创造这种权利的，是生产关系。一旦生产关系达到必须改变外壳的程度，这种权利和一切以它为依据的交易的物质源泉，即一种有经济上和历史上的存在理由的、从社会生活的生产过程产生的源泉，就会消失。"② 也就是说，权利只不过是一种表象，隐藏在其后的是生产关系。只注重对权利的呼求和研究，而忽视研究生产关系，这实际上是在同问题的影子作斗争，离社会现实的真正秘密还太遥远。马克思在认识上之所以能实现如许大的转变，是与我们在下面谈到的他迈向历史唯物主义正义观的关键三步直接联系在一起的。

三　迈向历史唯物主义正义观：关键三步

如前所述，马克思在《莱茵报》时期的正义观具有比较明确的内容和明确的目的，其后，由于各种复杂因素的影响，马克思处于激烈的思想转变时期。从退出《莱茵报》到《德意志意识形态》一书的发表，马克思逐步从革命民主主义正义观走向了历史唯物主义正义观。其间，市民社会探究、政治经济学研究与唯物史观创立，是马克思正义观转变、完成的关键性三步。下面，我们结合马克思在这三个阶段中的有关文本，进行初步分析。

（一）法哲学批判：突破资产阶级政治革命局限

马克思通过批判黑格尔法哲学和研究资产阶级革命史，认识到了资产阶级政治革命以及政治平等要求的局限性，开始逐步把注意力移向经济与社会平等。

如上所述，马克思在《莱茵报》时期，曾激烈地抨击专制统治，呼吁自由、正义、民主的资产阶级价值体系，并设想通过理性国家来解决这些社会问题。但同时，马克思也注意到，在现实社会中，国家并不像黑格尔所说的那样是普遍利益的代表，而是财产占有者进行统治的工具。由此，马克思对黑格尔法哲学的信念发生了动摇：按照黑格尔理性国家的路

---

① 《马克思恩格斯全集》第 3 卷，人民出版社 1960 年版，第 228—229 页。

② 《马克思恩格斯全集》第 23 卷，人民出版社 1965 年版，第 874—875 页。

径，真的能够解决这些问题吗？为了解决这一"苦恼的疑问"，马克思于1843年3月中到9月底对黑格尔《法哲学原理》第三篇第三章的第261—313节作了全面的分析批判。其中，马克思批判了黑格尔颠倒国家和市民社会关系的唯心主义观点，初步指出，不是国家决定市民社会，而是市民社会决定国家。除此而外，在马克思的思想中还出现了一点重要的转变：即，马克思不再从市民的权利这一角度批判现实社会，而倾向于将其视作历史的和实然的东西，强调从中找出它们的客观规律。马克思就此指出："私有财产的真正基础，即占有，是一个事实，是无可解释的事实，而不是权利。只是由于社会赋予实际占有以法律规定，实际占有才具有合法占有的性质，才具有私有财产的性质。"[1] 这意味着，权利这一范畴在马克思的思想中已经退居后位，马克思开始由吁求权利转向对"事实"——私有财产占有（马克思此时似乎还没有找到更加准确的术语对此加以表征）的分析。换言之，马克思前一时期正义问题研究上的法哲学运思路径开始出现了变化。

在写作《黑格尔法哲学批判》的同时，马克思从科伦移居莱茵省的小城克罗茨纳赫（1843年5—10月），他在那里研究了以法国资产阶级革命史为中心的大量历史著作，写下了厚厚的五本笔记，这就是著名的《克罗茨纳赫笔记》。通过这一研究，马克思认识到了资产阶级政治革命的局限性，看清了资产阶级议会借口把主权交给人民，其实不过是把它从王权手中夺走，留在自己手中。马克思对瓦克斯穆特在《革命时代的法国史》中的一句话表示赞同："唯一的真正的平等，财产平等。"[2] 换言之，资产阶级革命史的研究，促使马克思认识到，要实现真正的人类平等正义，不能仅仅停留在要求政治地位平等的资产阶级革命的水平，而必须进一步延伸于财产和经济方面。

《克罗茨纳赫笔记》之后，马克思于1843年10月中至12月中完成了《论犹太人问题》一文。在这篇文章中，马克思深刻地揭示了资产阶级政治革命的局限性，提出以人类解放来取代政治解放的观点。当时，犹太人在德国的地位问题是一个受到各方关注的、颇有争议的问题。一方面，犹太人非常富有，在经济生活中起着重要作用；另一方面，他们在政治生活

---

① 《马克思恩格斯全集》第2卷，第137页。
② 转引自孙伯鍨《探索者道路的探索》，安徽人民出版社1985年版，第122页。

中又处于无权地位。这就使得他们在现实生活中处于非常矛盾的地位。19世纪初，普鲁士政府曾公开发布命令，规定犹太人不得担任公职。犹太人一直在进行斗争，要求与基督教徒享有平等的权利。随着德国资本主义的发展，犹太人对自由、平等权利的要求日益强烈。在马克思看来，犹太人要想通过政治解放获得解放是不可能的。因为政治解放实质上是资产阶级革命的同义语，其局限性就在于，它是以私有财产为前提的，它永远跳不出私有财产的樊篱。政治解放的一个主要表现，是国家取消了选举权和被选举权的财产资格限制，这样，"国家作为国家就废除了私有财产，人就以政治方式宣布私有财产已被废除。"① 然而，从国家方面废除私有财产，并不意味着私有财产真正被废除了。马克思就此指出："从政治上废除私有财产不仅没有废除私有财产，反而以私有财产为前提，当国家宣布出身、等级、文化程度、职业为非政治的差别，当它不考虑这些差别而宣告人民的每一成员都是人民主权的平等享有者，当它从国家的观点来观察人民现实生活的一切要素的时候，国家是以自己的方式废除了出身、等级、文化程度、职业的差别。尽管如此，国家还是让私有财产、文化程度、职业以它们固有的方式，即作为私有财产、作为文化程度、作为职业来发挥作用并表现它们的特殊本质。国家根本没有废除这些实际差别，相反，只有以这些差别为前提，它才存在，只有同自己的这些要素处于对立的状态，它才感到自己是政治国家，才会实现自己的普遍性。"② 马克思在这里指出，资产阶级民主国家从政治上取消了财产资格限制，但事实上并没有取消存在的种种社会差别，因而并不能真正实现平等。这里，马克思敏锐地发现了资产阶级国家形式上的平等与实际内容之间的深刻矛盾。要想解决这一矛盾，真正实现平等、正义，只有一条现实的路径，这就是超越资产阶级政治革命的局限，进行更加彻底的、更高层级上的人类革命。

（二）政治经济学研究：深入思考共产主义基础

马克思对黑格尔法哲学的批判与研究"得出这样一个结果：法的关系正像国家的形式一样，既不能从它们本身来理解，也不能从所谓人类精神的一般发展来理解，相反，它们根源于物质的生活关系，这种物质的生

---

① 《马克思恩格斯全集》第 3 卷，第 171 页。

② 同上书，第 172 页。

活关系的总和，黑格尔按照 18 世纪的英国人和法国人的先例，概括为'市民社会'，而对市民社会的解剖应该到政治经济学中去寻求。"① 正是基于这样的认识，马克思深入到政治经济学的研究中去。实际上，在 1843 年 10 月到 1845 年 1 月，马克思就开始了政治经济学研究，写下了七本笔记，即我们现在经常提到的《巴黎笔记》。在这些笔记中，马克思主要对萨伊、斯密、李嘉图、穆勒、麦克库洛赫、特拉西与李斯特等人的经济学著作作了摘录，同时还摘录了恩格斯的《政治经济学批判大纲》。这是马克思研究政治经济学的开始，但在这一阶段，马克思主要是进行资料积累、吸收和分析的工作，还没有提出多少自己的经济学见解。其后，马克思投身于法国大革命与国民公会史的研究，直到 1844 年 4 月，才重新开始政治经济学研究，并于当年 4—8 月写下了著名的《1844 年经济学哲学手稿》。

对这份手稿的研究和争论可谓多矣，但限于本文主题，笔者只想指出一点：即，马克思这一时期所作的政治经济学研究，从经济学视阈着眼，对正义、平等诸范畴进行了探索，对将平等、正义作为共产主义目标的观点作了深层次分析，从而摆脱了过去那种仅仅依靠法哲学与政治哲学思辨的或抽象的批判来研究正义、平等问题的不足，使得马克思的正义观开始沿着科学的轨道向上提升。

在《1844 年经济学哲学手稿》中，马克思首先提出了这样一个问题："主张细小改革的人不是希望提高工资并以此来改善工人阶级的状况，就是（像蒲鲁东那样）把工资的平等看作社会革命的目标，他们究竟犯了什么错误？"② 从这个问题中可以看出：第一，马克思不同意对社会进行细小的改革；第二，马克思不认可将提高工资和工资平等作为改造社会的目标。那么，原因何在呢？马克思认为，在资本主义条件下，劳动和工人都发生了异化，而私有财产既是异化的原因，又是异化劳动的结果，二者相互作用，造成了资本主义社会的全面异化。因此，要消灭异化劳动和工人的异化，就必须消灭私有制度，舍此别无他途。因此，马克思指出："强制提高工资（且不谈其他一切困难，不谈强制提高工资这种反常情况也只有靠强制才能维持），无非是给奴隶以较多工资，而且既不会使工人

---

① 《马克思恩格斯选集》第 2 卷，第 32 页。

② 马克思：《1844 年经济学哲学手稿》，人民出版社 2000 年版，第 14 页。

也不会使劳动获得人的身份和尊严。甚至蒲鲁东所要求的工资平等，也只能使今天的工人对自己的劳动的关系变成一切人对劳动的关系。这时社会就被理解为抽象的资本家。"① 也就是说，即使给工人提高工资，也是既不能改变工人受奴役的地位，也无法改变劳动异化和社会全面异化的状况。而蒲鲁东所主张的工资平等也不能实现这一目的。蒲鲁东提出，在未来社会中，每个生产者将以平等的小占有的形式占有财产，其交换则要求平等地进行。在工人的交换中，双方的差额产品将处于交换之外，不成为社会的财产，这样就不会破坏工资的平等。马克思指出，蒲鲁东的这种做法并未摆脱私有制，而是企图在私有制的范围内来克服私有制。他使每个生产者平均占有一份财产，这并不能消除异化，实现平等，而只能使工人遭受的异化劳动关系成为所有社会成员的异化关系。此时，社会就将作为总资本家对生产者进行剥削。

在稍后写的《神圣家族》（1844年秋）中，马克思坚持和深化了对蒲鲁东的批判："蒲鲁东仍以政治经济学的占有形式来表现实物世界的重新争得……他宣称占有是'社会的职能'。在这种职能中'利益'不是要'排斥'别人，而是要把自己的力量、自己的本质力量使用出来和发挥出来。蒲鲁东未能用恰当的话来表达自己的这个思想。'平等占有'是政治经济的观念，因而还是下面这个事实的异化表现：实物是为人的存在，是人的实物存在，同时也就是人为他人的定在，是他对他人的人的关系，是人对人的社会关系。蒲鲁东在政治经济的异化范围内来克服政治经济的异化。"② 也就是说，对物的平等占有，还并不是人对物的关系，而仅仅是通过物来实现的人与人的关系。因此，在蒲鲁东所主张的平均占有的情况下，人与人的社会关系仍然是物化形式，仍然表现为物与物的关系，通过一条曲折的道路进行。因此，人对物的平等占有，表明人们还是作为私有者进行相互交往。换言之，蒲鲁东根本没有克服异化。如同日本学者城塚登所说："马克思尖锐地指出，蒲鲁东不像恩格斯的《国民经济学批判》那样，把工资、通商、价值、价格和货币等私有财产的具体形式理解为私有财产的各种形式，由于他对政治经济学的批判还受着政治经济学前提的支配，因此，蒲鲁东仍以政治经济学的占有形式来实现实物世界的重新争

---

① 马克思：《1844年经济学哲学手稿》，第62页。

② 《马克思恩格斯全集》第2卷，第52页。

得，他不得不把平等占有作为自己的奋斗目标。"①

　　而在《1844年经济学哲学手稿》中，马克思进一步指出："平等不过是德国人所说的自我＝自我译成法国的形式即政治的形式。平等，作为共产主义的基础，是共产主义的政治的论据。这同德国人借助于把人理解为普遍的自我意识来论证共产主义，是一回事。不言而喻，异化的扬弃总是从作为统治力量的异化形式出发：在德国是自我意识；在法国是平等，因为这是政治；在英国是现实的、物质的、仅仅以自身来衡量自身的实际需要。"② 也就是说，平等，只不过是政治革命的目标，仍然局限在旧的资产阶级革命的框框里。法国资产阶级革命将平等作为目标，而在德国，布鲁诺·鲍威尔等人把自我意识作为革命的目标，但事实上，两者都没有超出政治革命的界限以解决社会正义问题，都不可能成为人类解放与共产主义的基础。

(三) 创立唯物史观：刷新正义问题研究范式

　　写作《1844年经济学哲学手稿》之后，马克思继续深入研究政治经济学③，并与巴黎的出版商卡·威·列斯凯签订了一份出版合同，出版两卷本的经济学著作《政治和政治经济学批判》。④ 但是，到了1844年11月，马克思和恩格斯决定在出版经济学著作之前，先发表一部批判当时德意志的各种思想潮流的书，这就是他们合作撰写的巨著《德意志意识形态》。在这部著作中，马克思和恩格斯第一次以广博而系统的方式制定了马克思主义的理论基础，明确了生产力决定"交往形式"、市民社会决定上层建筑等历史唯物主义基本原理，并以此为理论依据，深刻地揭示了正义问题产生的根源，确立了历史唯物主义视阈中的正义问题研究路径。

---

　　①　城塚登：《青年马克思的思想——社会主义思想的创立》，尚晶晶、李成鼎等译校，求实出版社1988年版，第105页。

　　②　马克思：《1844年经济学哲学手稿》，第128页。

　　③　例如，1844年2月到7月初，马克思写下了7册《布鲁塞尔笔记》，对毕莱、萨伊、西斯蒙第、麦克库洛赫、加尼尔、布朗基以及西尼尔、布阿吉尔贝尔、罗德戴尔、日拉丹等人的经济学著作进行摘录；同年7月下半月到8月上半月，马克思写下了9本《曼彻斯特笔记》，对配第、图克、伯克、布雷、欧文、汤普逊等人的著作也进行了摘录（详见聂锦芳《清理与超越——重读马克思文本的意旨、基础和方法》，北京大学出版社2005年版，第三章第三节）。

　　④　参见张一兵《回到马克思——经济学语境中的哲学话语》，第684页。

　　我们先来看一下马克思后来写作《〈政治经济学批判〉序言》时，对他这一研究过程及其结论的回忆："我所得到的、并且一经得到就用于指导我的研究工作的总的结果，可以简要地表述如下：人们在自己生活的社会生产中发生一定的、必然的、不以他们的意志为转移的关系，即同他们的物质生产力的一定发展阶段相适合的生产关系。这些生产关系的总和构成社会的经济结构，即有法律的和政治的上层建筑竖立其上并有一定的社会意识形式与之相适应的现实基础。物质生活的生产方式制约着整个社会生活、政治生活和精神生活的过程。不是人们的意识决定人们的存在，相反，是人们的社会存在决定人们的意识。社会的物质生产力发展到一定阶段，便同它们一直在其中运动的现存生产关系或财产关系（这只是生产关系的法律用语）发生矛盾。于是这些关系便由生产力的发展形式变成生产力的桎梏。那时社会革命的时代就到来了。随着经济基础的变更，全部庞大的上层建筑也或慢或快地发生变革。"①

　　在这一段论述中，马克思简洁明了地表达了历史唯物主义的基本原则：物质生产方式决定着社会、政治以及精神生活；经济基础决定上层建筑，它们的矛盾运动推动着人类社会向前发展。这一点学者们多有论及，此处不赘。但需要笔者着重说明的是，马克思随后的几句论述同本文的研究主题有着极其密切的关系，对于我们理解马克思为何在思想成熟时期激烈地批判正义这一问题也有着极大的帮助。这几句论述是："在考察这些变革时，必须时刻把下面两者区别开来：一种是生产的经济条件方面所发生的物质的、可以用自然科学的精确性指明的变革，一种是人们借以意识到这个冲突并力求把它克服的那些法律的、政治的、宗教的、艺术的或哲学的，简言之，意识形态的形式。我们判断一个人不能以他对自己的看法为根据，同样，我们判断这样一个变革时代也不能以它的意识为根据；相反，这个意识必须从物质生活的矛盾中，从社会生产力和生产关系之间的现存冲突中去解释。"② 在这里，马克思作了一个明确的区分：一是生产的经济条件发生的变革，这是一种物质的、客观的、可以精确地进行考察和研究的变革；二是人们在经济基础与上层建筑的冲突中，生长起来的对这个冲突的意识以及随之产生的力求克服这一冲突的意识，这是次生的、

――――――――――

①　《马克思恩格斯选集》第 2 卷，第 32—33 页。

②　同上书，第 33 页。

主观的和人们的利益关系紧密联系在一起的意识。显然，依马克思的看法，前者是本原，是基础，也应当成为人们研究的主要对象。（事实上，从此时起，经《资本论》写作，一直到马克思晚年的人类学笔记等等，都很明显地贯穿着马克思对前者的考察，对意识形式的考察则经常是排在其次的）这一思想洞见昭示我们，马克思从《莱茵报》时期追求正义、自由、民主等资产阶级价值系统的正义观，经过法哲学批判、市民社会研究、政治经济学研究终于达致历史唯物主义的视阈。可以看出，在此时的马克思看来，社会的发展和变迁，其根本原因要到该社会的生产方式以及其与生产力的辩证运动中去寻求，这才是决定社会走向和发展趋势的"发动机"；而决不应该到人们的意识观念、思想原则中去寻找变革社会的力量。对正义、自由、平等这些范畴正应当如此看待。它们都是人们在社会变革中，对社会变革进行解释、说明、回应或反抗的价值观念，归根到底，是试图在思想观念领域中进行改造现实的努力。这一洞见在《德意志意识形态》中阐述唯物史观时无比清晰地表露出来："这种历史观就在于：从直接生活的物质生产出发阐述现实的生产过程，把同这种生产方式相联系的、它所产生的交往形式即各个不同阶段上的市民社会理解为整个历史的基础，从市民社会作为国家的活动描述市民社会，同时从市民社会出发阐明意识的所有各种不同理论的产物和形式，如宗教、哲学、道德等等，并且追溯它们产生的过程。……这种历史观和唯心主义历史观不同，它不是在每个时代中寻找某种范畴，而是始终站在现实历史的基础上，不是从观念出发来解释实践，而是从物质实践出发来解释观念的形成……"①从这段话里可以看出，马克思恩格斯强调的是，他们决不是从某种理论范畴，例如正义、公平、平等、"唯一者"等等出发，而是完全立足于物质生产实践来把握现实世界。在阅读马克思此时及其后的文本著作时，也可以清楚地发现，与早期倡扬自由、平等、正义等价值追求，希图通过建立理性国家以解决社会问题的路径相比，马克思的论述、观点以及研究正义问题的整体范式已经明显地奠定在唯物史观的分析框架之上。

　　在《德意志意识形态》中，马克思和恩格斯并未直接谈到正义问题，但是，他们深入考察了贯穿于人类社会大部分历史的不平等现象，对平等问题作出了历史唯物主义剖析。这一努力涉及了私有制以及人类在物质生

---

① 《马克思恩格斯选集》第 1 卷，第 92 页。

产和生活的各个领域所涌现出来的不平等现象，因而可以说，这一考察回应和探索了人类社会所面临的最大的社会公平正义问题。

马克思恩格斯首先从人类物质生产实践的演进过程着手，探讨了不平等现象产生的历史根源。他们认为，不平等是一种历史的现象，是人类社会发展初期低下的生产力水平以及由此而来的社会分工的必然产物。马克思恩格斯在考察人类社会所有制的衍变形式时指出，任何新的生产力的发展，都会引起分工的进一步发展；分工的发展，则推动生产力与生产关系的矛盾运动，导致私有制的出现。在部落所有制阶段，生产力水平极端低下，人们只是凭借狩猎、捕鱼、畜牧，或者最多是靠务农为生。在这个阶段上，分工也很不发达，起初只是性别方面的分工，后来由于天赋、需要、偶然性等因素，仅限于家庭中的现有的自然产生的分工进一步扩大。此后，随着社会生产力水平的逐步提高，原始共同体分裂为单独的、互相对立的家庭，"与这种分工同时出现的还有分配，而且是劳动及其产品的不平等的分配（无论在数量上或质量上）；因而也产生了所有制，它的萌芽和原始形态在家庭中已经出现，在那里妻子和孩子是丈夫的奴隶。"①也就是说，此时形成了所谓父权制时代的"家务奴隶制"，即在家庭内部，妻子和孩子是丈夫的奴隶，同时，开始出现了劳动及其产品的不平等分配。可见，不平等的产生，不是由于人没有"意识到别人是和自己平等的人"，没有"把别人当做和自己平等的人来对待"②，而纯粹是客观的物质生产过程的产物。既然不平等现象是随着分工以及物质生产力的发展而不断变化的，那么，这只能说明，平等是一个历史的、具体的范畴，在不同的历史时期和社会发展的不同阶段，平等要求具有不同的实际内容。马克思恩格斯指出："人们每次都不是在他们关于人的理想所决定和所容许的范围之内，而是在现有的生产力所决定和所容许的范围之内取得自由的。"③ 这句话虽然是马克思和恩格斯在论述自由问题时提出的，但同样适合于平等问题。在他们看来，人们提出什么样的平等要求以及能否实现这些要求，关键要看现实生产力发展的程度。

不平等现象既然是随着分工等经济活动出现的，那么，要想消除不平

---

① 《马克思恩格斯全集》第 3 卷，第 36 页。
② 《马克思恩格斯全集》第 2 卷，第 48 页。
③ 《马克思恩格斯全集》第 3 卷，第 507 页。

等现象,就应当从消灭分工等经济途径入手。马克思和恩格斯认为,分工导致了私有制的出现,私有制的出现又进一步强化了旧式分工,因此,"分工和私有制是两个同义语,讲的是同一件事情,一个是就活动而言,另一个是就活动的产品而言。"① 所以,要想消灭不平等现象,就要消灭旧式分工与私有制。马克思和恩格斯认为,正是这一点将共产主义革命与其他一切革命区分了开来。"过去的一切革命始终没有触动活动的性质,始终不过是按另外的方式分配这种活动,不过是在另一些人中间重新分配劳动,而共产主义革命则反对活动的旧有性质,消灭劳动,并消灭任何阶级的统治以及这些阶级本身。"② 也就是说,只要私有制继续存在,社会正义、平等问题就无法获得真正解决,而共产主义革命将通过消灭私有制、消灭剥削真正实现社会正义和平等。总的来看,马克思恩格斯决不是主张从人类天性、生命自由表现等抽象原则入手,而是坚持结合物质生产状况及其具体历史发展,对社会公平正义问题作出客观的分析和科学的说明,并进而通过现实的实践运动寻求社会正义的实现。这是马克思所开创的研究社会正义问题的崭新范式。

马克思恩格斯还依据这一研究立场对鲁道夫·马特伊等"真正的社会主义者"等从人性出发研究正义问题的作法进行了深入剖析与批判。马特伊在《社会主义的建筑基石》一文中曾经提出:"我认识到每一个人都是由于本身的特殊性而同我对立、又由于本身的普遍性而同我相等的人。因此,承认人类平等,承认每个人生存的权利,是以一切人所共有的对人的本性的意识为基础的,正像爱、友谊、正义以及一切社会美德是以对人类自然联系和一致的感觉为基础的一样。如果我们一向把它们称为义务,要求人们来履行这些义务,那末在不是以外界的强制为基础的、而是以对内在人类本性的意识即理性为基础的社会中,它们就变成了生命的自由的、自然的表现了。因此,在符合于人类天性的、即合理的社会中,一切成员的生活条件应当是相同的,也就是说应当是普遍的。"③ 可以看出,在马特伊看来,之所以承认人类平等,是因为人们都具有"对人的本性的意识",正义等社会美德也是以某些感觉为基础的,正由于此,人们的

① 《马克思恩格斯全集》第 3 卷,第 37 页。
② 同上书,第 78 页。
③ 转引自《马克思恩格斯全集》第 3 卷,第 566 页。

生活条件也应当是平等的。否则，就违背了人类的天性。马克思恩格斯就此针锋相对地指出：这种理解无非是"从普遍的本性引申出'人类平等'和共同性。因此，一切人所共有的关系在这里成了'人的本质'的产物、人的本性的产物，而实际上，这些关系像对于平等的意识一样是历史的产物。"① 马克思恩格斯在这里明确提出，平等的意识，以及马特伊视作平等的基础的人的本性都是历史的产物，都是历史地产生和发展的，从来就没有什么抽象的人的本性、人的本质。试图从这些所谓本性、本质中概括和推演出正义、公平原则，并以之为圭臬规范社会现实的设想，是对人类丰富绵长的物质生活发展史以及社会发展史的遗忘，也是希望用头脑中的理性设定超越人类社会真实而复杂的实践生活的僭妄。

四　结语：使正义研究告别抽象、走进实践

经过了这样一个探索、扬弃过程，马克思在正义问题研究上实现了从早期革命民主主义和理性正义观到历史唯物主义正义观的理论转型。对马克思早期正义观及其理论转型的梳理和分析提示我们，在确定当代中国社会公平正义问题研究的方法论原则和理论起点时，至少应当留意以下两点：

第一，研究社会公平正义问题必须以唯物史观为指导，而决不能盲目地追求话语的新异，忽视或抛弃唯物史观在这一问题上的指导意义。从上述分析中可以看出，马克思经历了一个漫长而艰苦的理论探索过程，才达致唯物史观的方法论原则。背离了唯物史观，看似时髦，实则是滑落到唯物史观创立之前较低层级的研究方法和研究范式上。

当前，西方政治哲学界涌现了多种正义理论，其中不乏真知灼见。譬如，罗尔斯所创立的作为公平之正义的思想体系即为影响深远的思想杰构。然而，罗氏据以立论的方法，仍然是社会契约论的自然状态学说。如同他所反复申明的，原初状态不是历史上的实存状态，而仅仅是一种理性的试验和在思维中的存在。这让我们不能不产生一个疑问：由此出发构建的正义理论体系，其理论基础是否稍显薄弱？答案是肯定的。正如《正义论》译者何怀宏教授所认为的，罗尔斯论证正义原则的社会契约论方

---

① 《马克思恩格斯全集》第 3 卷，第 566 页。

法，一般以自然法的某些概念为基础，而自然法实际上是一种运用理性去发现的、有关人类权利和社会正义，被认为是高于"实在法"的普遍适用的一套价值体系。契约论的特征主要在于它的理性主义和对道德或者说正义的强调。① 在这种契约论和自然法理论中，蕴涵着非历史主义的倾向，其结论的析出不是立足于对历史事实的把握与历史规律的概括，而是建立在理性推衍的基础上。因此，恰如何怀宏所说："正义乃至正当的理论还应当有更深厚的根基，应当依据某种深刻的对于人类历史和社会发展的认识，依据某种有关人及其文化的哲学，这样才可能使理论彻底，才可能根基稳固，才可能不仅揭示'应然'，而且指明从'实然'到'应然'的现实道路，才可能最终地说服和把握人。"正是由于此，"马克思在研究政治经济学时采用了一种从抽象上升到具体、由简单上升到复杂的方法……然而，马克思在这一具体方法之上，还握有一种更根本的方法即唯物史观。"② 这也从一个方面提示我们，在进行社会公平正义问题研究时，除了各种具体的、微观的方法之外，应当始终以唯物史观作为更根本、更基础、也更宏观的研究方法。

由此，第二，研究正义问题的出发点不是理性、人性以及由此生发出来的种种看似严密且充满伦理温情的原则、观念、公理、规范、设定等，而是现实的物质生产活动及其实践者。只有社会物质生产以及"在社会中进行生产的个人"③，才能成为提出富有生命力的正义原则的理论起点。只有深入到这些物质生产主体的生产和生活之中，切实了解他们的世界，以及他们的利益、愿望、要求和发展，才能为进一步扩大社会公平正义找到正确的锁钥。

马克思在思想早期尽管从理性出发追逐过符合正义原则的理性国家，但在完成包括正义观在内的思想转变之后，马克思从未回到这一立场上来，他与恩格斯坚决反对将公平、正义等当作一成不变的、高居于社会之上的普遍价值预设，而是坚持把公平正义等范畴当作社会现实的征兆和反映，力图在社会生产方式的变革和革命活动的实际展开中推动社会公平正

---

① 参见［美］罗尔斯《正义论》，何怀宏等译，中国社会科学出版社 1988 年版，译者前言，第 20—21 页。

② ［美］罗尔斯：《正义论》，何怀宏等译，中国社会科学出版社 1988 年版，译者前言，第 20—21 页。

③ 《马克思恩格斯全集》第 30 卷，人民出版社 1995 年版，第 22 页。

义的进一步实现。实际上，在马克思以及恩格斯其后的革命和学术生涯中，他们对以蒲鲁东、拉萨尔、杜林等为代表的小资产阶级正义观进行了深刻而犀利的批判，其中一个最主要的原因，就是因为后者都是希望从理性中找到某些正义原则，按照这些正义原则改造社会，从而在原则中为消除现实社会的非正义铺设道路。当代中国的发展道路是独一无二的，当代中国的发展经验也是独一无二的，当代中国解决在发展中遇到的问题和困难没有成法和范本可依。要顺利解决当代中国的社会公平正义问题，中国学术界应当遵循唯物史观的方法论原则，从放纵思维信马由缰的云霄半空走入当代中国的实际和实践，在那里探索更加富有现实解释力和实践引领力的学术原创。放弃了这一点，执著于在纯粹的理性、原则、价值规范中推衍正义的逻辑，那么即使建构起再宏大的理论叙事和再新颖的话语体系，也只能如日本学者川本隆史所引述的，是"在脑子里做着很有意思的体操"。①

---

① ［日］川本隆史：《罗尔斯：正义原理》，詹献斌译，河北教育出版社 2001 年版，第 8 页。

马克思恩格斯对蒲鲁东
公平正义观的批判

在马克思恩格斯浩瀚渊深的文本世界中，并没有留下关于正义问题的专门论述。这给我们今天直接探讨马克思恩格斯的正义观带来了巨大的理论困难。但是，在批判各种"永恒公平"和"自然正义"观点的过程中，马克思恩格斯留下了许多真知灼见，这能让我们从马克思恩格斯的批判世界中"逆向"求解马克思恩格斯正义观这一理论难题。

在漫长的革命和学术生涯中，马克思恩格斯有过众多的论战对手。从初涉理论战场开始，为马克思恩格斯锐利的思想锋芒所批判的对象就可以列出一长串名单——布鲁诺·鲍威尔、阿尔诺德·卢格、麦克斯·施蒂纳、海尔曼·泽米希、鲁道夫·马特伊、卡尔·格律恩、格奥尔曼·库尔曼、蒲鲁东、魏特林、海尔曼·克利盖、卡尔·海因岑、莫塞斯·赫斯，直到拉萨尔、米尔柏格、杜林、赫希柏格、伯恩施坦、施拉姆，等等。但是，仔细梳理他们的批判性论著，我们可以发现，在正义问题上，马克思和恩格斯着墨最多、花费时间最长的当属对蒲鲁东主义正义观、拉萨尔主义正义观以及杜林正义观的批判。对蒲鲁东主义正义观的批判，更是马克思恩格斯关于正义论争的"首战"。如今在历史文献中可以看到，其他论战对手在马克思和恩格斯的批判著作中往往只限于几篇文章或者一段时期，而对蒲鲁东主义正义观等错误思潮的批判却是马克思和恩格斯在多篇文章、多本著作以及不同时期反复提及、多次重申的工作。正是在深入批判蒲鲁东等人正义观的过程中，马克思恩格斯不仅深刻地揭示了其理论误点，而且建构了马克思主义正义观的理论框架。

　　笔者在这里撷取马克思恩格斯对蒲鲁东公平正义观的批判，力图通过对这一场论战的初步分析，揭示出马克思恩格斯公平正义思想的本真面貌。

一　蒲鲁东的公平正义思想

　　蒲鲁东是法国小资产阶级经济学家和无政府主义者，马克思恩格斯曾经对他的经济思想和无政府主义观点进行了深刻的批判，这些早已为人所熟知。然而，马克思恩格斯对蒲鲁东政治哲学观点进行的批判，却未引起人们足够的重视。其实，在这方面埋藏着深邃的思想和丰富的内容，是我们解读马克思主义正义观时绕不过去的一个重要环节。

　　蒲鲁东以公平正义为重要内容的政治哲学思想，主要体现在以下方面：

（一）"正义是一切事务的原则和标准"

　　西方政治哲学著作，自柏拉图《理想国》以降，探讨正义问题所在多有。蒲鲁东在其成名作《什么是所有权或对权利和政治的原理的研究》中，也以正义作为研究主题。他在著作中认为，正义是一切事务的原则和标准，赋予正义一种永恒的、绝对的地位。

　　蒲鲁东认为："正义是位居中央的支配着一切社会的明星，是政治世界绕着它旋转的中枢，是一切事务的原则和标准。人与人之间的一切行动，无一不是以公理的名义发生的，无一不是依赖于正义的。"所以，"如果我们对正义和公理所形成的概念不明确，如果这个概念是不完全的甚或是错误的，那么显而易见，我们在立法上的一切措施就会是有害的，我们的制度就会是有缺点的，我们的政治就会是谬误的：因而就会产生骚动和社会的混乱。"① 显然，蒲鲁东是要说明，正义是社会最基本和最重要的原则，一切社会事务和现象都必须符合正义的要求，否则，经济、政治和各种制度都会存在缺陷，使社会不能建立在稳固的基础之上，从而引发骚动、混乱等各种社会问题。现实社会中之所以充满了各种不正义的现象，在蒲鲁东看来，就是因为人们从来没有弄清正义的内涵。"我以为我

---

① ［法］蒲鲁东：《什么是所有权》，孙署冰译，商务印书馆1982年版，第51—52页。

们从来就没有懂得这些如此通俗和如此神圣的名词的意义：正义、公道、自由；关于这些原理的每一项，我们的观念一向是极端模糊的；并且最后以为这种愚昧无知的情况就是置我们于死地的贫困和人类所遭受的一切灾难的唯一原因。"① 由此，蒲鲁东认为，要想消除人类的苦难，就必须准确把握正义等名词的含义，使各种社会制度符合正义的要求。

那么，蒲鲁东是如何界定正义的呢？他认为，正义是人和动物天然具有的一种社会本能，这种本能使人或动物都与自己的同类生活在一起，对于同类持有一种内在的亲近心和同情心。正是正义使人们聚居在一起，构成人类社会。如果不具备正义这种社会性本能，就不会有人类社会的产生和发展。在人类社会中，任何人都不能够孤军奋战，必须相互协作；而要协作就需要平等，如果没有平等，不论商业、工业或农业的任何协作都是不可想象的，所以，正义内在地蕴涵着平等的要求，正义就是"承认别人具有一种和我们平等的人格。"② 这样，蒲鲁东就把正义、平等与社会这三个范畴联系在一起，"社会、正义和平等是三个相等的名词，三个可以互相解释的用语，它们的互相代替使用是永远合理的。"③ 这样，正义、平等就成了社会的代名词，成了社会之为社会的本质特征。社会的制度和措施必须以正义与平等为目标，努力实现正义与平等的原则。正如恩格斯所说的："蒲鲁东在其一切著作中都用'公平'的标准来衡量一切社会的、法的、政治的、宗教的原理，他摒弃或承认这些原理是以它们是否符合他所谓的'公平'为依据的。"④

蒲鲁东从人的本性中寻找正义的根据，就是要借此表明：正义在社会生活中具有一种先天的正当性，不管何种制度安排、何种社会运行方式，都必须服从正义原则。否则，就违反了人的本性和社会的天然秩序，就是非正当的，就应该被推翻。

（二）"正义的实现在于消灭个人所有权"

蒲鲁东所生活的年代，正值法国产业革命迅速兴起之际，资本主义获

---

① ［法］蒲鲁东：《什么是所有权》，孙署冰译，商务印书馆1982年版，第40—41页。

② 同上书，第245页。

③ 同上书，第246页。

④ 《马克思恩格斯选集》第3卷，人民出版社1995年版，第208页。

得了显著发展，小农经济和手工业生产处于破产的过程中，广大农民和手工业者受着地主、富农、高利贷者和政府繁重捐税的重重盘剥，生活极其贫困。在这种时代背景下，蒲鲁东站在维护小资产阶级所有制的基础上，以正义和平等为武器，从法学和政治哲学角度向资产阶级所有权发起了猛烈攻击。

蒲鲁东首先引用了古罗马执政官西塞罗的一个比喻来区分"占有"和"所有"的不同。西塞罗把土地比作一个广大的戏院，戏院中的座位是公共的，谁占的座位就是他自己的；这里的"占座"指这个座位是他临时占用的而并不归他所有。蒲鲁东认为，人们对社会资源的占有正如在戏院中"占座"一样，被私人据为己有的资源原本是社会共有的，私人只能"占有"而没有任何理由私有；同时，"占座"的比喻还规定了平等的原则：每个人都有权利"占有"一份平等的资源，但不能侵占别人的份额，正如人们只能占一个座位而不能多占一样。

在此基础上，蒲鲁东对土地私有制提出了质疑：土地是大自然所赐予的，是上帝所创造的财富，它怎么会变成私有财产呢？资产阶级经济学家萨伊认为，土地不像空气和水那样是流动的，它是一个固定的有限度的空间，这种性质导致某些人会排斥其他人的占有而将其划归私有。蒲鲁东反驳说，这是把可能性当作权利，并没有回答占有的根据是什么。人们可以理解土地这样的东西比水和空气有更多的被私有的机会，但是，我们追问的不是这个，而是人根据什么权利可以把大自然无偿赠予的而不是他自己创造的财富据为己有？萨伊显然回答不了这个问题。蒲鲁东进一步认为，如果因为土地的数量有限，所以要把土地进行私人分配的话，那么恰恰相反，这种分配就不应该仅仅为了少数人的利益，而应当为了所有人的利益进行分配。蒲鲁东在这里的逻辑根据是：人们的需要是平等的，所以权利也是平等的，因而占有也应该是平等的。

洛克等思想家曾提出，劳动是所有权的动因。洛克认为，"只要他（指劳动者——引者注）使任何东西脱离自然所提供的和那个东西所处的状态，他就已经掺进他的劳动，在这上面参加他自己所有的某些东西，因而使它成为他的财产。既然是由他来使这件东西脱离自然所安排给它的一般状态，那么在这上面就由他的劳动加上了一些东西，从而排斥了其他人的共有权利。……至少在还留有足够的同样好的东西给其他人所共有的情况下，事情就是如此。"① 蒲鲁东明确反驳这种观点。他说："我同意那个占有人可以得到双倍收获作为他的辛苦和努力的酬报，但他对于土地却不能得到任何权利。让劳动者享有他的劳动果实，这我是同意的；但是我却不了解为什么产品的所有权可以带来生产资料的所有权。"② 也就是说，不管人们怎样劳动，土地的实质是不会发生改变的，这种实质就在于土地是共有的，应该人人有一份，不应该有人私吞霸占。因此，因为劳动而拥有所有权也是不能成立的。

蒲鲁东在这里反对地主和资产阶级的所有权，并不是一般地反对所有权，而是要维护小资产阶级所有权。后者才是他的真正目的。因此，蒲鲁东提出——即使我们承认劳动是所有权的动因，人们因劳动而享有对财富的所有权，那么，"为什么这个原则不是普遍的呢？为什么享受这条所谓定律的利益的，仅限于极少数人，而对广大的劳动者则响以闭门羹呢？"③ 蒲鲁东说，开荒的人使土地的价值变为一，改良土壤的人把土地的价值提高到二，他们创造的价值是相等的，因此根据劳动创造所有权的原则，他们就应该对土地拥有平等的所有权。由此推论，凡是劳动者都可以成为所有人，都对他创造的价值拥有所有权。所以，"劳动者即使在领到了工资以后，对他所生产出来的产物还是保有一种天然的所有权。"④ 而在现实的资本主义社会中，地主和资产者仅仅付给农民和工人微薄的工资，却占有了由他们创造的价值，这是一种"盗窃"，违背了正义原则。因此，无论从哪方面讲，地主和资产阶级所有权都是一种谬误，都不应该存在。因而，必须推翻资产阶级私有制，让每个人都平等地"占有"生产资料、平等地参加劳动、平等地享有财产，这样才符合正义原则。

（三）"社会的公平就是价值的比例"

蒲鲁东将正义确立为社会的基本原则，并且提出了反对资产阶级私有制的要求，那么，蒲鲁东要建立一个什么样的社会呢？在这个社会中，正义公平如何实现呢？蒲鲁东认为，这要通过价值之间永恒公平的交换来

① ［英］洛克：《政府论》（下篇），叶启芳、瞿菊农译，商务印书馆1964年版，第19页。
② ［法］蒲鲁东：《什么是所有权》，孙署冰译，商务印书馆1982年版，第131页。
③ 同上书，第133页。
④ 同上书，第135页。

实现。

蒲鲁东认为，价值是社会经济大厦的"基石"，而价值包括使用价值和交换价值。前者指一切天然产物或工业产品所具有的那种维持人类生存的性能，后者指这些产品具有的相互交换的性能。蒲鲁东提出，在使用价值和交换价值之间存在着对立，为了实现平等与公平的目的，就必须消除这种对立。他说，"社会的公平不是别的，就是价值的比例；生产者的责任就是使公平得到保障和得以确立。"① 也就是说，只有使生产出来的产品价值保持一定的比例，互相"构成价值"，才能实现公平。蒲鲁东以化学上的化合反应为例来说明这一问题：在化合反应中，几种元素根据一定的化学定律以不同的比例化合成一种新物质。某种元素的数量如果过多，则多余的部分不能参与反应，只有在添加其他几种元素重新达到比例后，才能引起反应。蒲鲁东认为，社会财富与此类似，也是由各种产品按照一定的比例构成的，各种产品只有符合一定的比例，才能构成财富，具有价值；如果某种产品超过了该比例所要求的数量，就不能互相交换和成为社会财富，就是非价值。因此，蒲鲁东说，"产品的数量丰足、种类繁多和比例合适是构成财富的三大要件"。② 在他看来，当劳动者的产品被社会承认为社会财富而成为构成价值时，使用价值和交换价值的矛盾就解决了，劳动者之间就可以实现公平交换。"人与人的平等是依靠严格和不可变更的劳动规律和价值的比例关系，依靠交换的诚实和职业的平等而建立起来的，一句话，就是依靠精确地解决一切对抗而建立起来的。"③ 因此，"只有当每一个人的产品都和产品总量成比例时，劳动才能成为福利与平等的保证，因为劳动所交换或购买到的价值始终只能等于它本身所包含的价值。"④ 而"如果没有这样奇妙和必要的比例，人类的一部分劳动便被弃置了，也就是说，白白浪费了，不和谐了，不真实了，因而，这部分劳动便与贫困和虚无同义"⑤。甚至可以说，"公平交易中的任何错误，都等于拿劳动者作牺牲品，从一个人身上输血给另一个人"。⑥

---

① ［法］蒲鲁东：《贫困的哲学》，余叔通、王雪华译，商务印书馆 1998 年版，第 83 页。
② 同上书，第 82 页。
③ 同上书，第 239 页。
④ 同上书，第 96 页。
⑤ 同上书，第 825 页。
⑥ 同上书，第 105 页。

总之，蒲鲁东认为，只要找到劳动者之间的价值比例关系，就可以解决生产者与消费者之间的矛盾，就能够消除各种冲突和混乱现象，彻底实现正义与公平。

二 马克思恩格斯与蒲鲁东的思想交锋历程

马克思和恩格斯对蒲鲁东主义的认识与批判经历了很长一段时期，也发生过很复杂的变化。了解这些，可以帮助我们更加深刻、清晰地把握马克思恩格斯对蒲鲁东正义观的批判。大致说来，马克思恩格斯与蒲鲁东的思想交锋可以分为以下三个阶段：

（一）"很赞扬的口吻"与"保留的口气"

从马克思和恩格斯投身历史舞台到他们合作撰写《神圣家族》，这是第一个阶段。此一时期，由于马克思和恩格斯还没有建构起历史唯物主义的理论平台，还不能站在唯物史观的立场上客观准确地估量蒲鲁东的思想，因而比较重视蒲鲁东的观点，并给予了他一些较高的评价。

早在《莱茵报》时期，马克思就提出，要认真地研究蒲鲁东的有关思想。1842 年 10 月，奥格斯堡《总汇报》指责马克思担任编辑的《莱茵报》具有共产主义倾向，"向共产主义虚幻地卖弄风情和柏拉图式地频送秋波"①。时年 24 岁的马克思就此指出："《莱茵报》甚至不承认现有形式的共产主义思想具有理论上的现实性，因此，更不会期望在实际上去实现它，甚至根本不认为这种实现是可能的事情。《莱茵报》将对这种思想进行认真的批判。但是，对于像勒鲁、孔西得朗的著作，特别是对于蒲鲁东的机智的著作，决不能根据肤浅的、片刻的想象去批判，只有在长期持续的、深入的研究之后才能加以批判"②。可以看出，在当时的一些著作家中，马克思较为重视蒲鲁东，并且认为要批判他的观点，必须经过"长期持续的、深入的研究"之后才可以进行。

恩格斯在 1843 年 10 月撰写的《大陆上社会改革的进展》一文中，也对蒲鲁东做出了较高的评价："这一派（指法国倾向于共产主义的思想

---

① 《马克思恩格斯全集》第 1 卷，人民出版社 1995 年版，第 291 页。
② 同上书，第 295 页。

家——引者注）的最重要的作家是蒲鲁东；两三年前，这位年轻人发表了他的著作《什么是财产》；他对这个问题的回答是：财产就是盗窃。这是共产主义者用法文写的所有著作中最有哲学意义的作品；如果我希望有一本法文书译成英文，那就是这本书。这本书用丰富的智慧和真正的科学研究阐明私有权以及这一制度所引起的后果即竞争、道德沦丧和贫困，这种把智慧和科学研究在一本书中结合起来的做法，是我从来没有见过的。"①

在马克思和恩格斯于 1844 年 9—11 月期间合著的《神圣家族》中，马克思写道："蒲鲁东则对政治经济学的基础即私有制做了批判的考察，而且是第一次带有决定性的、严峻而又科学的考察。这就是蒲鲁东在科学上所完成的巨大进步，这个进步使政治经济学革命化了，并且第一次使政治经济学有可能成为真正的科学。蒲鲁东的'什么是财产？'这部著作对现代政治经济学的意义，正如同西哀士的著作'什么是第三等级？'对现代政治学的意义一样。"② 马克思还说："蒲鲁东永远结束了这种不自觉的状态。他认真地对待经济关系的合乎人性的外观，并把它和经济关系的违反人性的现实尖锐地对立起来。他迫使这些关系真正符合于它们自己对自己的看法；或者更确切些说，他迫使这些关系抛弃关于自身的这种看法而承认自己是真正违反人性的。因此，蒲鲁东不同于其余的经济学家，他不是把私有制的这种或那种个别形式、而是把整个私有制十分透彻地描述为经济关系的伪造者。从政治经济学观点出发对政治经济学进行批判时所能做的一切，他都已经做了。"③ 从蒲鲁东在思想史上的实际贡献以及马克思恩格斯创建唯物史观之后的相关论述来看，上述考语对于蒲鲁东来说，显然是一个过高的评价。

需要说明的是，马克思和恩格斯虽然当时非常重视蒲鲁东，但从来没有完全认同过他的思想。在《1844 年经济学哲学手稿》中，马克思就提出了这样的问题：蒲鲁东等人把工资的平等看作社会革命的目标，他们究竟犯了什么错误？④ 这些疑惑和反思在《神圣家族》中也得到了体现。马

---

① 《马克思恩格斯全集》第 3 卷，人民出版社 2002 年版，第 483—484 页。

② 《马克思恩格斯全集》第 2 卷，人民出版社 1957 年版，第 39 页。

③ 同上书，第 40 页。

④ 参见马克思《1844 年经济学哲学手稿》，人民出版社 2000 年版，第 14 页。我们在本文第一章第三节分析过这一问题，此处不赘。

克思写道："蒲鲁东仍以政治经济学的占有形式来表现实物世界的重新争得。……'平等占有'是政治经济的观念，因而还是下面这个事实的异化表现：实物是为人的存在，是人的实物存在，同时也就是人为他人的定在，是他对他人的人的关系，是人对人的社会关系。蒲鲁东在政治经济的异化范围内来克服政治经济的异化。"① 把这段话用通俗的语言表达出来，也就是说，蒲鲁东认为，社会革命的目标是世界的平等占有，即人们应当公平地占有资源和财富；但是，马克思敏锐地发现，按照蒲鲁东的这一革命目标，在这种情况下，人们在作为平等的占有者瓜分社会资源之后，人们都成为新的私有者；在这种情况下，人与人之间的关系依然不是真正的人的关系，而是借助于实物的形式表现出来的异化了的关系。这表明，蒲鲁东的方案不是对现存社会的彻底改造，而仍然是在异化的圈子内克服异化。从这里可以看出，马克思和蒲鲁东在社会革命的目标、途径等重大问题上存在着很深的差异。

列宁在他所作的《神圣家族》摘要中指出，在这本书里"马克思以很赞扬的口吻谈论蒲鲁东（然而有一些保留的口气，例如他提到了德法年鉴上恩格斯的《政治经济学批判大纲》）。"② 笔者认为，在这里，与"很赞扬的口吻"相比，"保留的口气"是更重要的，正是这一"保留"，标示着马克思对蒲鲁东观点的异议与马克思的独立思考。日本学者城塚登在谈到马克思与蒲鲁东在这一时期的关系时也作如是观："马克思高度地评价了蒲鲁东的功绩。然而，正因为如此，我们不能像世人常常误解的那样，把马克思的立场说成与蒲鲁东的立场完全相同……虽然马克思从法国社会主义和共产主义那里接受了种种宝贵的启发，但是，从根本的立场上说，他同他们始终存在分歧。"③ 这一分歧，随着马克思恩格斯研究的深入而日益扩大。

（二）《哲学的贫困》与严肃的经济学研究

从马克思和恩格斯合作撰写《德意志意识形态》，开始创立唯物史

---

①　《马克思恩格斯全集》第 2 卷，人民出版社 1957 年版，第 52 页。

②　列宁：《哲学笔记》，人民出版社 1956 年版，第 6—7 页。在这一中译本中，并未翻译"德法年鉴"与"政治经济学批判大纲"这两个词组。

③　[日] 城塚登：《青年马克思的思想——社会主义思想的创立》，尚晶晶、李成鼎等译，求实出版社 1988 年版，第 104 页。

观，直到蒲鲁东去世，是他们思想交锋的第二个阶段。此时，马克思和恩格斯对包括正义、公平观在内的蒲鲁东的全部思想展开了全面、系统、深刻地批判，彻底划清了马克思主义正义观与蒲鲁东主义正义观的界限。

随着马克思和恩格斯思想的日益成熟明朗，以及蒲鲁东在小资产阶级社会主义道路上愈走愈远，他们之间的差别与分歧已经成为了"一条无法逾越的鸿沟"和"不可弥合的裂口"。① 当蒲鲁东于 1846 年秋出版了《经济矛盾的体系，或贫困的哲学》一书，系统地宣扬唯心主义历史观和改良主义的社会经济理论，对这个社会开出了"救世良方"时，马克思对他的批判就已经是势在必行的了。"马克思直到 1846 年的圣诞才得到蒲鲁东的书，当时他马上给安年柯夫写了一封长信叙述了他对书的印象。在信中，马克思清晰简明地把自己的历史唯物主义概念实际地应用于蒲鲁东的思想。马克思批判的要点是蒲鲁东不理解人类的历史发展，因此他就诉诸于理性、正义这类永恒的概念。"② 之后，马克思撰写了《哲学的贫困》一书，深刻地剖析了蒲鲁东主义的实质，对其小资产阶级经济思想以及正义、平等观进行了深入的批判。而"那时候，马克思已经彻底明确了自己的新的历史观和经济观的基本点"③，因而，"《哲学的贫困》的特点是异常的简练和明确。船已不再是在沼泽上逶迤行进，而是乘风破浪地扬帆疾驶了。"④ 其后，在《共产党宣言》第三节的（乙）部分，马克思恩格斯对以蒲鲁东为代表的小资产阶级社会主义思潮作出了简明而深刻的批判。美国学者唐纳德·坦嫩鲍姆与戴维·舒尔茨就此谈道："马克思对资本主义的道德控诉具有使其有别于其他人的独特视角。他的观点也使他有别于《共产党宣言》所讨论到的那些人，他们也是社会主义者，但不是他这一派的。他赞同其他社会主义者对资本主义罪恶的反对，但他并不是简单地谴责罪恶。他相信他已经找到了实现真正的、物质性的社会变革所需要的代理人——无产阶级。其他社会主义者对历史根本原因的理解在他看来是有局限的。他们没有认识到历史发展的正确途径，他们之中有许多人反对革命行动，赞成通过小规模的试验来达到和平改良。马克思认为，

① 《马克思恩格斯全集》第 21 卷，人民出版社 1965 年版，第 205 页。
② ［英］戴维·麦克莱伦：《卡尔·马克思传》，王珍译，中国人民大学出版社 2005 年版，第 149 页。
③ 《马克思恩格斯全集》第 21 卷，人民出版社 1965 年版，第 205 页。
④ ［德］弗兰茨·梅林：《马克思传》，樊集译，人民出版社 1972 年版，第 164 页。

这种想法不仅走错了方向，而且会起反作用。"① 马克思恩格斯对蒲鲁东
主义正义观的批判，就是如此。

1851 年，蒲鲁东出版了新著《19 世纪革命的总观念》。当年 8 月，
马克思和恩格斯研究了这本书，并在相互通信中对其主要内容作了批判。
他们指出，蒲鲁东为社会开出的药方，不过是建立在空想社会主义和假黑
格尔主义基础上的虚构。恩格斯还专门写了《对蒲鲁东的〈19 世纪革命
的总观念〉一书的批判分析》。② 1856 年 10 月之后，由于当时经济危机的
临近，马克思加紧研究政治经济学，在《1857—1858 年经济学手稿》及
《资本论》等著作中，从经济学的视角进一步批判了蒲鲁东的正义、公
平观。③

蒲鲁东于 1865 年 1 月 19 日——即第一国际成立之后的第二天——去
世。其后不久，马克思应拉萨尔派机关报《社会民主党人报》的编辑施
韦泽之请求，为该报读者撰写了《论蒲鲁东》一文。在这篇文章中，马
克思对蒲鲁东的一生作了一个总结性的评价。马克思既肯定了蒲鲁东对宗
教和教会的攻击以及对 1848 年 6 月起义的辩护，同时也批驳了蒲鲁东解
决社会问题的方案。马克思特别指出，蒲鲁东企图通过"无息信贷"和
以这种信贷为基础的"人民银行"来消除剥削，这种社会改革方案"完
全是小市民的幻想"。马克思还批评蒲鲁东不懂得真正科学的辩证法，因
此陷入了诡辩的泥坑。④ 这些论断坚持和深化了自 40 年代中期以来马克

---

① ［美］唐纳德·坦嫩鲍姆、戴维·舒尔茨：《观念的发明者——西方政治哲学导论》，叶
颖译，北京大学出版社 2008 年版，第 343 页。

② 参见马克思 1851 年 8 月 8 日给恩格斯的信、恩格斯 1851 年 8 月 10 日左右和 8 月 11 日左
右给马克思的信、马克思 1851 年 8 月 14 日给恩格斯的信、恩格斯 1851 年 8 月 21 日给马克思的
信等。载《马克思恩格斯全集》第 27 卷，人民出版社 1972 年版，第 315—335 页。

③ 例如，马克思在《资本论》的一个注中写道："蒲鲁东先从与商品生产相适应的法权关
系中提取他的公平的理想，永恒公平的理想。顺便说一下，这就给一切庸人提供了一个使他们感
到宽慰的论据，说商品生产形式像公平一样也是永恒的。然后，他反过来又想按照这种理想来改
造现实的商品生产和与之相适应的现实的法权。如果一个化学家不去研究物质变换的现实规律，
并根据这些规律解决一定的问题，却要按照'自然性'和'亲合性'这些'永恒观念'来改造
物质变换，那末对于这样的化学家人们该怎样想呢？如果有人说，'高利贷'违背'永恒公平'、
'永恒公道'、'永恒互助'以及其他种种'永恒真理'，那末这个人对高利贷的了解比那些说高
利贷违背'永恒恩典'、'永恒信仰'和'永恒神意'的教父的了解又高明多少呢？"参见《资
本论》第 1 卷，人民出版社 2004 年版，第 103—104 页，注（38）。

④ 《马克思恩格斯选集》第 2 卷，人民出版社 1995 年版，第 620 页。

思恩格斯对蒲鲁东正义观以及哲学、经济和现实政治观点的批判。

（三）批判米尔伯格等"永恒正义论"

在蒲鲁东去世后，恩格斯和马克思继续批判了米尔柏格等蒲鲁东主义者的正义、公平观，进一步深化与丰富了历史唯物主义正义观。

自 19 世纪 70 年代开始，蒲鲁东主义在欧洲工人运动中又重新流行起来，其中比较突出的是蒲鲁东主义者阿·米尔柏格所宣扬的所谓"永恒正义论"。米尔柏格把所谓的"永恒正义"当作法权的永久不变的原则，散布对资产阶级统治秩序的幻想，希图在资本主义生产关系范围内通过各种调节消除社会矛盾。这完全是对蒲鲁东的效仿。恩格斯在《论住宅问题》等著作中深刻地批驳了这一论调。恩格斯指出，在资本主义条件下，住宅匮乏等社会问题不是靠什么正义原则就可以解决的，而总是和国家政权、生产资料所有制等根本问题的解决联系在一起。无产阶级只有通过社会革命，夺取政权，消灭雇佣劳动制，由工人占有劳动资料，才能解决这些社会问题。

《论住宅问题》等相关著作，进一步丰富了马克思在《哲学的贫困》中开启的从理论上批判蒲鲁东主义正义观的工作。并且，这些批判对于清除蒲鲁东主义正义观在现实工人运动中的消极影响，提升马克思主义的实践指导力量，作出了重要贡献。

三　马克思恩格斯对蒲鲁东
正义公平思想的批判

蒲鲁东的公平正义思想集中反映了小资产阶级的愿望和心声，马克思恩格斯在著作中多次对其进行批判。概括起来，这些批判主要表现集中在以下几个方面：

（一）正义遵循社会发展客观规律

在蒲鲁东看来，正义、平等是一切事务的最高标准和社会的最高原则，而社会发展就是不断地由不正义、不平等走向正义和平等的过程。马克思恩格斯认为，蒲鲁东对正义及其与社会发展关系的理解都是错误的。

首先，蒲鲁东错误地理解了正义观念的产生与内涵。蒲鲁东从人类本性中寻找正义的根源，进而将正义预制为社会发展的绝对价值预设。马克思就此指出："蒲鲁东先生更不了解，适应自己的物质生产水平而生产出社会关系的人，也生产出各种观念、范畴，即这些社会关系的抽象的、观念的表现。所以，范畴也和它们所表现的关系一样不是永恒的。这是历史的和暂时的产物。而在蒲鲁东先生看来却刚刚相反：抽象、范畴是原始的原因。根据他的意见，创造历史的，正是抽象、范畴，而不是人。抽象，范畴就其本身来说，即把它们同人们及其物质活动分离开来，自然是不朽的、不变的、固定的。"① 这就是说，正义等观念、范畴不能脱离产生它们的现实条件，它们产生于人类思维对社会关系的抽象，而这种社会关系又根源于物质生产。物质生产与社会关系随着生产力的发展变化而发展变化，所以这些观念和范畴也不是固定不变的。恩格斯在《反杜林论》中回顾了平等观念产生的历程，并着重指出："平等的观念，无论以资产阶级的形式出现，还是以无产阶级的形式出现，本身都是一种历史的产物，这一观念的形成，需要一定的历史条件，而这种历史条件本身又以长期的以往的历史为前提。所以，这样的平等观念说它是什么都行，就不能说是永恒的真理。"② 这种判断同样适用于正义。在人类思想发展史上，对公平正义的理解的确存在着极大的差异。这种差异不惟具有历史性，而且具有地域性。美国伦理学家麦金太尔甚至将此视为"不可公度"和"不可通约"的。蒲鲁东将正义等人类思维抽象出来的范畴独立化、实体化，使之成为历史发展的永恒原则，这就颠倒了二者之间的关系，扭曲了正义的含义。

其次，既然没有永恒不变的正义，那么将社会发展看作对正义的趋向和回归，就是完全误解了社会发展的本来面貌。马克思指出，蒲鲁东之所以如此，是由于他不理解社会发展的客观规律，不懂得是什么力量在推动着历史不断向前迈进，因而只能在头脑中寻求这种力量，把社会发展臆想成正义、平等观念不断实现的运动。正如马克思所说："蒲鲁东先生在历史中看到了一系列的社会发展。他发现了实现于历史中的进步。……他无法解释这些事实，于是就做出假设，说是一种普遍理性在自我表现。发明

① 《马克思恩格斯全集》第 27 卷，人民出版社 1972 年版，第 484—485 页。
② 《马克思恩格斯选集》第 3 卷，人民出版社 1995 年版，第 448 页。

一些神秘的原因即不合常理的空话，那是最容易不过的了。"① 马克思还指出："蒲鲁东先生无法探索出历史的实在进程，他就给我们提供了一套怪论，一套妄图充当辩证怪论的怪论。……这是黑格尔式的废物，这不是历史，不是世俗的历史——人类的历史，而是神圣的历史——观念的历史。"② 这就是说，蒲鲁东这种观点实质上是对黑格尔的历史发展观进行庸俗改造的产物。在黑格尔那里，历史发展是绝对观念通过正题、反题、合题不断向自身转变、不断实现自身的过程。蒲鲁东则以永恒正义与绝对平等的理念替代了黑格尔的绝对观念，把历史看成不断实现正义与平等的过程。于是，在蒲鲁东的视阈里，正义就被抽离了物质内容而变成永恒的价值预制，去推动社会"进步的实现"。马克思主义坚持用生产方式辩证运动的原理来解释历史发展，随着生产力的发展，人们必然改变自己的生产关系，而上层建筑随着经济基础的改变也或快或慢地发生改变。因此，不存在永恒不变的正义观，也没有那种"位居中央的支配着一切社会"的正义原则。因此，不是正义与平等牵引着历史向前发展，而是在生产力推动下的历史发展不断地赋予正义、平等以现实的内容；不是历史服从正义，而是正义的产生和实现都要遵循客观历史规律。

（二）探讨正义不能诉诸抽象权利

蒲鲁东在抨击资产阶级所有权时认为，人人都拥有平等的自然权利，所以，劳动者对自己的产品拥有天然的权利，这种权利是任何人通过任何手段都无法剥夺的。而在资本主义社会，地主剥削农民，资本家剥削工人，无偿占有了劳动者创造的产品而没有任何道德上的根据，所以是"盗窃"，是不正义的。蒲鲁东的这种理论仍然局限于资产阶级抽象权利的范畴，不能真正说明工人受剥削的根源，因而不能给现实的工人运动提供指导。

李嘉图认为，商品的价值决定于劳动时间。他说："衡量一种商品的贵贱，除了为取得这种商品而作出的劳动的牺牲以外，我不知道还有什么别的标准。任何东西原来都是用劳动购买的；没有它，就没有一样具有价值的东西能够生产出来……投入商品的劳动量的或多或少，是其价值变动

---

① 《马克思恩格斯全集》第 27 卷，人民出版社 1972 年版，第 477 页。

② 同上书，第 479 页。

的唯一成因。"① 蒲鲁东从李嘉图的观点出发，认为工人的劳动产品只属于作为唯一生产者的工人，因此应该在工人之间平均分配。马克思和恩格斯指出，这样做脱离了现实的经济运行规律，仅仅是一种诉诸道义和正义感的做法。恩格斯说："按照资产阶级经济学的规律，产品的绝大部分不是属于生产这些产品的工人。如果我们说：这是不公平的，不应该这样，那末这句话同经济学没有什么直接的关系。我们不过是说，这些经济事实同我们的道德感有矛盾。"② 所以，"马克思从来不把他的共产主义要求建立在这样的基础上，而是建立在资本主义生产方式的必然的、我们眼见一天甚于一天的崩溃上"。③

马克思同样指出："对现存经济制度完全无知的人，当然更不能理解工人为什么要否定这种制度。他们当然不能理解，工人阶级企图实现的社会变革正是目前制度本身的必然的、历史的、不可避免的产物。"④ 这就是说，马克思和恩格斯反对从正义与公平出发、而主张从现实经济状况的发展变化出发去说明和批判资本主义私有制。在他们看来，随着生产力的愈益迅速的发展，资本主义私人所有制越来越不能容纳庞大的生产力，因而这个私有制外壳必然要被炸开。而正义与公平只是法权观念和道德观念的抽象表现，单单从此出发是无法说明和批判现存的资本主义制度的。马克思和恩格斯强调，无产阶级的解放事业不是基于某种正义观的实现，而是基于资本主义发展的必然趋势。

这实质上反映了马克思主义与蒲鲁东在科学研究方法上的本质区别。恩格斯指出："描述是一回事，要求则是另一回事。德国科学社会主义与蒲鲁东之间的本质区别正好就在这里。我们描述……经济状况，描述经济状况的现状和发展，并且严格地从经济学上来证明经济状况的这种发展同时就是社会革命各种因素的发展：一方面是被本身的生活状况必然引向社会革命的那个阶级即无产阶级的发展，另一方面是生产力的发展……相反，蒲鲁东则要求现代社会不是依照本身经济发展的规律，而是依照公平的规范来改造自己。"⑤ 这就是说，马克思主义严格地从现实经济运动过

---

① 《李嘉图著作和通信集》第 4 卷，蔡受百译，商务印书馆 1962 年版，第 371 页。

② 《马克思恩格斯全集》第 27 卷，人民出版社 1972 年版，第 209 页。

③ 同上。

④ 《马克思恩格斯选集》第 3 卷，人民出版社 1995 年版，第 113 页。

⑤ 同上书，第 207 页。

程中探索社会问题的根源，寻找解决问题的物质力量；而蒲鲁东则无视客观经济规律，甚至为了达到"正义"的要求而取消经济规律。后者显然是不科学的做法，用这种方法去探寻正义注定是不会成功的。

（三）永恒公平的交换是小资产阶级乌托邦

蒲鲁东设想了一个全体劳动者用自己的劳动产品按照一定的价值比例关系进行公平交换的制度，这实际上是小资产阶级在资本主义大工业发展使他们生产凋敝、生活没落之后产生的乌托邦，是要求返回小生产时代的梦想。正如恩格斯所指出的："……小资产者，他们的诚实劳动——即使只是他的帮工和学徒的劳动——在大生产和机器的竞争下天天跌价，特别是小生产者，必然会迫切希望有这样一个社会，在这个社会里产品按它的劳动价值来交换终于成为完全的毫无例外的真理，换句话说，他们必然迫切希望有这样一个社会，在这个社会里只有商品生产的一个规律绝对地不折不扣地发生作用，而唯一能够保证这条规律发生作用的那些条件、即商品生产以至资本主义生产的其他规律都排除了。"①

蒲鲁东持有这种幻想，是因为他没有看到，交换关系由所有制决定，是所有制关系的反应，因此，仅仅强调"公平交换"既是无法实现的，更不能改变现存的资本主义生产关系。马克思说，"在原则上，没有产品的交换，只有参加生产的各种劳动的交换。产品的交换方式取决于生产力的交换方式。总的说来，产品的交换形式是和生产的形式相适应的。生产形式一有变化，交换形式也就随之变化。因此在社会的历史中，我们就看到产品交换方式常常是由它的生产方式来调节。个人交换也和一定的生产方式相适应，而这种生产方式又是和阶级对抗相适应的。"② 也就是说，产品如何交换不是固定不变的，而是取决于如何生产，生产方式改变了，交换形式也随之改变。蒲鲁东要建立的公平交换制度，实际上是试图把交换这一环节从整个经济链条中抽离出来，使交换独立于整个经济过程。这是根本无法实现的。要想改变资本主义社会中的交换关系，就必须改变现存的资本主义所有制。马克思同时指出，生产方式又是和阶级关系相适应的。在资本主义社会中，无产阶级和资产阶级是两个利益根本对立的社会

① 《马克思恩格斯全集》第 21 卷，人民出版社 1965 年版，第 211 页。
② 《马克思恩格斯全集》第 4 卷，人民出版社 1958 年版，第 116—117 页。

集团，资产阶级靠剥削工人发财致富，这两者之间的交换中根本不存在蒲鲁东所设想的"公平"。蒲鲁东"刷新个人交换，清除个人交换中的一切对抗因素，他以为这样就找到了他希望社会采用的'平均主义的'关系"。但实际上，"这个平均主义的关系，即他想应用到世界上去的这个具有纠正作用的理想本身，只不过是现实世界的反映；因此，要想在不过是这个社会美化了的影子的基础上来改造社会是绝对不可能的。"①

蒲鲁东这种观点，实质上是要否定资本主义大工业时代的文明成果，使社会倒退到小生产时代去。恩格斯就此指出："自从资本主义生产被大规模采用时起，工人的物质状况总的来讲是更为恶化了，对于这一点只有资产者才表示怀疑。但是，难道我们因此就应当渴慕地惋惜（也是很贫乏的）埃及的肉锅，惋惜那仅仅培养奴隶精神的农村小工业或者惋惜'野蛮人'吗？恰恰相反。只有现代大工业所造成的、摆脱了一切历来的枷锁、也摆脱了将其束缚在土地上的枷锁并且被一起赶进大城市的无产阶级，才能实现消灭一切阶级剥削和一切阶级统治的伟大社会变革。"② 这里的深刻意义在于，由于生产力的推动作用，社会发展是一个必然的、不可抗拒的进程，而它正是在这个发展进程中创造着解决社会问题的条件。因此，不应该基于公平正义而要求社会停滞甚至退回到已经逝去的历史中去，而应当在现实的经济运行中寻找改变现实的锁钥。应该说，马克思恩格斯和蒲鲁东一样关心劳动群众的苦难，痛恨资本主义社会的不正义现象，但是他们比蒲鲁东高明和伟大之处就在于：他们既不是站在历史车头的后面，曳住历史发展的脚步使其倒退；也不是站在社会发展的一旁，对工人阶级的不幸发出空洞的同情和迂阔的设想；而是挺立在社会斗争的潮头，深刻地揭示了社会历史发展的规律，给人类解放事业注入了强大的理论生机和思想力量。

---

① 《马克思恩格斯全集》第 4 卷，人民出版社 1958 年版，第 117 页。
② 《马克思恩格斯选集》第 3 卷，人民出版社 1995 年版，第 149—150 页。

马克思视阈中的劳动、生产资料与正义

"马克思的批判已教会很多人看到资本主义制度的不平等和不公正现象，教他们至少要努力去减少这些现象。一个多世纪以来，马克思主义已经成为这样一种语言：数百万人用它来表达他们对一个更公正的社会的希望。"①

这是英国著名马克思主义学者戴维·麦克莱伦教授对马克思主义所做的一个评价。的确，自从罗尔斯《正义论》发表引发当代西方哲学新一轮转向后，对社会正义问题的讨论日趋热烈、至今未见消歇，其间从马克思主义出发对正义问题展开的研究亦不在少。在分析马克思主义正义观时，加拿大政治哲学学者威尔·金里卡谈到，"马克思主义的最显著的特征之一就是它对于劳动的全力关注。"② 一般而言，这一论断有其合理性。但是，依金里卡所述，马克思主义在社会正义问题上的种种批判性观点，都是从劳动这一范畴出发而做出的。某种程度上，劳动可以视为马克思主义者谈论正义问题的基础和出发点。③ 然而，在笔者看来，这样一种概括是不符合马克思主义原意的。可以说，金里卡没有准确地把握住马克思主义对劳动、正义等问题的真实看法。

在这一问题的背后，实际上隐含着一系列复杂的问题。譬如，劳动与正义的关系问题，正义的基础问题，劳动、生产资料与正义问题，马克思

---

① ［英］戴维·麦克莱伦：《卡尔·马克思传》，王珍译，中国人民大学出版社 2005 年版，第 434 页。

② ［英］威尔·金里卡：《当代政治哲学》，刘莘译，上海三联书店 2004 年版，第 366 页。

③ 参见威尔·金里卡《当代政治哲学》，第五章"马克思主义"。

主义如何看待正义问题等等。这些问题可以归结到一点，即，究竟应当从哪里开始讨论正义问题。笔者在本文中试图以马克思在《哥达纲领批判》中对拉萨尔主义正义观的批判为例，对上述问题进行初步解答。

一　拉萨尔主义所理解的分配正义

斐迪南·拉萨尔（1825—1864）是一个非常复杂的、极具两面性的人物。他既是德国工人运动史上一个很重要的人物，曾帮助工人摆脱自由资产阶级的消极影响，为建立德国工人阶级独立的政治组织做出了很大贡献；又暗中勾结俾斯麦政府，企图使新建立起来的工人组织成为普鲁士王朝的御用工具，从而背叛和出卖无产阶级运动。拉萨尔较为短暂的一生留下了很多著述，而他的主要观点集中体现在 1863 年他写的《给筹备全德工人代表大会的莱比锡中央委员会的公开答复》一文中[①]。在这篇《公开答复》中，拉萨尔提出了一个系统的改良主义纲领，基本涵盖了他最主要的社会政治观点，也鲜明地反映出他的正义观。这篇《公开答复》的要点有：（1）在资本主义制度下，工人阶级的贫困是由所谓"铁的工资规律"[②]造成的；（2）要废除这个规律，就必须建立生产合作社，使工人成为自己企业的企业主，"不折不扣地获得全部劳动所得"；（3）要建立合作社，就必须依靠国家帮助；（4）要取得国家帮助，就必须争取普选权；（5）要争取普选权，就必须建立全德工人联合会以进行和平和合法的宣传鼓动。[③] 这些观点中，使工人"不折不扣地获得全部劳动所得"，就是拉萨尔主义所认可的正义观，而其实现路径则在于依靠当时的普鲁士政府帮助工人建立合作社。因此，拉萨尔主义正义观除了理论上的错误，还隐藏着向当时反动政权妥协甚至投降的倾向。正如马克思和恩格斯尖锐

---

① 1863 年 2 月，莱比锡工人委员会决定正式邀请拉萨尔撰写工人运动的纲领性文件，拉萨尔在接到正式邀请信后写了复信，就是这里所说的《公开答复》。

② 所谓"铁的工资规律"，是拉萨尔所持的一个错误的经济学观点。这个观点认为，工人的平均工资始终停留在一国人民为了维持生存和繁殖后代按照习惯所要求的必要的生活水平上。这个必要的生活水平成为一个中心点，实际的工资总是在它周围摆动，既不能长久地高于它，也不能长久地低于它。拉萨尔认为，这是一个"铁的工资规律"。拉萨尔在《公开答复》中，首次论述了这个所谓的规律。

③ 参见张文焕《拉萨尔评传》，人民出版社 1983 年版，第 140 页。

指出的："拉萨尔的全部社会主义在于辱骂资本家，而向落后的普鲁士容克献媚"，是一种地道的"普鲁士王国政府的社会主义"。①

哥达纲领就是以拉萨尔主义为指导思想而制定的，鲜明地体现了拉萨尔的上述观点。这一纲领认为，社会主义运动最主要的目标是实现正义和公平的分配，这种公平分配要求让每个工人获得自己"不折不扣的劳动所得"。这一结论是建立在以下几个判断基础之上的：第一，劳动是一切财富的源泉，所以理所当然地财富应当属于劳动者；第二，因为劳动必须在社会中进行，没有社会的存在，劳动也无法存在，所以一切社会成员都应当对劳动产品享有平等的权利；第三，据此，劳动产品在社会成员之间按照平等的权利进行公平的分配，正义的千年王国得以实现。

拉萨尔主义的分配正义观是从"劳动"这一范畴推导而出的。可以说，"劳动"这个范畴是拉萨尔理解正义问题的出发点，构成了拉萨尔主义分配正义观的第一块"理论"基石。

集中反映拉萨尔主义分配正义观的哥达纲领一开始即提出："劳动是一切财富和一切文化的源泉，而因为有益的劳动只有在社会中和通过社会才是可能的，所以劳动所得应当不折不扣和按照平等的权利属于社会一切成员。"② 细加分析，这短短的几句话里实际上暗含着这样几步推论：（1）劳动是创造社会财富和文化的源泉，不劳动，就没有任何财富和文化；（2）而劳动显然是劳动者所进行的活动，因此，社会财富是劳动者所创造出来的，劳动者理所当然地对劳动产品享有所有权；（3）因为劳动者不能孤立地进行生产，而必须进行社会合作或者运用社会提供的各种手段才可能进行生产，所以，社会成为劳动的必要条件——用哥达纲领的原话来表达，就是说，"有益的劳动"只有在社会中和通过社会才是可能的——因而，劳动产品应当"不折不扣地"和"按照平等的权利"分配给一切社会成员；（4）这样，哥达纲领就通过分配领域实现了社会正义。从反面讲，如果社会成员不能"不折不扣地"和根据"平等的权利"获得公平分配，那么这个社会就是非正义的。因而，工人运动和社会主义革命的目标就是想方设法在社会中实行这种正义的分配。可以看出，拉萨尔主义分配正义观的第一个理论范畴确乎是劳动，劳动成了正义的内在

---

① 《马克思恩格斯全集》第 16 卷，人民出版社 1964 年版，第 255—256 页。

② 参见《马克思恩格斯选集》第 3 卷，人民出版社 1995 年，第 298 页。

根据。

那么，马克思恩格斯是如何反驳这一观点的呢？他们又为什么反对这一观点呢？

二 "劳动构成正义基础"忽视了生产资料问题

针对哥达纲领在开头部分即提出的"劳动是一切财富和一切文化的源泉"，马克思在《哥达纲领批判》这一名作中针锋相对、立场鲜明地指出："劳动不是一切财富的源泉。"①

对马克思的这一反驳，大体而言，有两种反对意见。一种反对意见以我国思想家顾准先生为代表。顾准提出："这一段的反驳，一般说来是很奇特的。因为，强调劳动是一切财富的源泉，不可以证明，劳动产品的占有是违反'正义'的吗？现在反过来责备：赋予劳动以超自然的创造力，等于为资本家和地主占有劳动资料辩护，这里和'常识'之间要拐几个弯才能走得到。"② 那么，马克思为什么会进行这样的反驳呢？顾准认为，马克思在这里实际上是为了重申他早年在《1844年经济学哲学手稿》等著作中所提出的异化及其复归理论。在《手稿》中，马克思曾经提出，资本主义社会造成了普遍的、全面的异化，而共产主义社会则是对这种异化的扬弃。"这种共产主义，作为完成了的自然主义＝人道主义，而作为完成了的人道主义＝自然主义，它是人和自然界之间、人和人之间的矛盾的真正解决，是存在和本质、对象化和自我确证、自由和必然、个体和类之间的矛盾的真正解决。"③ 在顾准看来，异化及其复归理论，不是马克思早年的不成熟观点，而是贯穿马克思思想始终的一个理论创见。他认为，在《哥达纲领批判》中，马克思重申了这一思想：自然界同劳动一样，也是实用价值即物质财富的构成者的源泉，而在前共产主义的社会中，自然界和劳动都被异化了，都成为一部分人占有另一部分人劳动成果的工具。共产主义社会则要克服这种异化状态，实现人与自然界的真正和解。

---

① 《马克思恩格斯选集》第3卷，人民出版社1995年版，第298页。

② 《顾准笔记》，中国青年出版社2002年版，第659页。

③ 马克思：《1844年经济学哲学手稿》，人民出版社2000年版，第81页。

　　还有一种反驳意见则属于顾准上面所提到的"常识"。这种"常识"认为，马克思的反驳是没有道理的。因为如果坚持产品是劳动创造的，也就是坚持产品是工人创造的，那么工人就理所当然地拥有对劳动产品的权利，产品就应当归工人所有。在资本主义社会中，资本家通过剥削无偿占有了工人创造的产品，这是一种缺乏合法依据的非正义行为。而资本主义社会正是建立在这种普遍的剥削行为之上，因此，资本主义制度是一种不正义的制度，理应被社会主义所取代。马克思对这一理论进行批判，实际上削弱了社会主义运动在道义上的根据。

　　笔者认为，以上这两种看法都不正确，都未能准确地把握马克思的原意。马克思在这里批判劳动是财富源泉的理论，一不是为了重申异化及其复归思想，二没有削弱社会主义运动的道义支持。这两种看法都没有深入地了解马克思的理论意旨。实质上，马克思的这种批判是要阐明，社会主义的理论根据在于社会历史发展的客观规律，在于资本主义社会内部基本矛盾的演化发展，而不是基于正义的呼声和权利的要求。从劳动是财富源泉的观点，只能导出立足于正义、权利范畴对资本主义所作的道德批判。而这种道德批判不能科学地说明工人阶级受剥削的根源，也不能给工人阶级指明解放的道路。

　　马克思的看法则是，劳动产品的生产与创造是劳动者以自然界为劳动资料和劳动对象，对自然界加以改造的物质变换过程。因此，这一过程涉及两个方面：劳动者与生产资料。哥达纲领仅仅将劳动作为一切财富和一切文化的源泉，错误地理解了劳动的性质，也忽视了自然界与生产资料在劳动过程中占据的极其重要的地位。

　　在对政治经济学进行更深层次探索的《1861—1863年经济学手稿》中，马克思就已经指出："资本主义生产的前提是：人必须出卖自己的劳动，因为他没有能力出卖商品，从而没有能力生产商品；从而，生产商品的手段——劳动的客观条件——作为他人的财产同他相对立。一个地方只要以某种形式存在着私有权和商品交换，存在着这种私有权的产品的交换，那里就可以产生资本主义生产的条件：丧失了生产资料，劳动条件的个人，迫于种种使他丧失这种私有权，从而丧失这些生产资料的原因，已经再也不能取得这种生产资料。"① 马克思在这里确认，生产商品的劳动

---

　　① 《马克思恩格斯全集》第48卷，人民出版社1985年版，第121页。

需要一定的客观条件，即生产资料。而劳动者由于种种原因丧失了对生产资料的所有权，所能操控的只剩下自身的劳动力，在这种情况下，劳动者就只能屈服于资本主义生产方式，出卖自己的劳动力以求得生存。

在《资本论》中，马克思更加明确地指出："种种商品体，是自然物质和劳动这两者要素的结合。如果把上衣、麻布等等包含的各种不同的有用劳动的总和除外，总还剩有一种不借人力而天然存在的物质基质。人在生产中只能像自然本身那样发挥作用，就是说，只能改变物质的形态。不仅如此，他在这种改变形态的劳动中还要经常依靠自然力的帮助。因此，劳动并不是它所生产的使用价值即物质财富的唯一源泉。正像威廉·配第所说，劳动是财富之父，土地是财富之母。"① 马克思在这里的意见非常清楚：物质财富或曰使用价值，是劳动加上自然物质共同创造出来的，因而不能单独将劳动作为财富的源泉。正如他在《哥达纲领批判》中所写到的："自然界同劳动一样也是使用价值（而物质财富就是由使用价值构成的!）的源泉，劳动本身不过是一种自然力即人的劳动力的表现。"② 也就是说，"劳动构成正义基础"的观点忽略了自然物质问题，也就是生产资料问题。

三　生产资料私有制是社会非正义现象的总根源

马克思申明劳动涉及劳动者与生产资料两个方面，决不仅仅是指出一个事实，更关键的是要人们关注生产资料问题，后者才是工人运动更应关注的对象。实际上，劳动者对劳动产品拥有所有权是一个朴素的、很容易理解的道理，但是，如果我们进一步追问：既然如此，那么为什么劳动者总是不能得到自己的劳动成果，而总有那么多不劳而获的现象存在呢？答案总是要归结到生产资料所有制问题上去。从某种意义上可以说，生产资料私有制是社会非正义现象的总根源。

早在《政治经济学批判大纲》中，恩格斯就曾提出："私有制最初的结果就是生产分为两个对立面（自然的方面和人的方面），即分为土地和

---

① 《资本论》第 1 卷，人民出版社 1975 年版，第 56—57 页。
② 《马克思恩格斯选集》第 3 卷，人民出版社 1995 年版，第 298 页。

人的活动。土地没有人耕作仅仅是不毛之地，而人的活动的首要条件恰恰就是土地。"① 也就是说，自从私有制出现起，人类的生产劳动就开始出现了分裂，劳动者和生产资料不能直接结合在一起。换言之，在原始社会之后和共产主义社会之前的社会形态中，生产资料从来就不是公有的或是无主的，相反，它总是被某一个阶级所牢牢掌控着。而哪一个阶级控制着生产资料，就会在生产中处于绝对性的主导地位。

马克思在《1857—1858 年经济学手稿》中谈到分配问题时也指出："在分配上，他们（指资产阶级经济学家——引者注）则相反地认为，人们事实上可以随心所欲。即使根本不谈生产和分配的这种粗暴割裂以及生产和分配的现实关系，总应该从一开始就清楚地看到：无论在不同社会阶段上分配方式如何不同，总是可以像在生产中那样提出一些共同的规定来，可以把一切历史差别混合或融化在一般人类规律之中。"② 可以看出，马克思在这里实际上包含着三层相互联系的意思：（1）认为人们可以在分配上随心所欲的观点粗暴地割裂了生产与分配的关系；（2）生产与分配的现实关系有着与资产阶级政治经济学所概括的内容完全不同的表现；（3）各个历史时期的具体分配方式可以千变万化，但在其中，可以总结归纳出一些共同规定，涵摄这些不同的分配方式。那么，这些共同规定包括什么呢？这就是生产资料的占有问题，各个不同的阶级由于是否占有生产资料而在分配上处于完全不同的地位。

在《资本论》中，马克思更加明确地对这一问题进行了界说："凡是社会上一部分人享有生产资料垄断权的地方，劳动者，无论是自由的或不自由的，都必须在维持自身生活所必需的劳动时间以外，追加超额的劳动时间来为生产资料的所有者生产生活资料，不论这些所有者是雅典的贵族，伊特剌斯坎的僧侣，罗马的市民，诺曼的男爵，美国的奴隶主，瓦拉几亚的领主，现代的地主，还是资本家。"③ 这就是说，社会上一部分人独占了生产资料，而劳动者却一无所有，于是劳动者必须去和别人的生产资料相结合，通过劳动维持自身生活，同时进行超额劳动，为生产资料所有者创造剩余价值、增加财富。因此，"一个除自己的劳动力以外没有任

---

① 《马克思恩格斯全集》第 1 卷，人民出版社 1956 年版，第 612 页。
② 《马克思恩格斯全集》第 30 卷，人民出版社 1995 年版，第 28 页。
③ 《资本论》第 1 卷，人民出版社 1975 年版，第 263 页。

何其他财产的人，在任何社会的和文化的状态中，都不得不为另一些已经成了劳动的物质条件的所有者的人做奴隶，他只有得到他们的允许才能劳动，因而只有得到他们的允许才能生存。"① 也正由于此，劳动产品和社会财富的分配总是贯彻着这一阶级的意志和要求。可以说，掌握着生产资料的阶级也就控制了其他阶级的生死存亡。正是不同的生产资料所有制，导致了不同的产品分配方式。因此，要解决分配问题，生产资料所有制问题才是根本。正是在这个意义上，马克思才尖锐地批判了哥达纲领中劳动构成财富源泉的观点。换言之，马克思把劳动与生产资料、自然资源并列，不是要抹杀劳动的创造性作用，而是着意突出生产资料的基础地位，使人们的注意力集中到生产资料所有制上来。在 1880 年 5 月撰写的《法国工人党纲领宣言（草案）》中，马克思写道："生产者只有在占有生产资料之后才能获得自由。"② 也就是说，生产者在不占有生产资料的情况下，没有可能谈到自由，而只有受剥削的"自由"。这一判断同样适用于正义、公平等范畴。我们完全可以仿效马克思的论断而提出："生产者只有在占有生产资料之后才能获得正义。"总之，生产资料所有制问题才是马克思恩格斯关注的重点，也是工人阶级和人类消除社会非正义现象的关键所在。

这一观点实际上涉及拉萨尔本人对历史的片面看法和错误理解。马克思和恩格斯所创立的历史唯物主义中有一个极其鲜明的观点，即，到目前为止的有文字记载的历史都是阶级斗争的历史；而拉萨尔则抽掉了历史的阶级斗争内容，仅仅将历史理解成人类同自然界斗争的过程。拉萨尔说："所谓历史，就是同自然的斗争；就是同贫困、愚昧、穷苦、软弱无力以及人类在历史初期遭受的种种不自由所进行的斗争。逐渐克服这种软弱无力就是历史所表现的自由的发展。"③ 拉萨尔对历史的这种理解，正如我国学者张文焕先生所指出的："不错，人类在其发展的每一个阶段，都存在着同自然的斗争，这是事实。但是，拉萨尔不了解，或者他不愿意了解，人类同自然的斗争，都是在一定的社会发展形式中进行的，都受到社

---

① 《马克思恩格斯选集》第 3 卷，人民出版社 1995 年版，第 298 页。

② 《马克思恩格斯全集》第 25 卷，人民出版社 2001 年版，第 442 页。

③ 《拉萨尔全集》第 2 卷，1919 年德文版，第 196 页。转引自张文焕《拉萨尔评传》，人民出版社 1983 年版，第 116 页。

会组织形式的制约。除了原始社会阶段外，人类社会分裂为对立的阶级。每个社会阶段的社会统治阶级在其没落阶段不仅不能促进人类同自然的斗争，而且由于它束缚生产力的发展，反而阻碍人类同自然的斗争，甚至成为贫困、愚昧、穷苦的根源。"① 张文焕先生在这里所说的"社会组织形式"，其中一个很重要的因素就是生产资料所有制。

人们一旦注意到生产资料所有制问题，就会发现，在不同的历史时期存在着各不相同的所有制。正如马克思早在《哲学的贫困》中就曾指出的："在每个历史时代中所有权以各种不同的方式、在完全不同的社会关系下面发展着。"② 这就意味着必须对各种具体的所有制模式进行深入具体的研究，否则，"要想把所有权作为一种独立的关系、一种特殊的范畴、一种抽象的和永恒的观念来下定义，这只能是形而上学或法学的幻想。"③ 在无产阶级革命时期和在资本主义制度的条件下，就必须对资本主义所有制进行探讨。只有如此，才能深刻地把握资本主义社会的运作方式和必然命运，找到劳动者解放的现实道路。

因而，讨论劳动的权利是什么、劳动能够带来什么、劳动者应当享有什么等问题固然重要，但是，最根本的、决定性的问题则是关注生产资料所有制问题，关注生产资料为谁所占有，并通过人民群众的实践运动改变这种状况，从而使广大人民公正、平等地共享劳动所创造的成果。

四 超越空想社会主义

拉萨尔主义分配正义观关于劳动创造财富及其暗含的一系列推论，实际上是资产阶级革命时期洛克等思想家提出的劳动起源论的翻版。它实际上是在试图回答政治哲学中一个非常重要也是非常古老的问题：人们占有或持有物品的合法性是什么？或者说，人们凭什么拥有某些物品，另外的一些人又凭什么不能拥有这些物品？通过解答这一系列问题，人们便可以得出结论说，某些人对某物品的占有是有充足理由的，是正义的，而某些人对某物品的占有却没有充足理由，是非正义的。这一理论逻辑构成了马

---

① 张文焕：《拉萨尔评传》，人民出版社1983年版，第116页。
② 《马克思恩格斯全集》第4卷，人民出版社1958年版，第180页。
③ 同上。

克思恩格斯之前的空想社会主义正义理论的一个重要维度。

对分配正义之标准的寻求为时已久。我国学者何怀宏先生认为，正义的界定，可以从形式与具体内容两方面着手。从形式上定义的正义，可以把各种具体内容不同的正义观都包括进去。这种形式上的定义可以概括为：平等地对待属于同一等级或类型的人，不平等地对待不属于同一等级或类型的人。这里，更为关键也更具实质性的问题是，把人们划分成不同的等级或类型的基本标准是什么，换言之，根据什么标准来给予人们同等的或区别的对待。"按照社会变迁的历史形态，我们可以说：有的社会主要是根据血统、出身来进行分配；有的社会主要是根据土地、官职来进行分配；有的社会主要是根据金钱、财富之间的某种等价交换来进行分配；有的社会主要是按照贡献或需求来进行分配；还有的社会则是混合了各种原则进行分配。"① 可见，对拥有的合法性根据——或者说这种分配正义的根据的回答，是多种多样的。但随着历史的发展与人类文明的进步，人们越来越不能容忍将血统、出身、土地、官职等东西当作这种分配的标准，而倾向于将劳动作为拥有具有合法性的依据。在哥达纲领的讨论会议上，就有人提出，劳动不仅是一切财富的源泉，而且是一切权利的源泉。②

早在资产阶级革命初期，霍布斯、洛克等为资本主义制度进行辩护的思想家就提出了"劳动决定论"的观点。③ 按照马克思的意见，"洛克是同封建社会相对立的资产阶级社会的法观念的经典表达者；此外，洛克哲学成了以后整个英国政治经济学的一切观念的基础，所以他的观点就更加重要。"④ 因而，我们在这里重点考察一下洛克这一方面的有关思想。

洛克认为，世界上的一切物品，包括土地以及果实、兽类等等，都是

---

① 何怀宏：《伦理学是什么》，北京大学出版社 2002 年版，第 177 页。

② 例如，哥达城的文特尔斯贝格建议：第一部分第一段开头的"劳动是一切财富的源泉"这句话应改为"劳动是一切权利的源泉"。参见《在哥达举行的德国社会民主党人合并大会记录》，载《研究〈哥达纲领批判〉参考史料》，三联书店 1978 年版，第 8 页。

③ 马克思曾经就霍布斯的观点写道："在霍布斯那里，除了处于直接可供消费状态的自然赐予之外，劳动也是一切财富的唯一源泉。"马克思还就洛克的观点写道："在洛克看来，如果劳动条件的数量大于一个人用自己的劳动所能利用的数量，那末，对这些劳动条件的所有权，就是一种同私有制的自然法基础相矛盾的政治发明。"参见马克思《剩余价值理论》第 1 册，人民出版社 1975 年版，第 390 页。

④ 马克思：《剩余价值理论》第 1 册，人民出版社 1975 年版，第 393 页。

自然自发地产生出来的，因此，它们归人类共同所有，没有人能够对这些东西享有排斥其余人类的私人所有权。但是，洛克紧接着指出，这些东西既然是给人类使用的，那么必然要通过某种拨归私用的方式，然后才能对于某一个人有用处或者有好处。洛克举例说，野蛮的印第安人不懂得圈用土地，还是无主土地的住户，因此，就必须把养活他的鹿肉或果实变为己有，即变为他的一部分，从而使别人不能再对它享有任何权利，才能对维持他的生命有好处。换言之，世界本来是公有的，但是要想对每一个个体有好处，就必须将公有的世界划归到每一个个体的名下，这样才能对个体有益。换言之，在洛克看来，世界确实是始终归全体人类共同占有的，但是，因为任何一个个人都不能代表全体人类，所以，任何一个个人都不能动用世界上的任何东西，人类就只能眼睁睁地看着这些物品而饿死。要解决这个难题，就只有使世界上的东西通过一种正当的途径，被个人所占有。那么，如何才能进行这种"正当的"占有呢？洛克借助的就是个人的"劳动"。洛克认为："每人对他自己的人身享有一种所有权，除他以外任何人都没有这种权利。他的身体所从事的劳动和他的双手所进行的工作，我们可以说，是正当地属于他的（着重号为引者所加）。所以只要他使任何东西脱离自然所提供的和那个东西所处的状态，他就已经掺进他的劳动，在这上面参加他自己所有的某些东西，因而使它成为他的财产。既然是由他来使这件东西脱离自然所安排给它的一般状态，那么在这上面就由他的劳动加上了一些东西，从而排斥了其他人的共有权利。"① 也就是说，在洛克看来，劳动者对自己的人身拥有所有权，因而对自己的劳动拥有所有权，正由于此，劳动者对自己的劳动产品也就拥有所有权。正如洛克所言："劳动在万物之母的自然所已完成的作业上面加上一些东西，这样它们就成为他的私有的权利了。"②

其后，启蒙学者和资产阶级政治经济学家继承和发展了这一思想。例如，大卫·李嘉图认为："衡量一种商品的贵贱，除了为取得这种商品而作出的劳动的牺牲以外，我不知道还有什么别的标准。任何东西原来都是用劳动购买的；没有它，就没有一样具有价值的东西能够生产出来……投

① ［英］洛克：《政府论》下篇，叶启芳、瞿菊农译，商务印书馆 1964 年版，第 19 页。
② 同上书，第 19—20 页。

入商品的劳动量的或多或少，是其价值变动的唯一成因。"① 这种劳动所有权理论，实际上是为了推翻封建特权、论证资产阶级私有权的合法性而提出的。

但是，在后来的发展中，这一思想逐渐为空想社会主义者所汲取，并反过来将其作为理论武器来批判资本主义制度。在威廉·汤普逊、约翰·格雷、约翰·勃雷、托马斯·霍奇斯金等社会主义思想家的著作中，我们到处都可以发现这一思想。他们普遍认为，劳动创造物质财富，所以劳动产品应当归劳动者所有，而资本家和地主不劳动却无偿占有了大量劳动产品，这是极端的不公平和不正义。因此，应当改变现有的资本主义制度。汤普逊是秉持这一观点的典型代表。汤氏提出，在把自然界提供的天然物质转变成社会财富的过程中，也即物质生产过程中，"大自然对于这个转变做了些什么呢？什么也没有做。人，人的劳动，做了些什么呢？什么都做了。"② 也就是说，劳动是社会财富的唯一源泉，既然如此，那么，为什么每个劳动者不能获得自己的全部等价物呢？汤普逊实际上可以从这个疑问出发去探究资本主义制度，进而发现劳动者受剥削的秘密。但遗憾的是，汤普逊没有迈出这一步，而是停留在分配领域，希图通过研究"财富分配原理"来"促进人类幸福"。格雷在《人类幸福论》一书中也认为，劳动是财富的基础，而地主和资本家却把劳动产品据为己有，"这就是极大的不公平"③。而这种状况的起因就在于资本主义制度，因此"我们要谴责制度，并且指出：'不公平是这种制度的主要基础。'"所以，"我们恳切地征求每一个正直的人的意见，请他们说一说，这样的社会状态该不该继续存在下去？它与一切基本的公平原则有没有矛盾？"④ 由对社会非正义的判断出发，格雷构想了"劳动货币论"的方案，希望以之解决社会问题。可以说，"劳动货币论"这一方案的空想性，实际上导源于格雷对劳动的推重与对生产资料的忽视。从汤普逊到格雷再到拉萨尔主义正义观的分配纲领，实际上都忽视了同一个问题——生产资料所有制。

可以看出，哥达纲领所提出的劳动构成正义基础的观点，实际上是资

---

① 《李嘉图著作和通信集》第 4 卷，蔡受百译，商务印书馆 1980 年版，第 371 页。

② ［英］威廉·汤普逊：《最能促进人类幸福的财富分配原理的研究》，何慕李译，商务印书馆 1986 年版，第 34 页。

③ ［英］约翰·格雷：《人类幸福论》，张草纫译，商务印书馆 1984 年版，第 35 页。

④ 同上书，第 30 页。

产阶级思想家与空想社会主义者理论基础的承继与改装，了无新意。而且，在当时，马克思主义早已提出了明确的任务，即必须生产发展和社会变迁的客观规律进行科学的探索与分析。并且，在这方面已经取得了卓然成果。在这种情况下，何必再退回往昔，重新收拾被历史车轮远远抛在后面的淡淡沙尘呢？熟知而非真知。马克思主义是科学，它需要我们对包括正义在内的社会历史问题真正地展开科学的研究。

对分配正义的反思:基于
《哥达纲领批判》的视角

正义是人类思想史上的重要范畴。自从罗尔斯《正义论》出版引发当代政治哲学复兴以来，人们对正义问题表现出极大的研究热情。尤其在西方政治哲学界，聚讼纷纭，各种正义理论蔚为大观。而从某种意义上讲，这些正义研究存在着一个共同的特点，即它们大多集中在分配正义领域，甚至可以说，分配正义成了当前正义的代名词。正如戴维·米勒所说，"在绝大多数当代政治哲学家的著作中，社会正义被视作分配正义的一个方面……这两个概念经常被相互替换使用"，例如罗尔斯在《正义论》中就是不加区别地谈论"正义"、"分配正义"、"社会正义"的。① 米勒本人的观点亦是如此："当我们谈论和争论社会正义时，我们究竟在谈论和争论什么？我认为，非常粗略地说，我们所讨论的是生活中好的东西和坏的东西应当如何在人类社会的成员之间进行分配。"② 布莱恩·巴利同样认为："正义的主题不是制度本身，而是存在于社会之中的权利、机会和资源的分配。"③ 当代政治哲学关注分配正义自有其理论价值和实践意义，然而，仅仅局限于分配正义能够彻底解决正义问题吗？对正义的探讨是否需要越出分配领域，在一些更为基础和根本的层次上展开？马克

① ［英］戴维·米勒：《社会正义原则》，应奇译，江苏人民出版社 2001 年版，第 2、297 页。

② 同上书，第 1 页。

③ ［英］布莱恩·巴利：《社会正义论》，曹海军译，江苏人民出版社 2008 年版，第 21 页。

思在其经典文本之一《哥达纲领批判》中，对这些问题都曾有所回应，本文试就此略陈管见。

一　哥达纲领与"分配—正义"理路

在马克思所批判的哥达纲领中，关于分配问题，存在着比较明显的分配决定正义、经过改变分配方式实现社会正义的理路。例如，哥达纲领第一条强调"劳动所得应当不折不扣和按照平等的权利属于社会一切成员"①，第三条强调"劳动的解放……要求集体调节总劳动并公平分配劳动所得"②。可以看出，整个纲领极为重视分配问题，要求分配方式实现公平、平等和正义，甚而把分配问题当成了无产阶级政党活动的中心任务。

重视分配，期望通过改变分配来消除资本主义社会的弊病，改善工人阶级的生存状况，实现正义的理想王国，这是自空想社会主义以来的一大思想倾向。例如，傅立叶就非常重视他所倡导的和谐制度下的产品分配问题。他认为，公正的、和谐的分配方式，是"使每个人都能按照他的三种手段——劳动、资本和才能而获得满意的报酬"③。在产品的分配中，首先要扣除维持全体成员生存所需要的部分，其余的按照比例分配。其中，"资本占4/12，劳动占5/12，才能占3/12"。④ 傅立叶认为，按照这种比例进行分配，既可以鼓励资本家积极地向法郎吉⑤投资，从而增加法郎吉的物质力量，又可以激发广大劳动者的积极性，使他们逐渐增加积蓄，变成有产者。

马克思之前或同时，在威廉·汤普逊、约翰·格雷、约翰·勃雷、托马斯·霍奇斯金等社会主义思想家的著作中，仍然到处都可以发现此类观点。他们普遍认为，劳动创造物质财富，所以劳动产品应当归劳动者所有，而资本家和地主不劳动却无偿占有了大量劳动产品，这种分配是极端

---

① 《马克思恩格斯选集》第3卷，人民出版社1995年版，第298页。
② 同上书，第301页。
③ 《傅立叶选集》第2卷，赵俊欣等译，商务印书馆1982年版，第173页。
④ 同上书，第175页。
⑤ 法郎吉是一种生产消费协作团体。法郎吉投股集资，劳动者和资产者都可入股，人人参加劳动。傅立叶认为，法郎吉比资本主义制度更能合理地分配财富，并可以被任何政治制度甚至君主制度所采纳。

不公平和不正义的。因此，必须改变这种不公平的分配方式。汤普逊就提出，在把自然界提供的天然物质转变成社会财富的过程中，即物质生产过程中，"大自然对于这个转变做了些什么呢？什么也没有做。人，人的劳动，做了些什么呢？什么都做了。"① 既然如此，为什么每个劳动者不能获得自己的全部等价物呢？汤普逊实际上可以从这个疑问出发去探究资本主义制度的秘密。但遗憾的是，汤普逊没有迈出这一步，而是停留在分配领域，希图通过研究"财富分配原理"来"促进人类幸福"。

到了李卜克内西领导的爱森纳赫派与拉萨尔派合并的时候，由于当时党员的理论素养尚待提高，还存在着很多混乱的认识，因而对于分配正义论的观点还不能作出正确的判断。例如，当时柏林的党员赫·福格尔就提出了另外一份纲领条文。其中写到："要使工人阶级从这种依靠暴力和欺骗而维持的依附关系和工资关系下解放出来，必须通过正义和实证的科学来实现；这种解放应当同时是一种政治的、社会的和道德的解放，它要求在公共生活和私人生活的一切方面贯彻民主的原则，并把劳动资料提高为社会的公共财产，同时要求集体调节总劳动并公平分配劳动所得。"② 李卜克内西在 1875 年 5 月 24 日召开的合并大会第三次会议上也发言说："劳动产品的'公平分配'是一种彻底的社会主义的要求，或者，如果愿意这样说的话，是一种共产主义的要求……"③ 白拉克在 1875 年 3 月 23 日给倍倍尔的信中也写道："即使是在今天，劳动所得也是完全不折不扣地由社会一切成员获得的，因为劳动所得根本没有或者只有很少一部分损失掉，但关键在于全部劳动所得如何分配！要是按照平等的权利进行分配，那末资产者、剪息票者和其他游手好闲的人都有同等的一份。因此必须说：劳动是每个人的义务，只有按照现有力量进行的劳动，才有权参加全部劳动所得的分配，并且按照巴贝夫的原则：按需分配。"④ 从上述材料可以看出，即使是在李卜克内西和白拉克等重要领导人心目中，也是将分配看作是通往正义的途径。因而，彻底弄清分配与正义的关系问题就显得至关重要。

---

① ［英］威廉·汤普逊：《最能促进人类幸福的财富分配原理的研究》，何慕李译，商务印书馆 1986 年版，第 34 页。

② 《研究〈哥达纲领批判〉参考史料》，三联书店 1978 年版，第 10 页。

③ 同上书，第 47 页。

④ 同上书，第 151 页。

二　分配正义论割裂了经济运行过程的整体联系

对于哥达纲领表露出来的分配—正义理路，马克思指出，在所谓分配问题上大做文章并把重点放在它上面，这是根本错误的。[①] 在马克思看来，现实的经济运行过程是由生产、消费、交换、分配等诸多环节构成的一个整体，各个环节之间密切联系、互相制约，分配仅仅是整个经济运行过程的一个环节。因此，单纯将分配从整体中抽离出来并孤立地对它加以研究，根本不能得出科学的结论。

早在《〈政治经济学批判〉导言》中，马克思就详细地考察了生产与分配，以及交换、消费的一般关系。马克思指出，肤浅的表象是这样的："在生产中，社会成员占有（开发、改造）自然产品供人类需要；分配决定个人分取这些产品的比例；交换给个人带来他想用分配给他的一份去换取的那些特殊产品；最后，在消费中，产品变成享受的对象，个人占有的对象。"[②] 换句话说，"生产创造出适合需要的对象；分配依照社会规律把它们分配；交换依照个人需要把已经分配的东西再分配；最后，在消费中，产品脱离这种社会运动，直接变成个人需要的对象和仆役，供个人享受而满足个人需要。"[③] 在这里，看上去生产是起点，消费是终点，分配和交换是两个中间环节，其中，分配决定某种产品归个人的一定比例或数量。但是，这种看法仅仅是一种表面的理解，"这当然是一种联系，然而是一种肤浅的联系。"[④] 也就是说，这种观点还没有深入到生产过程的总体中去，看到问题的本质。

在马克思看来，生产不是某种抽象的永恒不变的东西，而是由特定的社会历史条件所决定的。在整个生产过程之中，生产、分配、交换、消费是辩证统一和相互作用的，是同一个整体的各个环节。但其中，生产是这种统一的出发点，而且是决定性的因素，分配形式则仅是生产形式的一种

---

① 参见《马克思恩格斯选集》第 3 卷，第 306 页。
② 《马克思恩格斯全集》第 30 卷，人民出版社 1995 年版，第 30 页。
③ 同上。
④ 同上。

表现。在不改变生产方式的情况下希望分配方式变革，甚至希望通过后者的变革实现公平正义，只能是空想。正是在这一意义上，日本学者田中孝一正确地认为："马克思之所以如此重视生产的一个原因是，他批判持乐观态度的资产阶级经济学，因为其否定生产方式的历史可变性，在把生产看作是不变的自然性的前提下，认为只要改善分配就可以解决问题。马克思认为只要不改变生产状态就不可能真正解决分配问题。资本主义不进行变革，就无法实现分配的正义。"① 下面，我们具体看一下生产与分配的关系。

马克思提出："在生产者和产品之间出现了分配，分配借社会规律决定生产者在产品世界中的份额，因而出现在生产和消费之间。那么，分配是否作为独立的领域，和生产并列，处于生产之外呢？"② 他接着指出："照最浅薄的理解，分配表现为产品的分配，因此它离开生产很远，似乎对生产是独立的。但是，在分配是产品的分配之前，它是（1）生产工具的分配，（2）社会成员在各类生产之间的分配（个人从属于一定的生产关系）——这是同一关系的进一步规定。这种分配包含在生产过程本身中并且决定生产的结构，产品的分配显然只是这种分配的结果。"③ 从这段论述中可以看出，分配决不是像通常所设想的那样，是独立、远离于生产的一个特殊部门。实际上，分配不仅仅指劳动产品的分配，而且包括生产工具的分配与劳动者的分工，后两者直接决定了生产如何进行。而生产如何进行，又直接决定了劳动产品如何分配。因此，分配与生产交织在一起，无法截然分开。

可见，马克思解决分配不公的思路，决不是仅仅在分配本身的范围内兜圈子，而是认为，必须研究经济运行过程的整体过程，尤其是要研究生产方式。只有变革生产，才能变革分配。否则，希图借助于"公平的分配"来解决分配问题，只是一种想抓住自己头发离开地球的做法。因而，田中孝一的这一判断——"马克思认为资本主义是不公平的社会，所以寻求缩小这种不公平的符合正义的财富分配"④，却是错误的，并不符合

---

① ［日］田中孝一：《马克思的分配正义论》，黄贺译，《国外理论动态》2008 年第 1 期。
② 《马克思恩格斯全集》第 30 卷，人民出版社 1995 年版，第 35 页。
③ 《马克思恩格斯选集》第 2 卷，人民出版社 1995 年版，第 14 页。
④ ［日］田中孝一：《马克思的分配正义论》，黄贺译，《国外理论动态》2008 年第 1 期。

马克思的本意。实际上，马克思从来不去寻求什么"符合正义的财富分配"方式（那也是根本找不到的），而是彻底地改造社会的生产方式。

三　分配方式归根结底是生产条件本身分配的结果

马克思认为，人们总是习惯于用公平和正义等范畴来评价现实的分配，而公平和正义实质上是一种道德评判，不能正确地说明劳动者受剥削的根源，也不能真正使劳动者摆脱受剥削的地位。

马克思写道："什么是'公平的'分配呢？难道资产者不是断言今天的分配是'公平的'吗？难道它事实上不是在现今的生产方式基础上唯一'公平的'分配吗？难道经济关系是由法的关系来调节，而不是相反，从经济关系中产生出法的关系吗？难道各种社会主义宗派分子关于'公平的'分配不是也有各种极不相同的观念吗？"① 也就是说，由于利益主体在分配中所处的地位不同，利益要求不同，因而在何为公平、何为正义的问题上持有相当不同的见解，甚至会出现极大的冲突。因此，仅仅通过公平或正义的通道无法真正解决分配问题。恩格斯就此指出："按照资产阶级经济学的规律，产品的绝大部分不是属于生产这些产品的工人。如果我们说：这是不公平的，不应该这样，那末这句话同经济学没有什么直接的关系。我们不过是说，这些经济事实同我们的道德感有矛盾。"②

在《〈政治经济学批判〉导言》中，马克思指出："分配关系和分配方式只是表现为生产要素的背面。个人以雇佣劳动的形式参与生产，就以工资形式参与产品、生产成果的分配。分配的结构完全决定于生产的结构，分配本身是生产的产物，不仅就对象说是如此，而且就形式说也是如此。就对象说，能分配的只是生产的成果，就形式说，参与生产的一定形式决定分配的特定形式，决定参与分配的形式。"③ 马克思在这里明确提出，消费资料的分配由生产方式决定，有什么样的生产方式，就会有什么样的分配方式。这不是由个人主观意志可以任意改变的，也不是依据抽象

---

① 《马克思恩格斯选集》第3卷，人民出版社1995年版，第302页。
② 《马克思恩格斯全集》第21卷，人民出版社2003年版，第209页。
③ 《马克思恩格斯全集》第30卷，人民出版社1995年版，第30页。

的正义、公平原则可以改造的，它更多地体现为一种历史的必然性。

马克思在《资本论》中更专门谈道："分配关系本质上和这些生产关系是同一的，是生产关系的反面，所以二者共有同样的历史的暂时的性质。"① "如果说资本主义生产方式以生产条件的这种一定的社会形式为前提，那么，它会不断地把这种形式再生产出来。它不仅生产出物质的产品，而且不断地再生产出产品在其中生产出来的那种生产关系，因而也不断地再生产出相应的分配关系。"② 这就是说，只要资本主义生产方式不改变，资本主义的分配关系也得不到根本的改变，后者会不断地被前者"生产"出来。"所谓的分配关系，是同生产过程的历史地规定的特殊社会形式，以及人们在他们的人类生活的再生产过程中相互所处的关系相适应的，并且是由这些形式和关系产生的。这些分配关系的历史性质就是生产关系的历史性质，分配关系不过表现生产关系的一个方面。资本主义的分配不同于各种由其他生产方式产生的分配形式，而每一种分配形式，都会随着它由以产生而且与之相适应的一定的生产形式的消失而消失。"③ 这就表明，分配方式同生产方式一样，都是历史的、可变的，随着生产方式的革命性变革，分配方式也会相应地采取新的样态。

在《哥达纲领批判》中，马克思再次指出："消费资料的任何一种分配，都不过是生产条件本身分配的结果；而生产条件的分配，则表现生产方式本身的性质。例如，资本主义生产方式的基础是：生产的物质条件以资本和地产的形式掌握在非劳动者的手中，而人民大众所有的只是生产的人身条件，即劳动力。既然生产的要素是这样分配的，那么自然就产生现在这样的消费资料的分配。如果生产的物质条件是劳动者自己的集体财产，那么同样要产生一种和现在不同的消费资料的分配。"④ 在马克思和恩格斯重点剖析的资本主义社会，资本家凭借资本所有权获得利息和利润，土地所有者凭借土地所有权获得地租。然而，利息、利润和地租，都是工人创造的剩余价值的转化形式。空想社会主义者由此认为，资本家和地主无偿占有了工人创造的剩余价值，这是一种不公平、不正义的分配。

① 《资本论》第 3 卷，人民出版社 1995 年版，第 994 页。
② 同上书，第 995 页。
③ 同上书，第 999—1000 页。
④ 《马克思恩格斯选集》第 3 卷，人民出版社 1995 年版，第 306 页。

正由于此，资本主义社会必须设法实行一种正义公平的分配。殊不知，这种看法恰恰是马克思和恩格斯所着力批判的东西。马克思认为，资本主义的分配，事实上就是当时生产方式基础上（着重号为笔者所加）唯一公平的分配。"既然生产的要素是这样分配的，那么自然就产生现在这样的消费资料的分配。"① 要想改变这种分配方式，只有通过变革现实的生产资料所有制来实现。

在马克思生前的最后一篇经济学文稿《评阿·瓦格纳的"政治经济学教科书"》中，他甚至不同意将资本家剥削工人的说法换成"剥取"的提法。马克思质疑道："什么叫'对工人的剥取'，剥取它的皮，等等，无法理解。"② 马克思说："我详细地指出，甚至在只是等价物交换的商品交换情况下，资本家只要付给工人以劳动力的实际价值，就完全有权利，也就是符合于这种生产方式的权利，获得剩余价值。但是所有这一切并不使'资本家的利润'成为价值的'构成'因素，而只是表明，在那个不是由资本家的劳动'构成的'价值中，包含他'有权'可以占有的部分，就是说并不侵犯符合于商品交换的权利。"③ 马克思接着指出，瓦格纳"偷偷地塞给我这样一个论断：只是由工人生产的剩余价值不合理地为资本主义企业主所得。然而我的论断完全相反：商品生产发展到一定的时候，必然成为'资本主义'的商品生产，按照商品生产中占统治地位的价值规律，'剩余价值'归资本家而不归工人。"④ 在马克思看来，这既合乎经济规律，也合乎当时社会的公平、正义等道德观念。因为，这些道德观念，包括法律等上层建筑，都是由当时的经济基础所决定的。恩格斯在他的晚年著作中也突出强调了这一点。在 1890 年 8 月 5 日致康·施米特的信中，恩格斯说："在《人民论坛》上也发生了关于未来社会中的产品分配问题的辩论：是按照劳动量分配呢，还是按照其他方式分配。人们对于这个问题，是一反某些关于公平原则的唯心主义空话而处理得非常'唯物主义'的。但奇怪的是谁也没有想到，分配方式本质上毕竟要取决于可分配的产品的数量，而这个数量当然随着生产和社会组织的进步而改

---

① 《马克思恩格斯选集》第 3 卷，人民出版社 1995 年版，第 306 页。

② 《马克思恩格斯全集》第 19 卷，人民出版社 1963 年版，第 401 页。

③ 同上。

④ 同上书，第 428 页。

变，从而分配方式也应当改变。"① 恩格斯在此处依然是在强调，分配是一种现实的活动，社会采取什么样的分配方式不是随心所欲的，而必须取决于当时的生产方式与社会制度。

四 只关注分配是庸俗社会主义对资产阶级经济学家的仿效

在剖析了经由分配实现社会正义观点的错误之后，马克思更进一步指出，这一观点的出现并不是偶然的，其实质是庸俗社会主义对资产阶级经济学家的仿效："庸俗的社会主义仿效资产阶级经济学家（一部分民主派又仿效庸俗社会主义）把分配看成并解释成一种不依赖于生产方式的东西，从而把社会主义描写为主要是围绕着分配兜圈子。"②

马克思指出，为资本主义制度作辩护的资产阶级学家在政治经济学研究中，把生产与分配、交换、消费的内在联系割裂开来和并列起来，认为在经济运行的整体过程中只有分配方式发生变化，其他环节都是永恒不变的。他们还往往把分配提到首位，认为分配才是政治经济学的主要研究对象。而空想社会主义者和蒲鲁东、拉萨尔等人在此基础上认为，资本主义社会的分配是非正义的和不公平的，应当用一种正义、公平的分配方式代替之。由这一认识出发，他们的各种社会变革措施也像资产阶级经济学家一样，仅仅在分配问题上虚耗心力。蒲鲁东就曾提出："财富分配方面的不平等从何而来呢？它决不可能来自经济历史发展的规律；而是像包括战争在内的一切其余的事物一样，来自心理学原理、来自原则，而原则就是我们对本身的价值和本身的品德的认识，也就是这样一种感情，它能转化为对自己的同类和整个人类的尊重并成为正义的基础。但包含着作为自在之物的正义的那个原则，迄今为止实际上却恰恰是对正义的否定；我们允许自己和自己亲近的人的事情比允许别人的事情要多。夸大自己和滥用自己的长处，就会迫使我们去破坏经济分配规律（在奖励劳动方面和分配服务和产品方面平等的规律）。"③

---

① 《马克思恩格斯全集》第 37 卷，人民出版社 1963 年版，第 432 页。
② 《马克思恩格斯选集》第 3 卷，人民出版社 1995 年版，第 306 页。
③ 转引自《马克思恩格斯全集》第 45 卷，人民出版社 2003 年版，第 161 页。

　　恩格斯就这种现象概括说："在马克思很久以前，人们就已经确定我们现在成为剩余价值的那部分产品价值的存在，同样也有人已经多少明确地说过，这部分价值是由什么构成的。但是到这里人们就止步不前了。其中有些人，即资产阶级古典经济学家，至多只研究了劳动产品在工人和生产资料所有者之间分配的数量比例。另一些人，即社会主义者，则发现这种分配不公平，并寻求乌托邦的手段来消除这种不公平现象。"① 与资产阶级经济学家以及空想社会主义者的看法相反，马克思认为，生产、分配、交换、消费是一个总体的不同环节，辩证统一、相互作用。其中，生产不仅是这个总体的出发点，而且是总体的决定性因素，分配方式不过是生产方式的另一种表现。由此，马克思一直将生产作为自己最主要的研究对象，而不是跟随资产阶级经济学家把分配作为主要研究对象。关于分配问题，马克思早在《1857—1858 年经济学手稿》中就做了深入思考。当时，马克思在研究中就提出了"分配是否作为独立的领域，和生产并列，处于生产之外"的问题②，这是马克思对分配及其在整个经济运行过程中的地位和作用直接提出的疑问。马克思就此回答道："如果劳动不是规定为雇佣劳动，那么，劳动参与产品分配的方式，也就不表现为工资，如在奴隶制度下就是这样。……分配关系和分配方式只是表现为生产要素的背面。个人以雇佣劳动的形式参与生产，就以工资形式参与产品、生产成果的分配。分配的结构完全决定于生产的结构。分配本身是生产的产物，不仅就对象说是如此，而且就形式说也是如此。就对象说，能分配的只是生产的成果，就形式说，参与生产的一定方式决定分配的特殊形式，决定参与分配的形式。把土地放在生产上来谈，把地租放在分配上来谈，等等，这完全是幻觉。"③ 马克思在这里也清晰地表明，一定社会的分配方式归根结底取决于该社会的生产方式。

　　以上简要分析了马克思在《哥达纲领批判》中对循分配以实现正义的理路的批判。当今时代，无论是分配领域，还是正义问题，都呈现出比马克思时代更为复杂的新特点。从国家地区之间的发展博弈，到社会内部各种资源的分配，都在寻求更为公正合理的分配格局和秩序。这在某种程

---

① 转引自《马克思恩格斯全集》第 45 卷，人民出版社 2003 年版，第 21 页。

② 参见《马克思恩格斯全集》第 30 卷，人民出版社 1995 年版，第 35 页。

③ 同上书，第 36 页。

度上为分配正义论的勃兴提供了契机，也构成了其合理性基础。与此同时，马克思的分析也提示我们：第一，不能把正义问题仅仅归结为分配正义，实际上分配领域中的正义问题往往是更深层的生产方式问题的反映和表征；第二，对分配问题的深入研究，要联系物质生产全过程甚至全部社会生活加以考量；第三，对正义问题的探讨需要超越分配—正义的理路，在更加深广和更为本质的层次上展开。

正义研究的方法论省思：以恩格斯对
杜林正义研究方法的批判为例

学术研究总要应用一定的方法。中国古语尝云：事必有法，然后可成。西方名谚亦曰，最有价值的知识是关于方法的知识。这些都道出了方法的重要性。从某种意义上讲，研究方法的正确与否，往往决定着研究结果的成败得失。在当前的社会生活实践中，正义问题愈益引起学界的关注，也涌现出了一系列研究成果。笔者认为，在开展正义问题研究之时，首先对研究方法进行一番检讨和反思，是很有裨益的。在一定意义上讲，它甚至决定着我们在正义问题研究上的根本观点、关注重心和价值选择等一系列重要问题。笔者在本文中试图以恩格斯对杜林正义问题研究方法的批判为例，对正义问题研究方法做若干梳理，以就教于学界方家。

一　杜林正义研究的先验主义方法

杜林因为恩格斯的《反杜林论》一书而广为人知，其在哲学、政治经济学、社会主义等领域的观点以及恩格斯的相关批判已经被广泛而深入地探讨过，但是，关于杜林的正义观以及恩格斯对此进行的批判等问题，我们以往的研究还不是十分深入。

杜林在正义问题研究上，采用的是一种将数学方法应用到社会历史领域的先验主义方法。杜林在他的《哲学教程》一书的跋中写道："早在二十年代初期，哲学的基本概念，在我的头脑里业已形成。这些概念中的一个定律认为，涉及世界观的模式问题的一个重要部分，应该从由于错误的、混乱的激情而产生的形而上学的糊涂概念中摆脱出来，应当以纯数学和合理的力学原理作为自己的牢固基础。当人们把在这个可靠的领域中具有自满自足意义的所有问题，作为具有数学性质的、需要冷静给予处理的问题加以阐述，而且完全摆脱其他各种思想的干扰时，人们将不仅可以甩掉庸俗的形而上学的错误，而且具有能够对概念和观点进行独立思考的优越性"。① 也就是说，杜林认为，在哲学等领域的研究中，不能依赖哲学史上诸多思想家采取的形上学的思辨推理方法，而必须以纯数学和力学原理为基础。在他看来，前者是由于错误情绪而产生的糊涂看法，后者才是精确的、能够帮助人们深入思考的科学方法。杜林还说："如果在遇到问题时，不是立即用数学的精确性去加以解决，而是采用通常的、把一切问题弄得混乱不清的形而上学方法，那么，建立完全没有矛盾……的事物的概念，似乎是不可能的。"② 可见，在杜林看来，具有"精确性"的数学方法可以用来替代混乱的形而上学方法，以同样解决社会历史问题。

　　为什么杜林会认为运用数学方法可以把握整个世界呢？这同他对数学以及数学同世界的关系的理解有关。杜林注意到，在数学这一学科领域中，存在着一些基本的公理，例如，二乘二等于四，三角形三内角的和等于两直角等。他认为，这些公理是人们在思维中概括、提炼、抽象出来的，现实中的数学计算必须符合这些公理，而不能与之相违背。"初等数学中的那些一般被公认的个别真理"是"不容怀疑的"。③ 杜林由此认为，这些公理是具有永恒性的真理，是世界的"原则"。正如杜林所言："纯数学含义上的先验东西和合理的经验科学含义上的经验的东西，构成了一个独一无二的体系，这个体系的同一性将不会由于自满自足的表象方式在观念上的分离而受到影响。"④ 他由此进一步得出结论，认为在包括社会科学在内的其他各领域中，都存在着这种永恒不变的公理，因此，哲学的任务就是找出这些公理，然后按照这些公理的规定来解决问题。也就是说，"数学方法在历史、道德和法方面的应用，应当在这些领域内使所获结果的真理性也具有数学的确实性，使这些结果具有真正的不变的真理的

---

① ［德］E. 杜林：《哲学教程》，郭官义、李黎译，商务印书馆1991年版，第493页。

② 同上。

③ 同上书，第9页。

④ 同上书，第39页。

性质。"① 既然按照数学的方法，在这些领域中找到了终极的、不变的、具有数学的"确定性"的真理，那么，按照这些真理去改变世界，或者让世界去符合真理的要求，我们不就完成了改造世界、变革世界的伟大历史使命了吗?! 这就是杜林的基本思路。如此一来，杜林的研究方法就是："把每一类认识对象分解成它们的所谓最简单的要素，把同样简单的所谓不言而喻的公理应用于这些要素，然后再进一步运用这样得出的结论。社会生活领域内的问题也'应当从单个的、简单的基本形式上，按照公理来解决，正如对待简单的……数学的基本形式一样'。"②

概括而言，杜林的研究方法是，如同研究数学一样，在研究道德和法等社会历史领域内的问题，也要在这些领域中找出所谓的预定的"公理"，按照这些"公理"的要求来解决社会问题。杜林认为，道德领域里的公理或原则凌驾于一切历史之上，也凌驾于现今的民族特性的差别之上，是一种具有普适性的永恒真理。因此，把认识和道德的基本原则的正确性"设想成为是受时间和现实变化影响的，那完全是愚蠢。"③ 在杜林看来，"这些原则是真正的、从一开始就起作用的天然的推动力。在发展过程中组成比较完全的道德意识和所谓良心的那些特殊真理，只要它们的最终的基础都已经被认识，就可以要求同数学的认识和运用相似的适用性和有效范围。真正的真理是根本不变的，而且永远可以这样设想：它们在任何时候，对于自身所有的条件都是适用的。甚至，那些不能说明普遍关系，只能说明个别的、纯系个人问题的真理，也是永恒的。"④ 换言之，只要找到了这种根本不变的真正的真理，就可以像解答数学运算一样解决社会历史领域内的难题。

针对杜林在正义问题上的研究方法，恩格斯从几个不同的侧面对其进行了深入批判，指出在正义问题研究上只有唯物史观才是科学的方法论。

二　恩格斯对杜林正义研究方法的剖析

针对杜林将数学思维模式运用于包括正义在内的社会历史问题这一研

---

① 《马克思恩格斯选集》第 3 卷，人民出版社 1995 年版，第 436 页。
② 同上。
③ ［德］E. 杜林:《哲学教程》，郭官义、李黎译，商务印书馆 1991 年版，第 184 页。
④ 同上书，第 183 页。

究方法,恩格斯首先指出,数学方法与数学上的公理不是什么神秘的先天的模式,而实际上是对人类实践经验的抽象概括。

恩格斯说:"纯数学具有不依赖于任何个人的特殊经验的意义,这当然是正确的,而且这也适用于各门科学的所有已经确定的事实,甚至适用于所有的事实。磁有两极,水是由氢和氧化合成的,黑格尔死了,而杜林先生还活着,——这一切都是不依赖于我的或其他个人的经验的,甚至不依赖于杜林先生安然入睡时的经验的。"① 但是,恩格斯进一步指出,纯数学不依赖于任何个人的特殊经验,不意味着它是脱离人类的整体实践经验而先验地产生和存在着的。实际上,恰恰相反,"数和形的概念不是从其他任何地方,而是从现实世界中得来的。人们用来学习计数,也就是作第一次算术运算的十个指头,可以是任何别的东西,但总不是知性的自由创造物。为了计数,不仅要有可以计数的对象,而且还要有一种在考察对象时撇开它们的数以外的其他一切特性的能力,而这种能力是长期的以经验为依据的历史发展的结果。和数的概念一样,形的概念也完全是从外部世界得来的,而不是在头脑中由纯粹的思维产生出来的。必须先存在具有一定形状的物体,把这些形状加以比较,然后才能构成形的概念。纯数学是以现实世界的空间形式和数量关系,也就是说,以非常现实的材料为对象的。这种材料以极度抽象的形式出现,这只能在表面上掩盖它起源于外部世界。"② 这就是说,数学领域中的概念虽然具有高度抽象的性质,而且在这些概念的运用中摆脱了具体的物质内容的附着,但是,它们仍然是对现实物质世界进行高度抽象概括的结果。不能因为"1"是一个不带有具体内容的抽象数字,就忘记了数字起源于人类实际计数某种物品的需要,起源于人类的实践活动。如同恩格斯所言:"正像在其他一切思维领域中一样,从现实世界抽象出来的规律,在一定的发展阶段上就和现实世界脱离,并且作为某种独立的东西,作为世界必须遵循的外来的规律而同现实世界相对立。社会和国家方面的情形是这样,纯数学也正是这样,它在以后被应用于世界,虽然它是从这个世界得出来的,并且只表现世界的构成形式的一部分——正是仅仅因为这样,它才是可以应用的。"③ 说得

---

① 《马克思恩格斯选集》第3卷,人民出版社1995年版,第377页。

② 同上。

③ 同上书,第378页。

通俗一点，不是先有了 1 + 1 = 2 的公理我们才去计数，而是我们在实践计数中发现并概括出了 1 + 1 = 2 的公理，并在实践中将之进一步运用。

恩格斯进一步指出："杜林先生以为，他不需要任何经验的填加料，就可以从那些'按照纯粹逻辑的观点既不可能也不需要论证'的数学公理中推导出全部纯数学，然后把它应用于世界，同样，他以为，他可以先从头脑中制造出存在的基本形式、一切知识的简单的成分、哲学的公理，再从它们中推导出全部哲学或世界模式论，并把自己的这一宪法钦定赐给自然界和人类世界。"① 这就是说，杜林的错误在于，他仅仅纠缠于从主观思维中抽象出来的某些所谓原则，而完全割断了这些原则由以产生的物质根源，不考虑"任何经验的填加料"，这样，他的这些所谓原则注定是空洞无物的和毫无用处的。

杜林还认为，数学方法与数学思维方式可以被运用到包括社会历史在内的一切研究领域，研究正义问题同样如此。这一观点不仅将数学公理独立化和实体化，而且混淆了不同认识领域中不同的认识规律与方法。恩格斯就此指出，不同的认识与研究领域有不同的认识论，不能将其他领域的研究方法机械地移植到正义研究领域。

恩格斯根据当时包括自然科学与哲学社会科学在内的整个认识领域的发展状况与研究规律，将其分成三大部分：第一部分包括所有研究非生物界的并且或多或少能用数学方法处理的科学，包括数学、天文学、力学、物理学等等。在这些领域内，某些公式和规律在其适用范围内，是科学的和正确的，如果有人喜欢用大字眼来形容，那么可以将其称为绝对真理。然而，随着研究情况的愈益复杂，以及人们研究能力的天然局限，这种"最后的终极的真理"已经"变得非常罕见了"②。第二部分包括研究活的有机体的科学。在这些领域中，事物之间的相互关系与因果联系极为错综复杂，每个已经解决的问题又会引起无数的新问题，而且这些问题往往需要一点一点地甚至通过几百年时间的研究才能得到解决。因此，在这一领域中的认识必须不断地修正、发展，"谁想在这里确立确

---

① 《马克思恩格斯选集》第 3 卷，人民出版社 1995 年版，第 378 页。
② 同上书，第 428 页。

实是真正的不变的真理,那么他就必须满足于一些陈词滥调"①。人类认识领域的第三部分是按历史顺序和现今结果来研究人的生活条件、社会关系、法的形式和国家形式的科学,以及由哲学、宗教、艺术等组成的上层建筑的历史科学。在这些领域中,各种情况的变化更加复杂,以至于"情况的重复是例外而不是通例"②。所以,"在这里认识在本质上是相对的,因为它只限于了解只存在于一定时代和一定民族中的,而且按其本性来说是暂时的一定社会形式和国家形式的联系和结果。因此,谁要在这里猎取最后的终极的真理,猎取真正的、根本不变的真理,那么他是不会有什么收获的,除非是一些陈词滥调和老生常谈。"③ 这就是说,在数学领域和社会历史领域中,由于研究对象的不同,其研究特点和认识规律也有着巨大的差别。因此,即使在数学领域中存在着有效的和具有真理性的公式,也并不意味着在其他领域也能找出类似的公式。列宁在《唯物主义和经验批判主义》一文中谈到这一问题时曾经指出:"在一般科学、特别是历史科学的最复杂的问题上,杜林到处滥用最后真理、终极真理、永恒真理这些字眼。恩格斯嘲笑他,并且回答说:当然,永恒真理是有的,但是在简单的事物上用大字眼(gewaltige Worte)是不聪明的。为了向前推进唯物主义,必须停止对'永恒真理'这个字眼的庸俗的玩弄,必须善于辩证地提出和解决绝对真理和相对真理的关系问题。"④ 也就是说,要想使人类的认识获得进一步发展,就决不能满足于停留在人们已经了解的一些事实上,并将其宣布为永恒真理,而必须不断探索,不断冲破人们已经获得的相对真理的局限,不断将人类的认识水平向前推进。这样看来,我们决不能将数学领域的思维方式原封不动地移植到社会历史领域。

恩格斯所做的学科分类,距今已经过去了150多年。当前的学科分化更加细密森严,各个学科领域的特殊规律层出不穷、各有侧重,这更说明,我们很难期望通过掌握一些抽象的原则就能把握住整个研究领域。在正义问题研究中,更应当以唯物史观为基本研究方法,而不能靠推导出一些所谓的公理和原则,以此解决所有的社会正义问题。

---

① 《马克思恩格斯选集》第3卷,人民出版社1995年版,第429页。

② 同上书,第429页。

③ 同上书,第430页。

④ 《列宁选集》第2卷,人民出版社1995年版,第92—93页。

三　重思现实世界与世界概念的关系

杜林在正义问题上的研究方法，应当说不是偶然产生的。斯宾诺莎就曾提出过类似的观点，他认为只有像研究几何学一样，借助理性的力量从最初几个由直观得到的定义和公理推衍出来的知识，才是真正的和可靠的知识。斯宾诺莎本人在研究哲学伦理学问题时，采用的就是这样一种方法。斯宾诺莎把人的思想、欲望、情感等因素当作几何学中的点、线、面，先提出定义和公理，然后加以证明，在此基础上再作出推理。① 当代西方伦理学与政治哲学家罗尔斯教授也提出要建立一种完善的"道德几何学"，以便对人们的道德生活进行精确的计算和规导。② 从本质上说，他们的研究方法都或多或少地显露出先验主义的色彩。

一般说来，先验主义（apriorism）是一种把认识看作先于人的实践经验的唯心主义认识学说。这种学说认为，人的知识和才能是先于客观事物与感觉经验而存在的东西，因此，人们对知识和才能的获取不是通过物质实践活动，而是通过先天的思维形式或其他手段而实现的。杜林的方法论就具有明显的先验主义特征。在杜林看来，所谓哲学，是世界和生活的意识的最高发展形式，即关于世界的"最后的终极的真理"③，从更广泛的意义上来说，哲学还包括一切知识和意愿的原则。而"哲学所关心的原则，不是某一系列知识和某一类事物的任意的、相对的发端，而是简单的或迄今被想象为简单的成分。这些成分可以构成各种各样的知识和意愿。"④ 杜林在这里要表达的是这样一个意思：整个世界都是由一些非常简单的"成分"或要素组成的，这些"成分"或要素不是任意地和毫无规律地组成世界的；相反，要遵循一定的"原则"。这些原则，就是哲学

---

① ［荷］斯宾诺莎：《伦理学》，商务印书馆 1983 年版。斯宾诺莎的这本著作，整本都是对这种论证方法的运用——先对某些概念进行界说，然后提出一些公则，进而提出若干命题，对这些命题进行证明。

② ［美］罗尔斯："我们应当向有所有几何学之严密的道德几何学而努力。"转引自韦森《经济学与伦理学——探寻市场经济的伦理维度与道德基础》，上海人民出版社 2002 年版，第 190 页。

③ ［德］E. 杜林：《哲学教程》，郭官义、李黎译，商务印书馆 1991 年版，第 2 页。

④ 同上书，第 7 页。

的研究对象。把这些原则概括出来，就等于把握住了整个世界。杜林下面这段话更清晰地表露了他的观点："同物体的化学组成一样，事物的一般状态也可以还原为基本形式和基本元素。这些终极的成分或原则一旦被发现，就不仅对于（我们可以）直接知道的和可以接触到的东西，而且对于我们所特有的和足够用的感觉之外的一切东西，或者对于理性的幻想在其他空间和时间条件下仍然可以想象的一切东西也都有意义。因此我们可以从这种原则中获得关于组成全部存在的基本材料和相互联系的基本形式。"①

恩格斯就此指出，杜林"企图从永恒真理的存在得出结论：在人类历史的领域内也存在着永恒真理、永恒道德、永恒正义等等，它们要求具有同数学的认识和应用相似的适用性和有效范围。"这实际上是为了说明"他这个现在刚出现的预言家在提包里带着已经准备好的最后的终极的真理，永恒道德和永恒正义。"② 这一方法究其实质，"不过是过去有人爱用的玄想的或者也称为先验主义的方法的另一种表现方式，这一方法是：不是从对象本身去认识某一对象的特性，而是从对象的概念中逻辑地推论出这些特性。首先，从对象构成对象的概念；然后颠倒过来，用对象的映象即概念去衡量对象。这时，不是概念应当和对象相适应，而是对象应当和概念相适应了。"③ 也就是说，杜林的方法不是从客观的社会事实出发，分析、概括客观事物的内在规律和本质属性，而是相反，先从客观事物中抽取事物的概念，再反过来把这个概念作为事物的标准，去衡量客观事物。这就完全颠倒了现实世界与世界的概念之间的关系。这种作法其实是对黑格尔论证方式的庸俗改造。正如恩格斯所言，杜林"从思想中，从世界形成之前就久远地存在于某个地方的模式、方案或范畴中，来构造现实世界，这完全像一个叫作黑格尔的人的做法。"④ "关于这种存在的形式原则的科学，正是杜林先生的哲学的基础。"⑤

恩格斯进一步指出，与杜林研究正义问题的先验主义和唯心主义方法相反，马克思主义的研究方法要求一切从客观现实出发，依据世界的本来

---

① ［德］E. 杜林：《哲学教程》，郭官义、李黎译，商务印书馆1991年版，第8页。
② 《马克思恩格斯选集》第3卷，人民出版社1995年版，第430页。
③ 同上书，第437页。
④ 同上。
⑤ 同上书，第375页。

面目来反映世界。早在他们合作撰写《德意志意识形态》一书时，马克思和恩格斯就确立了历史唯物主义的方法论，批判了唯心主义的认识方法。他们指出："这种历史观（即唯物史观——引者注）就在于：从直接生活的物质生产出发来考察现实的生产过程，并把与该生产方式相联系的、它所产生的交往形式，即各个不同阶段上的市民社会，理解为整个历史的基础；然后必须在国家生活的范围内描述市民社会的活动，同时从市民社会出发来阐明各种不同的理论产物和意识形式，如宗教、哲学、道德等等，并在这个基础上追溯它们产生的过程。"① 在对比唯物史观与唯心史观的根本差异时，马克思和恩格斯进一步指出："这种历史观和唯心主义历史观不同，它不是在每个时代中寻找某种范畴，而是始终站在现实历史的基础上，不是从观念出发来解释实践，而是从物质实践出发来解释观念的东西。"② 在批判杜林先验主义与唯心主义的正义问题研究方法时，恩格斯进一步明确指出："原则不是研究的出发点，而是它的最终结果；这些原则不是被应用于自然界和人类历史，而是从它们中抽象出来的；不是自然界和人类去适应原则，而是原则只有在符合自然界和历史的情况下才是正确的。"③ 可见，杜林在正义问题研究中寻找原则和永恒公理的方法，与马克思恩格斯唯物史观的方法是完全背道而驰的。

四　重返正义研究的唯物史观视野

恩格斯对杜林正义观研究方法的批判提示我们，马克思恩格斯对正义问题的理解，不仅仅体现在其具体结论上，而且在于其系统缜密的方法论基础，即他们明确确立唯物史观为研究正义问题的科学方法。正由于此，马克思恩格斯才把正义看作一定社会中特定的经济生产方式的产物，在历史发展的具体行程中探求正义范畴的本质，从而在整个学术思想史上开辟了一条研究正义问题的新路径。

自柏拉图《理想国》以降，西方讨论正义问题的政治哲学著作不知几几，但对于正义的看法却殊见迭出、多有争论。正如法理学家博登海默

① 《马克思恩格斯全集》第 3 卷，人民出版社 1960 年版，第 42—43 页。
② 同上书，第 43 页。
③ 《马克思恩格斯选集》第 3 卷，人民出版社 1995 年版，第 374 页。

所言："正义具有着一张普洛透斯似的脸，变幻无常，随时可呈不同形状，并具有极不相同的面貌。当我们仔细查看这张脸并试图解开隐藏其表面之后的秘密时，我们往往深感迷惑。"①　那么，正义为何如此难解呢？笔者认为，追根溯源，是因为在正义问题研究上始终缺少一个科学的研究方法作为理论指导。不管是寻求永恒公理的先验主义方法，还是构想人类原始状态的自然状态学说，都脱离了社会发展的真实历史，在纯粹的逻辑思辨中寻找着正义、平等的真貌。这种种做法正如日本学者川本隆史所转述的，都是"在脑子里做着很有意思的体操"。②

即便当代西方政治哲学家的理论创作，也仍然没有摆脱非科学的研究方法之迷局。当前，西方政治哲学界的正义理论中不乏真知灼见。譬如，罗尔斯所创立的作为公平之正义的思想体系即为影响深远的思想杰构。然而，罗氏据以立论的方法，仍然是社会契约论的自然状态学说。如同他所反复申明的，原初状态不是历史上的实存状态，而仅仅是一种理性的试验和在思维中的存在。这让我们不能不产生一个疑问：由此出发构建的正义理论体系，其理论基础是否稍显薄弱？答案是肯定的。在这一问题上，《正义论》一书的译者何怀宏教授就提出，罗尔斯论证正义原则的社会契约论方法，一般以自然法的某些概念为基础，而自然法实际上是一种运用理性去发现的、有关人类权利和社会正义，被认为是高于"实在法"的普遍适用的一套价值体系。契约论的特征主要在于它的理性主义和对道德或者说正义的强调。③　在这种契约论和自然法理论中，蕴涵着非历史主义的倾向，其结论的析出不是立足于对历史事实的把握与历史规律的概括，而是建立在理性推衍的基础上。因此，恰如何怀宏教授所说："正义乃至正当的理论还应当有更深厚的根基，应当依据某种深刻的对于人类历史和社会发展的认识，依据某种有关人及其文化的哲学，这样才可能使理论彻底，才可能根基稳固，才可能不仅揭示'应然'，而且指明从'实然'到'应然'的现实道路，才可能最终地说服和把握人。"正是由于此，"马克

① ［美］博登海默：《法理学——法哲学及其方法》，邓正来、姬敬武译，华夏出版社 1987 年版，第 238 页。

② ［日］川本隆史：《罗尔斯：正义原理》，詹献斌译，河北教育出版社 2001 年版，第 8 页。

③ 参见［美］罗尔斯《正义论》，何怀宏等译，中国社会科学出版社 1988 年版，译者前言，第 20—21 页。

思在研究政治经济学时采用了一种从抽象上升到具体、由简单上升到复杂的方法……然而，马克思在这一具体方法之上，还握有一种更根本的方法即唯物史观。"① 这也从一个角度提示我们，在进行社会公平正义问题研究时，除了各种具体的、微观的方法（这些也是必不可少的）之外，应当始终以唯物史观作为最根本、最基础、也最为宏观的研究方法。

唯物史观是马克思的第一个伟大发现，其发端、形成和确立经历了艰辛漫长的理论探索。在1859年1月撰写的《〈政治经济学批判〉序言》中，马克思阐述了历史唯物主义的一系列重要原理，并对唯物史观作了经典性的表述："人们在自己生活的社会生产中发生一定的、必然的、不以他们的意志为转移的关系，即同他们的物质生产力的一定发展阶段相适合的生产关系。这些生产关系的总和构成社会的经济结构，即有法律的和政治的上层建筑竖立其上并有一定的社会意识形式与之相适应的现实基础。物质生活的生产方式制约着整个社会生活、政治生活和精神生活的过程。不是人们的意识决定人们的存在，相反，是人们的社会存在决定人们的意识。"② 也就是说，生产关系的总和构成社会的经济基础，决定着社会意识形式的产生与演变。马克思的这一发现，"正像达尔文发现有机界的发展规律一样"，揭开了人类历史发展的普遍规律，即："人们首先必须吃、喝、住、穿，然后才能从事政治、科学、艺术、宗教等等；所以，直接的物质的生活资料的生产，从而一个民族或一个时代的一定的经济发展阶段，便构成基础，人们的国家设施、法的观点、艺术以至宗教观念，就是从这个基础上发展起来的，因而，也必须由这个基础来解释，而不是像过去那样做得相反。"③ 这样，人们在理解正义包括自由、平等、公平等范畴时，就没有理由再将这些范畴看作历史的发源地和社会发展的标杆，试图依靠讨论这些范畴获得现实的解放。杜林的正义观之所以受到恩格斯和马克思的严厉批判，首先就是因为他的研究方法仍然浸染着先验主义的色彩，仍然难以越出从头脑、思维以及思辨推衍中研究正义问题的藩篱。而马克思和恩格斯在正义问题研究上之所以能够得出科学的结论，归根到

---

① ［美］罗尔斯：《正义论》，何怀宏等译，中国社会科学出版社1988年版，译者前言，第20—21页。

② 《马克思恩格斯选集》第2卷，人民出版社1995年版，第32页。

③ 《马克思恩格斯选集》第3卷，人民出版社1995年版，第777页。

底，正是由于他们有唯物史观这一科学方法的指引。

以唯物史观视之，正义不是远超于社会之外的神秘原则，牵系着社会向前迈进；而是社会和历史的产物，随着生产力的发展、生产方式的跃迁和历史条件的变更而改变着自己的样态。因此，正义不是永恒真理，而是依托于物质条件变革而不断发展的一个具体的、历史的进程。所以，谈论正义问题必须以唯物史观为指导，而不能脱离社会历史。可以说，虽然马克思和恩格斯很少从正面阐释和说明正义，但他们所确立的新的研究方法，无疑拂去了笼罩在正义问题研究上的层层迷雾，将一条理论通衢展现在后继者的眼前。

马克思恩格斯对正义观念的科学分析

一　引言:关于正义的五个基本判断

正义,是人类思想史上的重要论题之一。千百年来,人们对这一问题不断探索,留下了丰富多彩的正义理论和新意迭出的真知灼见。但同时,由于研究者的价值立场、学术判断多有差异,其所处的时代背景、历史条件也互不相同,因而各种正义观常相抵牾,聚讼纷纭。千年以下,人类思想史的"地层"叠加累积,终使正义问题成了一个令人迷惑不已的难题。美国法理学家埃德加·博登海默的普洛透斯之喻,适足以揭橥此点。①

在探究正义问题的悠长广远的思想群像中,马克思恩格斯的正义观以深邃的历史视角、科学的理论支撑与强烈的现实关切而独树一帜、卓尔不群,为我们解开正义问题的千古之谜提供了正确的锁钥。马克思和恩格斯创建了辩证唯物主义和历史唯物主义的理论大厦,实现了人类思想史上的伟大革命,使得人们在研究包括正义在内的各种理念、范畴时,摆脱了唯心主义的窠臼,而完全站在现实物质生产的基础上。这就为我们正确地把握正义问题提供了坚实的理论基础和前

---

① 博登海默有一段名言,屡屡为人引用:"正义具有着一张普洛透斯似的脸,变幻无常,随时可呈不同形状,并具有极不相同的面貌。当我们仔细查看这张脸并试图解开隐藏其表面之后的秘密时,我们往往深感迷惑。"参见 [美] 埃德加·博登海默《法理学——法哲学及其方法》,邓正来、姬敬武译,华夏出版社1987年版,第238页。普洛透斯是希腊神话中变幻无常的海神,博登海默用这个比喻来说明正义问题之难解。

提。正由于此，马克思恩格斯超出了资产阶级理论家以及当时以小资产阶级社会主义思潮为代表的资本主义制度批判者的理论藩篱，在深刻批判、剖析这些思想潮流的基础上，对正义范畴进行了科学的分析。因之，深入研究马克思恩格斯的正义观，具有重大的理论价值与现实启示。

通观马克思恩格斯的文本著作，他们并没有就正义问题进行过系统、全面的阐述，而是在批判当时流行的各种正义观的过程中阐发自己相关思想的。从这些批判性论述中，我们可以初步归纳和提炼出马克思恩格斯对正义观念的分析——可以将之概括为关于正义的五个基本判断：

第一，在正义的本质问题上，马克思恩格斯认为，正义是人们对现实分配关系与自身利益关系的道德评判，人们总是倾向于把符合自身利益关系的分配关系说成是正义的，而把抵触、违反自身利益关系的分配关系说成是非正义的；

第二，正义不是像蒲鲁东等小资产阶级思想家设想的那样，是永恒不变的，恰恰相反，人类社会的正义观念从来都是具体的历史的，充满着剧烈的变化；

第三，正义嬗变的总根源在于人类社会生产方式的变迁，随着生产方式的改变，分配关系也发生变化，因而引发正义观念的嬗变；

第四，在阶级社会里，人类分属为不同的阶级，不同阶级持有不同的甚至根本对立的正义观；

第五，无产阶级的正义观不是追逐抽象的、动听的正义口号，而是消灭阶级。

需要强调的是，这几个方面是一个完整的思想整体，前后衔接，紧密联系，共同构成了马克思恩格斯正义观的基本理论框架。下面，我们对这一问题进行具体阐述。

二 正义：人们对分配与利益关系的评价

到底什么是正义？对这个问题的回答一直见仁见智，论战不休。除开几千年的思想史，仅以当代西方政治哲学而论，就有从功利主义、自由主义的平等主义（如罗尔斯）、自由至上主义（如诺齐克）、社群主义（如麦金太尔）等不同理论支撑出发的，对于正义的多种不同认识。① 这些观点之间相互辩难，为本来就难以索解的正义问题又笼上了一层迷雾。那么，在这一问题上，马克思恩格斯持怎样的见解呢？

首先需要说明的是，从现有文本来看，马克思和恩格斯从来没有对正义范畴进行过明确、清晰的界定，他们更多地是通过对公平、平等等问题的探讨，从不同角度、不同侧面揭示正义的内涵。实际上，正义、公平、公正、平等等范畴都是属于同一序列的概念，尽管它们之间在用法和适用语境上存有细微的差异，但在基本意旨上是可以相通的。还需要确认的一点是，在马克思和恩格斯那里，他们所着重关注和重点讨论的，不是人们在日常生活中因为各种琐碎原因所引发的正义（公平）或非正义（公平）的感受，而是那种和现实分配方式纠结在一起的、容易引起工人阶级思想混乱的正义。恩格斯就这一点曾经指出："在日常生活中，需要加以判断的各种情况很简单，公正、不公正、公平、法理感这一类说法甚至应用于社会事物也不致引起什么误会，可是在经济关系方面的科学研究中，如我们所看到的，这些说法却会引起一种不可救药的混乱，就好像在现代化学中试图保留燃素说的术语会引起混乱一样。"② 也就是说，在马克思和恩格斯这里，他们谈论正义甚至"批判"正义，不是以伦理学家的身份解决人们在日常生活中遭遇到的各种非正义事件，而主要是针对在经济社会研究中以理论范畴形式出现的正义或公平。

在马克思和恩格斯看来，正义是人们对现实分配关系与他们自身利益关系的一种评价。恩格斯在谈到资本主义的分配关系时曾经指出："按照资产阶级经济学的规律，产品的绝大部分不是属于生产这些产品的工人。如果我们说：这是不公平的，不应该这样，那末这句话同经济学没有什么直接的关系。"③ 也就是说，恩格斯认为，在资本主义社会中，按照资本主义生产的客观经济规律，工人阶级被资本家剥削，他们生产的产品中的绝大部分被资本家无偿占有了。如果我们认为这种现象是不公平的和非正义的，那么这只是一种与经济学没有任何联系的价值判断。实际上，在马

---

① 参见拙文《基于"人类关系模式"的正义考量——戴维·米勒社会正义理论述评》，载《河北大学学报》（社科版）2006 年第 2 期，此文被中国人民大学报刊复印资料《政治学》2006年第 9 期转载。

② 《马克思恩格斯全集》第 3 卷，人民出版社 1995 年版，第 212 页。

③ 《马克思恩格斯全集》第 21 卷，人民出版社 1965 年版，第 209 页。

克思主义的视野中，一个社会的分配关系是该社会之生产关系的一个重要组成部分，它不是可以任意制定的，而是一种由现存生产力水平决定的、客观存在的经济关系。从这个角度讲，分配关系本身并不存在正义与否的问题。当人们说某种分配关系正义时，其所说的正义说到底是指这种关系满足了他们的利益；反之，则是指这种关系损害了他们的利益。换言之，人们总是倾向于把符合自身利益关系的分配关系说成是正义的，而把抵触、违反自身利益关系的分配关系说成是非正义的。

恩格斯曾经谈到公平的含义及其起源，可以加深我们对这一问题的理解。为了说明问题，我们不得不大段摘引这段论述。恩格斯写道："在社会发展某个很早的阶段，产生了这样一种需要：把每天重复着的产品生产、分配和交换用一个共同规则约束起来，借以使个人服从生产和交换的共同条件。这个规则首先表现为习惯，不久便成了法律。随着法律的产生，就必然产生出以维护法律为职责的机关——公共权力，即国家。随着社会的进一步的发展，法律进一步发展为或多或少广泛的立法。这种立法越复杂，它的表现方式也就越远离社会日常经济生活条件所借以表现的方式。立法就显得好像是一个独立的因素，这个因素似乎不是从经济关系中，而是从自身的内在根据中，可以说，从'意志概念'中，获得它存在的理由和继续发展的根据。人们忘记他们的法起源于他们的经济生活条件，正如他们忘记他们自己起源于动物界一样。随着立法进一步发展为复杂和广泛的整体，出现了新的社会分工的必要性：一个职业法学家阶层形成起来了，同时也就产生了法学。法学在其进一步发展中把各民族和各时代的法的体系互相加以比较，不是把它们视为各该相应经济关系的反映，而是把它们视为自身包含自我根据的体系。比较是以共同点为前提的：法学家把这些法的体系中的多少相同的东西统称为自然法，这样便有了共同点。而衡量什么算自然法和什么不算自然法的尺度，则是法本身的最抽象的表现，即公平。于是，从此以后，在法学家和盲目相信他们的人们眼中，法的发展就只不过是使获得法的表现的人类生活状态一再接近于公平理想，即接近于永恒公平。而这个公平则始终只是现存经济关系的或者反映其保守方面，或者反映其革命方面的观念化的神圣化的表现。"①

---

① 《马克思恩格斯选集》第 3 卷，人民出版社 1995 年版，第 211—212 页。

从这段论述中，我们可以清楚地看到：公平范畴产生的始因，归根结底在于社会的产品生产、分配和交换等经济生活。如果把恩格斯的论述归纳一下，那么大致上可以将公平范畴的产生分为这样几个阶段：（1）社会中的生产、分配和交换需要人们一致服从，这是社会对规则的需要，是社会存续和发展下去的必要条件；（2）这种规则最初只是习惯，随后上升为法律；（3）随着法律的出现，产生了维护法律权威的国家；（4）法律发展为更加广泛的立法；（5）由此在社会分工中出现了一个新的职业法学家阶层，同时产生了法学；（6）法学家对法的体系进行比较分析，将其中多少相同的东西称为自然法；而这些东西为什么多少相同呢？法学家认为，不是因为这些法是对相同或相近的经济生活的反映，而是因为它们都符合于公平这一范畴；这样，就将公平作为是否符合自然法的标准，公平也从而成为人们生活的普遍追求和理想。在此基础上，恩格斯进一步深刻地揭示出，公平"始终只是现存经济关系的或者反映其保守方面，或者反映其革命方面的观念化的神圣化的表现"。也就是说，所谓公平，实质上是将一种观念变得不可侵犯、具有绝对权威性。那么，是哪一种观念呢？究其根源，或者是维护现存的经济关系，或者是反抗现存的经济关系。例如，在奴隶社会，奴隶主阶级为了维持现有的统治关系（其更深一层的实质则是维护对奴隶阶级的剥削关系），宣称奴隶制度是公平的，并提出各种理论为之辩护。这就是反映现存经济关系的保守方面，并使之神圣化。另一方面，奴隶阶级则反抗现实的经济关系，宣称其是不公平的，并提出建立新的符合自身需要的公平制度。这就是反映现存经济关系的革命方面，并使之神圣化。但不管哪一方面，归根结底都是对现实经济关系的反映。公平与正义尽管在用法上存在着细微差别，但是总体来看，它们是属于同一序列的范畴，都可以标示人们对现实经济关系与自身利益关系的评价。

三 正义嬗变的总根源：生产方式的变迁

马克思恩格斯之前的思想家，更多地把正义作为一种德性或德行来看待，而甚少从社会生产方式的角度着眼，注意到正义与社会生产方式的关联。在许多民族的先期道德文化脉络中，正义首先是作为一种个人美德概念而产生并逐步演化成一种社会伦理概念的。在古希腊思想家柏拉图、亚里士多德等人那里，正义就有着突出的美德伦理的特性。① 哈耶克就曾经提到过这一点："……人们长期以来一直把分配正义观念（the conception of distributive justice）理解成个人行为的一种属性（而现在则常常被视作是'社会正义'的同义语……）"②

与之相比，马克思和恩格斯更多地从社会生产方式着手考虑正义问题，更为关注正义背后的物质利益动因与客观历史规律。马克思恩格斯在理论活动中，极为重视研究的科学性，反对从纯粹理性、主观感受或道德情感出发对事物和现象作出臆断。马克思和恩格斯一道创立的马克思主义称作科学社会主义，从这个称谓上就可以看出这一点。恩格斯在1884年8月11日左右给拉法格的信中有这样一段论述："您把经济学上的'政治的和社会的理想'强加给马克思，马克思是会提出抗议的。你是'科学家'，你就没有理想，你就去研究出科学的结论，如果你又是一个有信念的人，你就为实现这些科学结论而战斗。但是，如果你有理想，你就不能成为科学家，因为你已经有了先入之见。"③ 也就是说，作为一个科学家，其任务是研究事物发展、演变的客观规律，按照这些客观规律行事，而不能让事物发展按照自己的想法、意愿、好恶等进行。正如化学家可以探索化学元素化合的具体规律，但不能主观盼望哪几种元素发生反应一样。正由于此，马克思和恩格斯并没有把正义问题作为研究的重点内容。即使研究正义问题，他们也倾向于寻找正义原则背后的经济和客观动因，而不是将视野局限在主观德性的范围内。

在《资本论》第三卷中，马克思写下了这样一段话："生产当事人之间进行的交易的正义性在于：这种交易是从生产关系中作为自然结果产生出来的。这种经济交易作为当事人的意志行为，作为他们的共同意志的表示，作为可以由国家强加给立约双方的契约，表现在法律形式上，这些法律形式作为单纯的形式，是不能决定这个内容本身的。这些形式只是表示这个内容。这个内容，只要与生产方式相适应，相一致，就是正义的；只

---

①　参见万俊人《寻求普世伦理》，商务印书馆2001年版，第362—364页。万俊人同时指出，只是到了现代，尤其是因为罗尔斯的出色工作，正义才日益被人们看作一种社会美德，一种社会秩序伦理或秩序结构的普遍规范。但这已经是正义问题的另外一个方面了，此不赘述。

②　参见［美］哈耶克《法律、立法与自由》（第二、三卷），邓正来等译，中国大百科全书出版社2000年版，第3页。

③　《马克思恩格斯全集》第36卷，人民出版社1975年版，第198页。

要与生产方式相矛盾，就是非正义的。在资本主义生产方式的基础上，奴隶制是非正义的；在商品质量上弄虚作假也是非正义的。"① 徐俊忠、林进平等先生认为，这不是马克思对自己的正义标准的论述，而是对历史上的正义观实质的揭示，也是对把正义的价值永恒化和中立化的否定。② 笔者赞同他们的判断。实际上，马克思在这里的确不是在论述自己的正义观，而主要是在结合生产方式阐述正义这一范畴的本质与嬗变根源。具体说来，这段话是马克思针对吉尔巴特在《银行业的历史和原理》一书中的论述而写的。吉尔巴特认为："一个借钱为了获取利润的人，应该把利润的一部分给予贷出者，这是一个不言而喻的合乎自然正义的原则。"③也就是说，贷出者凭什么能够获取利润呢？在吉尔巴特看来，这是一个自然而然的正义原则，是自然预定的，没有讨论的必要。而在马克思看来恰恰相反，这不仅需要讨论，而且需要结合一定社会的生产方式进行讨论。马克思指出，生产当事人之间进行的交易之所以被人们视为正义的，是因为这种交易方式符合当时的生产关系。或者反过来说，在某种生产关系下，必然会产生某种交易方式，这种交易方式符合生产关系的需要，因而就被看作正义的。这种交易方式，可以从形式上由法律加以保障，但是法律仅仅保障的是交易的形式；这种交易的内容，归根到底是由当时的生产方式决定的。在特定社会的特定生产方式的基础上，总会有一定的交易方式、流通方式以及分配方式。只要与这种特定的生产方式相适应，这些交易方式、流通方式以及分配方式就是正义的，否则，就是非正义的。换言之，对一个具体的社会来讲，生产方式总是一定的，在此基础上，必然形成一定的交换方式、分配方式等。这些交换方式、分配方式与主体的利益相连，从而使人产生正义或不正义的主观感受。而随着社会生产力水平的发展，一定的生产方式总会成为生产力发展的阻碍，从而发生变革，为新的生产方式所取代。随之，在新的生产方式下会形成新的交换方式、分配方式。这种新的交换方式、分配方式又会带给人们新的正义观。因而，所谓正义，总是随着生产方式的变革而不断地发生变化，生产方式的变迁构

---

① 《马克思恩格斯全集》第25卷，人民出版社1974年版，第379页。

② 林进平、徐俊忠：《历史唯物主义视野中的正义观——兼谈马克思何以拒斥、批判正义》，载《学术研究》2005年第7期。

③ 《马克思恩格斯全集》第25卷，人民出版社1974年版，第379页。

成正义嬗变的总根源。

需要指出的是，这里所说的"生产方式的变迁构成正义嬗变的总根源"，这只是从最根本的意义、从归根结底的意义上说的；在现实生活中，决定人们正义观变迁的还有许多非常复杂的因素，不能笼统地用生产方式的变迁来说明；但是，正义观念变迁的最深层次的根源，无疑是社会生产方式的变革。

四　正义的属性

在马克思恩格斯看来，正义具有两种最基本的属性：历史性与阶级性。下面我们分而述之。

（一）历史性

思想史上相当多的学者在探讨正义时，往往倾向于把正义看作一种永恒的、固定不变的东西，而忽略了正义的历史性。马克思和恩格斯则反复强调，没有什么永恒的正义，正义总是历史的、具体的正义。这一点是他们从历史唯物主义出发在正义问题研究上得出的深刻洞见。

如前所述，生产方式的变迁带来正义观念的嬗变。我们还知道，在一个具体的社会中，总会有一定的生产方式，这种生产方式在一定时期内是相对稳定的；但同时，人类社会的生产方式又不是一成不变的，随着生产力与生产关系的矛盾运动，生产方式又会发生变化。这就意味着，正义也有这样的特征：既相对稳定，又发展变化，这就构成了正义的历史性。在《法学家的社会主义》一文中，恩格斯写道[①]："在马克思的理论研究中，

[①] 《法学家的社会主义》这篇文章，是恩格斯于 1886 年 10 月间计划写的，意在批判当时奥地利资产阶级社会学家和法学家安·门格尔的著作《十足劳动收入权的历史探讨》。但是，恩格斯考虑到，由他亲自出面批判门格尔，有可能被人利用来替这个即使在资产阶级科学界也属第三流的人物吹嘘，所以恩格斯要求考茨基来写这篇文章。恩格斯起初打算写文章的基本部分，但是疾病中断了他已经开始的工作。后来文章就由考茨基根据恩格斯的指示写作完成。写作时间是在 1886 年 11 月至 12 月初。由于手稿没有保存下来，因此很难判定哪一部分是恩格斯亲自写的，哪一部分是考茨基写的。然而，有一点可以肯定，就是这篇文章的思想和基本观点是恩格斯所赞同的。参见《马克思恩格斯全集》第 21 卷，人民出版社 1965 年版，第719—720 页，注释 561。

对法权（它始终只是某一特定社会的经济条件的反映）的考察是完全次要的；相反地，对特定时代的一定制度、占有方式、社会阶级产生的历史正当性的探讨占着首要地位。任何一个人，只要把历史看做一个有联系的，尽管常常有矛盾的发展过程，而不是看做仅仅是愚蠢和残暴的杂乱堆积，像18世纪人们所做的那样，首先会对这些问题的研究感兴趣。马克思了解古代奴隶主，中世纪封建主等等的历史必然性，因而了解它们的历史正当性，承认他们在一定限度的历史时期内是人类发展的杠杆；因而马克思也承认剥削，即占有他人劳动产品的暂时的历史正当性；但他同时证明，这种历史的正当性现在不仅消失了，而且剥削不论以什么形式继续保存下去，已经日益愈来愈妨碍而不是促进社会的发展，并使之卷入愈来愈激烈的冲突中。"① 恩格斯在这段话中通过论述历史正当性表述了这样一个深刻思想：人类社会历史的发展是一个连续的、充满着联系的过程，其间，总会产生各种矛盾，这就使得在历史发展的不同时期，人们对事物做出的判断会迥然有异。正义问题同样是如此。在一个时期被认为是正义的，在另外一个时期就有可能被认为是非正义的；反之，亦然。这就要求我们，在研究正义问题时，不能孤立地、静止地做出判断，而应当将其放在历史发展的整体进程中，放在特定时代的坐标上进行考察。那种脱离历史发展、剥离具体情境而随意判定正义与否的做法，实际上是历史虚无主义的态度。

在批判杜林的抽象正义观时，恩格斯曾经从历史唯物主义出发，考察了平等观念的发展嬗变历程，对平等范畴作出了科学的审视和说明。这对我们理解正义范畴很有启发。恩格斯指出，人类社会的平等观念是历史发展的产物，历经了一个漫长的衍变过程。在原始社会的公社中，平等权利只存在于公社成员之间，妇女、奴隶和外地人均不在平等范畴的视野内。在古希腊和罗马，不平等居于主要地位，社会成员之间不平等的力量比平等要大得多。而到了罗马帝国时期，除了自由民和奴隶的区别外，其他方面的区别和不平等逐渐消失了；这样，至少对自由民来说产生了私人的平等。中世纪的基督教一开始是作为劳动人民反抗压迫的形式出现的，它认为，人们都是上帝的子民，在上帝面前人人平等。此外，早期基督教还有财产平等的观念，认为富人只有放弃财产才能升

入天国。其后，随着封建制度的巩固，基督教日益沦为为封建统治辩护的意识形态，发展出严格的教阶制，于是基督教的平等连同它的平等观念就消失了。与此同时，封建社会内部的不平等，诸如诸侯和陪臣、领主和农奴、师傅和帮工，以及家长和家奴等的不平等逐步发展起来并日益强化。这些不平等构成了封建宗法社会的基础，但同时也为资本主义社会"人的平等"和"人权平等"的要求作了准备。随着生产力的发展和交往范围的扩大，市民等级从封建社会内部成长起来，他们要求成为自由的、在行动上不受限制的商品所有者，要求有在各地自由、平等交换的权利。同时，在手工业向工厂生产的转变过程中产生的自由工人，要求有与厂主订约的平等权利。另外，由于人们生活在那些相互平等地交往并且处在差不多相同的资产阶级发展阶段的独立国家所组成的体系中，所以这种要求就很自然地获得了普遍的、超出个别国家范围的性质，于是，自由和平等也很自然地被宣布为普适性的人权。然而，这种平等和人权是表面的和狭隘的。它只局限于表面的政治地位平等，只承认工人阶级出卖劳动力的平等权利，而无法解决资本主义生产方式所必然造成的两极分化所带来的实质性的不平等。正如马克思所言："平等地剥削劳动力，是资本的首要的人权。"① 因此，伴随着资产阶级平等观的提出，也出现了无产阶级的平等观。前者要求消灭阶级特权，后者则直接要求消灭阶级本身。"平等应当不仅是表面的，不仅在国家的领域中实行，它还应当是实际的，还应当在社会的、经济的领域中实行。"② 从恩格斯对平等观念的历史审视中，可以看出，平等观念是一种历史的产物，随着历史条件的变更而不断地改变着自己的样态。正义范畴同样如此。正义与平等一样，不是永恒真理，而是依托于生产力发展、生产方式跃迁以及生活条件变革而不断发展的一个具体的、历史的进程。

（二）阶级性

在马克思和恩格斯看来，正义除了历史性之外，还有一个重要的特性，这就是在阶级社会中，正义具有鲜明的阶级性。在标志着科学社会主

---

① 《资本论》第 1 卷，人民出版社 1975 年版，第 324 页。
② 《马克思恩格斯选集》第 3 卷，人民出版社 1995 年版，第 448 页。

义诞生的不朽著作《共产党宣言》中，马克思和恩格斯在宣言开篇即确认，人类社会有文字记载的全部历史——即自原始公社制度解体以来的以往社会的历史——都是阶级斗争的历史。[①] 他们指出："在过去的各个历史时代，我们几乎到处都可以看到社会完全划分为各个不同的等级，看到社会地位分成多种多样的层次。在古罗马，有贵族、骑士、平民、奴隶，在中世纪，有封建主、臣仆、行会师傅、帮工、农奴，而且几乎在每一个阶级内部又有一些特殊的阶层。从封建社会的灭亡中产生出来的现代资产阶级社会并没有消灭阶级对立。它只是用新的阶级、新的压迫条件、新的斗争形式代替了旧的。"[②] 也就是说，除了人类早期的原始社会，人类一直是生活在阶级社会中，分裂为不同的阶级。

那么，正义在阶级社会为什么会具有阶级性呢？这是由阶级本身的特点与正义范畴的本质所决定的。我们先来看什么是阶级。《资本论》第三卷第 52 章的标题就是《阶级》。马克思在这一章中提出："什么事情形成阶级？这个问题自然会由另外一个问题的解答而得到解答：什么事情使雇佣工人、资本家、土地所有者成为社会三大阶级？"[③] 遗憾的是，马克思对这一章没来得及深入系统地展开论述就与世长辞了，仅仅为我们留下了 800 余字的手稿。而恩格斯在整理马克思的手稿时也没有继续这一工作。在马克思的其他著作里也找不到关于阶级定义的一般性表述。尽管如此，我们仍然可以根据马克思和恩格斯的相关论述获得某些启迪。马克思指出："阶级对立是建立在经济基础上的，是建立在迄今为止存在的物质生产方式和由这种方式所决定的交换关系上的。"[④] 恩格斯也说："这些相互斗争的社会阶级在任何时候都是生产关系和交换关系的产物，一句话，都是自己时代的经济关系的产物。"[⑤] 资产阶级和无产阶级"这两大阶级的起源和发展是由于纯粹经济的原因"[⑥]，"这些阶级的存在以及它们之间的冲突，又为它们的经济状况的发展程

---

① 参见《马克思恩格斯选集》第 1 卷，人民出版社 1995 年版，第 272 页。
② 《马克思恩格斯选集》第 1 卷，人民出版社 1995 年版，第 272—273 页。
③ 《马克思恩格斯选集》第 2 卷，人民出版社 1995 年版，第 588 页。
④ 《马克思恩格斯全集》第 5 卷，人民出版社 1958 年版，第 533 页。
⑤ 《马克思恩格斯选集》第 3 卷，人民出版社 1995 年版，第 739 页。
⑥ 《马克思恩格斯选集》第 4 卷，人民出版社 1995 年版，第 250 页。

度、它们的生产的性质和方式以及由生产所决定的交换的性质和方式所制约。"① 也就是说，阶级的存在、对立、冲突有着深刻的经济根源。我们所熟知的阶级定义是列宁给下的："所谓阶级，就是这样一些大的集团，这些集团在历史上一定的社会生产体系中所处的地位不同，同生产资料的关系（这种关系大部分是在法律上明文规定了的）不同，在社会劳动组织中所起的作用不同，因而取得归自己支配的那份社会财富的方式和多寡也不同。所谓阶级，就是这样一些集团，由于它们在一定社会经济结构中所处的地位不同，其中一个集团能够占有另一个集团的劳动。"② 列宁在这里提示我们，阶级是因为某些不同（在一定生产体系中所处地位不同、同生产资料关系不同、在社会劳动组织中所起的作用不同）而通过不同方式获得社会财富以及获得的社会财富多寡不同的社会集团。不同的阶级在如何获得财富、获得财富多少上存在着极大的不同。说得再明白一些，就是不同阶级在物质利益上存在着分歧甚而严重对立。

而正义是什么呢？如上所述，正义表现为人们对分配关系与自身利益关系的一种价值判断，人们总是把能够满足自身利益的分配关系指认为正义的。在阶级社会中，不同的阶级具有不同的甚至相互冲突的利益，因而他们对某种分配关系的评判可能是完全不同的。同样一种分配关系，某一阶级可能认为是正义的，而另外一个阶级就可能认为是非正义的。并且，持正义判断的阶级为了巩固自身的利益，将运用各种手段维护、保障这种分配关系；持非正义判断的阶级则将采取完全相反的做法。奴隶主阶级的正义观不同于奴隶阶级的正义观，封建地主阶级的正义观也不同于农民阶级的正义观。而伴随着资产阶级平等观、正义观的提出，也出现了无产阶级的平等观、正义观。前者要求消灭阶级特权，后者则直接要求消灭阶级本身。"平等应当不仅是表面的，不仅在国家的领域中实行，它还应当是实际的，还应当在社会的、经济的领域中实行。"③

在 1853 年 4 月 20 日前后撰写的《英镑、先令、便士，或阶级的预算

① 《马克思恩格斯选集》第 1 卷，人民出版社 1995 年版，第 583 页。
② 《列宁选集》第 4 卷，人民出版社 1995 年版，第 11 页。
③ 《马克思恩格斯选集》第 3 卷，人民出版社 1995 年版，第 448 页。

和这个预算为谁减轻负担》① 一文中，威廉·皮佩尔利用马克思提供的资料和观点，尖锐抨击了以格莱斯顿为财政大臣的辉格党剥夺穷苦大众的财政方案。格莱斯顿的财政方案建议，过两年后，把所得税从每英镑7便士降低到6便士，再过两年再降低一次，从6便士降到5便士，在爱尔兰也征收所得税3年，并把应课所得税的数目降低到年收入100英镑。年收入100英镑以上和150英镑以下的人，规定每英镑只缴5便士的税。格莱斯顿保证说，这"不会触及劳工阶层"。然而，马克思和皮佩尔等人指出，采取这一方案的效果只能是："减轻富有者的负担，而把富有者得到的轻松化为重负压到较不富者的头上。富商将交纳得少一些，而为了加以弥补，不富裕的商人要交纳由过去不由他们直接交纳的税。这真是奇怪的公平！（着重号为引者所加）"② 针对此，马克思和皮佩尔提出："我们关于征税的看法大大地倾向于累进税制，就是说，百分率随收入数额而提高。因为，5万便士对年收入1万英镑的人说来比500便士对年收入100英镑的人说来要少。"③ 很明显，后一主张旗帜鲜明地回击资产阶级的经济措施，维护穷苦人民大众的利益。因而，这种状况如同马克思所深刻剖析的，在阶级社会中，每一阶级都在竭力维护本阶级的利益。无产阶级的利益要求与资产阶级的利益要求是尖锐对立的。在《哥达纲领批判》中，马克思还指出："什么是'公平的'分配呢？难道资产者不是断言今天的分配是'公平的'吗？……难道各种社会主义宗派分子关于'公平的'分配不是也有各种极不相同的观念吗？"④ 这段论述依然蕴涵着这样的思想：资产阶级与各个流派的社会主义者甚而各个阶级、阶层往往都在正义、公平的名义下追求和维护着本阶级的利益。

---

① 《英镑、先令、便士，或阶级的预算和此预算为谁减轻负担》这篇文章，在《马克思恩格斯全集》中文第一版中是作为马克思的著作收入全集的（见1961年第一版第9卷第72—76页）。而《马克思恩格斯全集》中文第二版认为，这篇文章很可能是威廉·皮佩尔受马克思的委托写的，故将其收入了附录部分（见1998年第二版第12卷第656—660页、第813页）。但是，这篇文章与马克思4月19日写给《纽约每日论坛报》的通讯《菲格斯·奥康瑞尔。——内阁的失败。——预算》谈的是同一个问题，文中不仅使用了相同的资料，而且对所得税、遗产税和取消其他税收的看法都是一致的。因此，我们援引这段文字作为论据在理论上是成立的。

② 《马克思恩格斯全集》第12卷，人民出版社1961年版，第657页。

③ 同上书。

④ 《马克思恩格斯选集》第3卷，人民出版社1995年版，第302页。

五　无产阶级的正义观：消灭阶级

在分析了正义的属性之后，马克思恩格斯指出，无产阶级的正义观不是追逐抽象的正义口号，也不是实现工人在劳动产品占有上的公平，而是消灭阶级。

消灭阶级一直是马克思和恩格斯主张的科学社会主义的核心要求。早在 1847 年将正义者同盟改组为共产主义者同盟的过程中，马克思和恩格斯就提出了这一要求，并帮助正义者同盟更名为共产主义者同盟。在更名一事上，除了正义者同盟的旧名称已经被当时反动政府所获知的原因外，1847 年 6 月 9 日的《共产主义者同盟第一次代表大会致同盟盟员的通告信》还做了如下说明："旧的名称是在特殊的情况下，并考虑到一些特殊的事件才采用的，这些事件与同盟的当前目的不再有任何关系。因此这个名称已不合时宜，丝毫不能表达我们的意愿。许多人要正义，即要他们称为正义的东西，但他们并不因此就是共产主义者。而我们的特点不在于我们一般地要正义——每个人都能宣称自己要正义——，而在于我们向现存的社会制度和私有制进攻，在于我们要财产公有，在于我们是共产主义者。因此，对我们同盟来说，要有一个合适的名称，一个能表明我们实际是什么人的名称，于是我们选用了这个名称。"① 从这段话中可以明显看出，工人阶级运动与共产主义的奋斗目标，已经超越了那种内涵不明晰的正义要求，而将其规定为——消灭私有制、消灭阶级。

事实上，马克思和恩格斯在 1850 年 3 月的《共产主义者同盟中央委员会告同盟书》中就明确提出："对我们说来，问题不在于改变私有制，而只在于消灭私有制；不在于掩盖阶级对立，而在于消灭阶级；不在于改良现存社会，而在于建立新社会。"② 恩格斯在《流亡者文献》的第二篇文章《公社的布朗基派流亡者的纲领》一文中指出："德国共产主义者所以是共产主义者，是因为他们通过一切不是由他们而是由历史发展进程造成的中间站和妥协，始终清楚地瞄准和追求最后目的：消灭阶级和建立不

---

① 参见《马克思恩格斯全集》第 42 卷，人民出版社 1979 年版，第 430—431 页。
② 《马克思恩格斯选集》第 1 卷，人民出版社 1995 年版，第 368 页。

再有土地私有制和生产资料私有制的社会制度。"① 在《流亡者文献》的第五篇文章《论俄国的社会问题》一文中，恩格斯指出："现代社会主义力图实现的变革，简言之就是无产阶级战胜资产阶级，以及通过消灭一切阶级差别来建立新的社会组织。"② 恩格斯在 1891 年 6 月写的《1891 年社会民主党纲领草案批判》中再次写道："消灭阶级是我们的基本要求，不消灭阶级，消灭阶级统治在阶级上就是不可思议的事。"③ 为什么无产阶级的正义观是消灭阶级呢？这是因为，无产阶级的正义观是与资产阶级的正义观相对立而存在的。只要资产阶级存在，就没有无产阶级的正义可言，一旦消灭了资产阶级，那也就同时消灭了无产阶级自身，因此，无产阶级正义观的内容是消灭阶级的要求。

在批判杜林的正义观时，恩格斯曾就这一点做过说明："从资产阶级由封建时代的市民等级破茧而出的时候起，从中世纪的等级转变为现代的阶级的时候起，资产阶级就由它的影子即无产阶级不可避免地一直伴随着。同样地，资产阶级的平等要求也和无产阶级的平等要求伴随着。从消灭阶级特权的资产阶级要求提出的时候起，同时就出现了消灭阶级本身的无产阶级要求——起初采取宗教的形式，借助于原始基督教，以后就以资产阶级的平等论本身为依据了。无产阶级抓住了资产阶级的话柄：平等应当不仅是表面的，不仅在国家的领域中实行，它还应当是实际的，还应当在社会的、经济的领域中实行。"④ 也就是说，无产阶级的平等、正义观与资产阶级的平等、正义观是根本对立的。这种对立源自于无产阶级与资产阶级的对立，只有消灭这种对立——即消灭阶级，才能在更加广阔的领域实现平等与正义。正是在这一意义上，恩格斯接着指出："无产阶级所提出的平等要求有双重意义。或者它是对明显的社会不平等，对富人和穷人之间、主人和奴隶之间、骄奢淫逸者和饥饿者之间的对立的自发反应……或者它是从对资产阶级平等要求的反应中产生的，它从这种平等要求中吸取了或多或少正当的、可以进一步发展的要求，成了用资本家本身的主张发动工人起来反对资本家的鼓动手段；在这种情况下，它是和资产

---

① 《马克思恩格斯选集》第 3 卷，人民出版社 1995 年版，第 248—249 页。
② 同上书，第 272 页。
③ 《马克思恩格斯选集》第 4 卷，人民出版社 1995 年版，第 409 页。
④ 《马克思恩格斯选集》第 3 卷，人民出版社 1995 年版，第 447—448 页。

阶级平等本身共存亡的。在上述两种情况下，无产阶级平等要求的实际内容都是消灭阶级的要求。任何超出这个范围的平等要求，都必然要流于荒谬。"①

消灭阶级的要求实际上就是消灭生产资料私人占有制、实现生产资料公有制的要求。如上所述，所谓阶级就是这样一些集团，由于它们在一定社会经济结构中所处的地位不同，因而其中一个集团能够占有另一个集团的劳动。这里所说的"在一定社会经济结构中所处的地位不同"，既包括在一定社会生产体系中所处的地位不同，也包括同生产资料的关系不同，还包括在社会劳动组织中所起的作用不同；但归根结底，其中最关键的因素是同生产资料的关系不同。占有生产资料的阶级，可以凭借这种占有剥削其他阶级；不占有生产资料的阶级，只能靠出卖劳动力换取生活资料维持生存。因而，阶级问题最终要归结到生产资料所有制问题上。无产阶级消灭正义观的要求则可以归结为消灭私有制、实现生产资料公有制的要求。即是说，"共产主义革命就是同传统的所有制关系实行最彻底的决裂"②。

在1870年4月19日给拉法格的信中，马克思在批判巴枯宁创建的社会主义民主同盟的错误纲领时，曾就消灭阶级与平等问题做了深刻阐述，对于我们理解无产阶级消灭阶级的正义观具有启发意义。这一同盟纲领的第二条是"各阶级的平等"③。马克思就此指出："一方面要保留现存的阶级，另一方面又要使这些阶级的成员平等——这种荒谬见解一下子就表明这个家伙的可耻的无知和浅薄，而他却认为自己的'特殊使命'是在'理论'上开导我们。"④ 马克思说："我们坚持用'消灭阶级'来代替'阶级平等'。"⑤ 正是在以马克思等人为核心的国际工人协会总委员会的坚持下，社会主义民主同盟纲领的第二条于1869年4月被改为："同盟首先力求实现完全并彻底地消灭阶级，力求实现个人（不分男女）在政治、经济和社会方面的平等。"这些论述也清楚地表明，试图在不消灭阶级的

① 《马克思恩格斯选集》第3卷，人民出版社1995年版，第448页。
② 《马克思恩格斯选集》第1卷，人民出版社1995年版，第293页。
③ 巴枯宁所提出的纲领的第一条和第三条分别是：废除继承权与工人阶级不应当从事政治。
④ 《马克思恩格斯选集》第4卷，人民出版社1995年版，第595页。
⑤ 同上书，第596页。

情况下，实现各个阶级之间所谓的平等、正义，纯粹是一个空想的、荒谬的要求。因而，从根本上讲，无产阶级的正义观，不是在保留阶级的情况下谋求各个阶级的所谓自由、平等、公平——实际上这是根本办不到的，而是彻底地消灭阶级、消灭私有制。

超越正义的思想疆域:马克思恩格斯正义观的理论旨趣

一 引言:正义是永恒的价值追求吗

近些年来正义问题日益引发学者的研究兴趣,有关论文和著作不断推出。但其中有一个问题值得进一步思考,这就是:有相当多的思想家提出并不断进行论证,正义是人类社会永远不可或缺的价值,值得人们永恒向往和无限追求,甚至有学者断言:"正义是人类社会中弥久常新的精神现象,是人类社会具有永恒意义的基本价值追求和基本行为准则……"① 而笔者在这里试图更加深入地探讨这一问题:正义真的是一种对人类具有永恒意义的价值追求吗? 正义的思想疆域真的是人类社会永远不可超越的吗?

通过解读马克思恩格斯的相关论述,笔者认为,答案是否定的。在马克思和恩格斯看来,正义并不是伴随人类始终的不可卸脱的价值追求,而是可以被超越的暂时的历史观念。在无产阶级和全人类获得解放的共产主义社会里,摆脱了阶级统治与生产资料私人占有之梦魇的新人,将超越正义的思想疆域,迈入一个全新的社会形态。实际上,这一观点出现在很多关于马克思主义正义观的论述中。罗尔斯就认为马克思所秉持的是一种超越正义的正义观。正如罗氏在《作为公平的正义——正义新论》一书中

---

① 姜涌:《马克思恩格斯的公平正义思想研究》,载《广东社会科学》2004 年第 3 期。

所写的：“……作为公平的正义之秩序良好社会的理念完全不同于马克思的完全的共产主义社会的理念。完全的共产主义社会看起来在这种意义上是一种超越了正义的社会，即能够提出分配正义问题的形式已经被超过了，公民在其日常生活中不需要、也不会关心分配正义问题。”① 加拿大政治哲学家威尔·金里卡在其名著《当代政治哲学》中，也用超越正义这一话语来概括马克思主义正义观。②

那么，马克思恩格斯何以认为正义不是永恒的价值追求，而是可以被超越的呢？或者说，我们何以用超越正义来指认马克思恩格斯正义观的理论旨趣呢？下面，笔者拟分四个步骤对这个问题进行一些初步论证。首先，我们从恩格斯对公平范畴的分析入手。恩格斯的论述表明，公平或正义范畴归根结底都是对现实经济关系的反映。随着现实经济关系的变化，这些范畴也将发生变化。其次，我们将回溯一下拉法格对正义范畴起源的分析。拉法格运用唯物史观，详细地考察了正义观念的起源。他认为，正义起源于人类报复的原始欲望以及对私有财产的维护，随着人类步入共产主义社会，长期以来困扰着人们的正义范畴也将失去用场。拉法格对正义范畴起源的论述是清晰的，但他没有充分展开说明为什么到了共产主义社会，正义范畴就会消失。为了解决这一问题，我们需要回顾一下休谟对正义背景的论述。休谟认为，正义是一种防卫性道德，人们只有在两种情况下不再需要它：一是物质财富极其丰富，二是人们都成为彻底的利他主义者。休谟的论述不能成为论证我们观点的直接依据，但是却具有很大的借鉴意义。当我们阅读马克思对共产主义社会的预测时，可以发现，其实在马克思对共产主义社会的描写中，蕴涵着这样两方面的要求：其一是物质资源方面，社会财富充分涌流，彻

---

① ［美］罗尔斯：《作为公平的正义——正义新论》，姚大志译，上海三联书店 2002 年版，第 290 页。然而罗尔斯并不赞同马克思超越正义的见解，反而认为，与其相比，作为公平的正义假定，在民主政体的政治社会学之一般事实如理性多元论等既定的情况下，属于正义范畴之内的原则和政治美德会永远在公共政治生活中扮演一种重要角色。因此，正义甚至分配正义不可能从公共政治生活中消失。罗尔斯还认为，这样的消失也不是值得向往的。这已经属于罗尔斯与马克思对正义的不同理解问题，限于本文主题，此处不赘。

② 参见［加］威尔·金里卡《当代政治哲学》（上），刘莘译，上海三联书店 2004 年版，第五章。

底涤荡了旧社会争夺物质财富的污泥浊水①;其二是精神面貌方面,马克思指出,物质财富的极大丰富将使人们彻底超越资产阶级法权的狭隘框架,越出等价交换的藩篱。在这两种情况下,正义实际上已经失去了它的存在环境和价值。下面,我们进行具体论述。

二　恩格斯对公平范畴的分析

在马克思看来,任何一个范畴,都有其适用的范围。马克思曾经以劳动这个范畴为例说明,"哪怕是最抽象的范畴,虽然正是由于它们的抽象而适用于一切时代,但是就这个抽象的规定性本身来说,同样是历史关系的产物,而且只有对于这些关系并在这些关系之内才具有充分的意义。"②对于正义,我们也可以作如是观。

恩格斯曾经谈到过公平这个范畴的起源,对我们研究正义问题有很大的启发和提示作用。为了说明问题,我们不得不大段摘引下面这段论述。恩格斯写道:"在社会发展某个很早的阶段,产生了这样一种需要:把每天重复着的产品生产、分配和交换用一个共同规则约束起来,借以使个人服从生产和交换的共同条件。这个规则首先表现为习惯,不久便成了法律。随着法律的产生,就必然产生出以维护法律为职责的机关——公共权力,即国家。随着社会的进一步的发展,法律进一步发展为或多或少广泛的立法。这种立法越复杂,它的表现方式也就越远离社会日常经济生活条件所借以表现的方式。立法就显得好像是一个独立的因素,这个因素似乎不是从经济关系中,而是从自身的内在根据中,可以说,从'意志概念'中,获得它存在的理由和继续发展的根据。人们忘记他们的法起源于他们的经济生活条件,正如他们忘记他们自己起源于动物界一样。随着立法进

---

① 分析的马克思主义的最著名代表 G. A. 科亨将马克思关于未来共产主义社会物质资源极大丰富的设想,看成经典马克思主义关于未来平等、正义前景的两大事实断言之一,但他认为,资本主义社会以来生产力的发展在当今遇到了自然资源方面的障碍,地球的资源没有丰富到能保证生产出无限多的使用价值的程度。因此,马克思的这一事实断言已不现实。立足于这一判断以及其他几个判断,科亨转向了政治哲学研究,开始探讨在物质资源相对匮乏的情况下如何解决社会正义问题。参见段忠桥《科亨的政治哲学转向及其启示》,载《哲学研究》2006 年第 11 期。笔者认为,科亨的疑虑及其转向提出了一个重大问题,但它实际上已经脱出了马克思恩格斯正义观的实质是什么这一问题,实际上是在更进一步地深入考量马克思的正义观何以可能的问题。

② 《马克思恩格斯全集》第30卷,人民出版社 1995 年版,第46页。

一步发展为复杂和广泛的整体，出现了新的社会分工的必要性：一个职业法学家阶层形成起来了，同时也就产生了法学。法学在其进一步发展中把各民族和各时代的法的体系互相加以比较，不是把它们视为各该相应经济关系的反映，而是把它们视为自身包含自我根据的体系。比较是以共同点为前提的：法学家把这些法的体系中的多少相同的东西统称为自然法，这样便有了共同点。而衡量什么算自然法和什么不算自然法的尺度，则是法本身的最抽象的表现，即公平。于是，从此以后，在法学家和盲目相信他们的人们眼中，法的发展就只不过是使获得法的表现的人类生活状态一再接近于公平理想，即接近于永恒公平。而这个公平则始终只是现存经济关系的或者反映其保守方面，或者反映其革命方面的观念化的神圣化的表现。"①

从这段论述中，我们可以清楚地看到：公平范畴产生的始因，归根结底在于社会的产品生产、分配和交换等经济生活。如果把恩格斯的论述归纳一下，那么可以大致上将公平范畴的产生分为这样几个阶段：（1）社会中的生产、分配和交换需要人们一致服从，这是社会对规则的需要，是社会存续和发展下去的必要条件；（2）这种规则最初只是习惯，随后上升为法律；（3）随着法律的出现，产生了维护法律权威的国家；（4）法律发展为更加广泛的立法；（5）由此在社会分工中出现了一个新的职业法学家阶层，同时产生了法学；（6）法学家对法的体系进行比较分析，将其中多少相同的东西称为自然法；而这些东西为什么多少相同呢？法学家认为，不是因为这些法是对相同或相近的经济生活的反映，而是因为它们都符合于公平这一范畴；这样，就将公平作为是否符合自然法的标准，公平也从而称为人们生活的普遍追求和理想。在此基础上，恩格斯进一步深刻地揭示出，公平"始终只是现存经济关系的或者反映其保守方面，或者反映其革命方面的观念化的神圣化的表现"。也就是说，所谓公平，实质上是将一种观念变得不可侵犯、具有绝对权威。哪一种观念呢？究其根源，或者是维护现存的经济关系，或者是反抗现存的经济关系。例如，在奴隶社会，奴隶主阶级为了维持现有的统治关系（其更深一层的实质则是为了维护对奴隶阶级的剥削关系），宣称奴隶制度是公平的，并提出各种理论为之辩护。这就是反映现存经济关系的保守方面，并使之神圣

---

① 《马克思恩格斯选集》第3卷，人民出版社1995年版，第211—212页。

化。另一方面，奴隶阶级则反抗现实的经济关系，宣称其是不公平的，并提出建立新的符合自身需要的公平制度。这就是反映现存经济关系的革命方面，并使之神圣化。但不管哪一方面，归根结底都是对现实经济关系的反映。

公平与正义尽管在用法上存在着细微的差别，但是总体来看，它们都是属于同一序列的范畴，都可以标示人们对现实经济关系与自身利益关系的评价。因此，恩格斯所论述的公平范畴的本质及形成，也适用于正义范畴。

三　拉法格对正义起源的阐述

马克思和恩格斯并没有直接论述过正义范畴的产生及其适用范围，但是在他们身后，拉法格曾经运用唯物史观，详细地考察过正义观念的起源。下面，我们分析一下拉法格对正义范畴及其产生的认识。

拉法格提出："进步、自由、正义、祖国等等思想也和数学上的公理一样不是存在于经验的领域之外；它们不是在经验之前就存在了，而是跟随经验才有的；它们不产生历史事件，它们本身是社会现象的结果。社会现象在发展中创造、改变和消灭它们。"[1] 那么，正义是依据什么经验和什么社会现象而产生的呢？拉法格认为："文明社会的正义由两个来源产生：一方面是在人类的本性中取得自己的来源，另一方面又从建立于私有财产基础上的社会环境中取得自己的起源。情欲和观念在财产产生以前就已存在；由它所产生的利益、情欲和观念彼此互起作用和互相影响，最后终于使正义和非正义的思想在文明人的脑子里产生、发展和成熟起来。"[2]

具体说来，在原始人类中，流行着报复的精神，"报复是人类精神的最古老的情欲之一"。[3] 这种报复的欲望非常强烈，它要求原始人受到侵犯或伤害之后，一定要以牙还牙，以血还血。而随着人类社会的发展，私有财产的出现，这种报复的情感逐步被动摇了，它不再要求向敌人复仇，而逐步转向用财产等物来偿还。"财产的感情钻入了人类的心中，动摇了

---

① ［法］拉法格：《思想起源论》，王子野译，三联书店 1963 年版，第 13 页。
② 同上书，第 67 页。
③ 同上。

一切最根深蒂固的感情、本能和观念，激起了新的欲望。只有私有财产才抑止和减弱了复仇欲"。"自私有财产建立起来之后，流血不再要求用流血来抵偿：它要求的是财产。"① 拉法格总结说："野蛮人的质朴和平等的精神把他们引向同等报复：以命抵命，以伤抵伤，——这就是他们所能相处的复仇办法的全部；但是当同等报复在私有财产的影响之下改变了，粗暴的平等——以命抵命——为经济的平等所代替，即以家畜和其他财产抵偿生命、伤损、侮辱等等，这时候半开化人的脑子受到了严格的考验：他们必须解决迫使他们进入抽象的领域的问题……只有在长期的脑力劳动之后他们才得出为抵偿生命、眼睛损伤、牙齿损伤以至侮辱的等级的赔偿表。这种等级赔偿表使他们达到人与人之间和人与物之间的关系的新概念。新的概念反过来又在他们的脑子里产生了'报酬的正义'的思想，其任务是尽可能精确地规定损失的赔偿数量。"② 也就是说，正义的观念实质上是为了维护自身利益而产生并发展起来的。一当人们的利益（从个人的、家庭的、单位的、团体的利益直至民族的、国家的利益，在某些科幻小说和影视所描写的星际战争中，甚至包括整个人类的利益）受到损害，人们便习惯于诉诸正义话语，进而反抗这种不正义的境遇以维护自身利益。可见，正义总是一种"为我"和"卫我"的观念。与纯粹付出、不计回报的"仁爱"不同，在正义身上，总是或多或少地寄寓着（"我"的或"我们"的）利益的计算和衡量。正由于此，香港学者慈继伟教授正确地将正义视作"一种介于纯粹利他主义和纯粹利己主义之间的品德"③。

最后，拉法格认为，在共产主义社会中，随着私有财产的消灭，人们维护和巩固私有财产的正义范畴也将失去它的用武之地。"共产主义革命在废除私有财产和给予'一切人以同样的东西'时将解放人类和恢复平等精神。这是，从私有财产产生时起就折磨着人的脑筋的正义的观念，好像曾经困惑过可怜的文明人的最可怕的噩梦一样，也就要消失了。"④

---

① ［法］拉法格：《思想起源论》，王子野译，三联书店1963年版，第80页。
② 同上书，第83—84页。
③ 慈继伟：《正义的两面》，三联书店2001年版，第110页。
④ ［法］拉法格：《思想起源论》，王子野译，三联书店1963年版，第96页。

如上所述，拉法格认为，正义观念不是人类社会产生以来就有的，也不是将伴随人类社会相始终的，它只存在于人类社会的私有制行程当中。正义观念随着私有制的产生而不断占据人们的头脑，成为一个对人们具有强烈吸引力的范畴，但在消灭了私有制的共产主义社会中，这一范畴也必将消亡。然而，拉法格没有回答下面这一问题：正义为什么到了共产主义社会就会消亡，或者说，正义的观念为什么可以被共产主义社会超越呢？对于反对正义具有可超越性的人们来说，上面这一问题也许至为关键。质言之，人类在什么情况下才不再需要正义？为什么在共产主义的情况下就有可能超越正义这一观念呢？

四　休谟关于正义背景的见解

对上述疑问的回答，也许可以在休谟讨论过的正义背景问题中，找到初步提示。休谟关于正义背景的讨论，实际上就是在力图回答这一问题：正义为什么不是人类社会所必需的？正义在何种情况下不再为人类社会所需要？下面就让我们先看一下休谟的有关论述。

在休谟看来，人类社会之所以需要正义，是因为正义对人类社会有"效用"，并且是有"公共的效用"，这是"正义的惟一起源"。[①] 而正义为什么会对人类社会有效用呢？这是由人类所面临的主客体条件决定的。首先，从客观方面看，自然给人类提供了有限的资源，这些资源对于人类来讲是一种适度的匮乏。这意味着人类不能无限制地、随心所欲地满足自己的需要，但又不是极度匮乏，使人们无法生存。这样，人类就需要一些规则和秩序调整人们在自然资源中的获取。这就是正义的产生。休谟提出假设说："让我们假定，大自然把所有外在的便利条件如此慷慨丰足地赐予了人类，以致没有任何不确定的事件，也不需要我们的任何关怀和勤奋，每一单个人都发现不论他最贪婪的嗜欲能够要求什么或最奢豪的想象力能够希望或欲求什么都会得到充分的满足。我们将假定，他的自然的美胜过一切后天获得的装饰，四季温和的气候使得一切衣服被褥都变成无用的，野生浆果为他提供最美味的食物，清泉为他提供最充足的饮料。不需任何劳心费力的工作，不需耕耘，不需航海。

---

① ［英］休谟：《道德原则研究》，曾晓平译，商务印书馆2001年版，第35页。

音乐、诗歌和静观构成他唯一的事业，谈话、欢笑和友谊构成他唯一的消遣。"① 那么，很显然，"在这样一种幸福的状态中，每一种其他社会性的德性都会兴旺发达并获得十倍增长，而正义这一警戒性和防备性的德性则决不曾被梦想到。因为当人人都富足有余时划分财物有何意义呢？在决不可能有任何伤害的地方为什么产生所有权呢？在别人占有这个对象、我只需一伸手就可拥有价值相同的另一个时为什么称这个对象为我的呢？在那种情况下，正义就是完全无用的，它会成为一种虚设的礼仪，而决不可能出现在德性的目录中。"② 但是，反过来说，在一个生活必需品极端匮乏、人们时刻面临着死亡威胁的社会里，正义将无法约束人们，因为生存的法则将压倒一切道德原则。"在这样一个紧迫的危机关头，严格的正义法则被中止，而让位于必需和自我保存这些更强烈的动机……当社会即将毁灭于极端的必需时，则没有什么更大的罪恶能使人惧怕而不采取暴力和不正义，此刻人人都可以为自己提供明智所能命令或人道所能许可的一切手段。"③

从主观条件来看，在这样一种适度匮乏的自然环境中，人们逐渐形成适度慷慨的德性。也就是说，人们既不会完全无条件地关爱他人，也不会对他人加以任意的伤害。在这样一种情况下，正义也不会从人类社会中产生。恰如休谟所言："再假定，尽管人类的必需将如目前这样持续下去，而人类的心灵却被如此扩展并如此充满友谊和慷慨，以致人人都极端温情地对待每一个人，像关心自己的利益一样关心同胞的利益；则看来很显然，在这种情况下，正义的用途将被这样一种广博的仁爱所中止，所有权和责任的划分和界线也决不被想到。"④ "根据这种假定，每一个人都是另一个人的另一个自我，他将把他的所有利益信托给每一个人去自行处理，没有猜忌、没有隔阂、无分彼此。而整个人类将形成单纯一个家庭，在其中一切都属公有，大家自由地选用、无须考虑所有权，但是亦像最密切关怀自己的利益一样留心完全尊重每一个人的必需。"⑤ 总之，"正义只是起

---

① ［英］休谟：《道德原则研究》，曾晓平译，商务印书馆 2001 年版，第 35 页。
② 同上书，第 35—36 页。
③ 同上书，第 38 页。
④ 同上书，第 36 页。
⑤ 同上书，第 37 页。

源于人的自私和有限的慷慨、以及自然为满足人类需要所准备的稀少的供应。"①

　　这样，休谟就从客观与主观两个方面入手，否定了正义之于人类社会的永恒价值性。然而，休谟实际上并没有找到超越正义背景的现实道路，也并没有真的以为人类社会可以超越正义观念。这一工作，是由马克思与恩格斯做出的。

五　马克思恩格斯对正义范畴的超越

　　休谟对正义背景的论述虽然不能成为我们论证自己观点的直接依据，但无疑为我们理解马克思恩格斯超越正义的思想提供了一些借鉴。实际上，我们深入阅读马克思恩格斯的相关著作，就会发现，他们在正义的社会条件方面，对休谟的观点有一定的汲取之处。

　　在马克思和恩格斯那里，正义的超越或者说消亡，其中首要的条件与基础之一，就是生产力的高度发展，以及随之而来的社会财富的极大涌流。除此而外，马克思和恩格斯还认为，在共产主义社会中，由于社会财富的极大丰富，人的精神状态、道德水平也将获得极大的改善和提高，在新的社会条件下成长起来的一代新人会使社会表现出崭新的面貌。这两点构想与休谟关于正义背景的论说是暗合的。但是，马克思恩格斯与休谟的差异也很明显。休谟的论证方法是典型的实验推理方法，虽然其对正义之环境的描述植根于社会现实及其发展的需要中，但仍然是以思辨的人学或人性理论为基础的；而马克思和恩格斯的论证则是沿着唯物史观的言说路径，在深入探讨和挖掘社会发展具体规律的基础上展开的。

　　具体说来，在马克思和恩格斯的视野中，自从人类挥别原始社会，步入私有制社会以来，虽然生产力获得了一定的发展，不用再像原始社会那样进行平均分配，但是生产力状况也不允许人们充分满足自己的需要。这样，人类就始终面临着财富分配方面的冲突。"剥削阶级和被剥削阶级、统治阶级和被压迫阶级之间的到现在为止的一切历史对立，都可以从人的

---

　　①　［英］休谟：《人性论——在精神科学中采用实验推理方法的一个尝试》，关文运译，商务印书馆1980年版，第536页。

劳动的这种相对不发展的生产率中得到说明。只要实际劳动的居民必须占用很多时间来从事自己的必要劳动，因而没有多余的时间来从事社会的公共事务——劳动管理、国家事务、法律事务、艺术、科学等等，总是必然有一个脱离实际劳动的特殊阶级来从事这些事务，而且这个阶级为了它自己的利益，从来不会错过机会来把越来越沉重的劳动负担加到劳动群众的肩上。"① 人们在正义问题上的困惑与论争，归根结底，由此而来。要想真正解决这一问题，只有在生产力发展的基础上，建构适合新的生产力发展状况的生产方式，并以之为基础进入共产主义社会。"生产力的这种发展（随着这种发展，人们的世界历史性的而不是地域性的存在同时已经是经验的存在了）之所以是绝对必需的实际前提，还因为如果没有这种发展，那就只会有贫穷、极端贫困的普遍化；而在极端贫困的情况下，必须重新开始争取必需品的斗争，全部陈腐污浊的东西又要死灰复燃。"② 这就要求我们立足于社会发展的客观历史规律，立足于对资本主义社会的实证分析。马克思和恩格斯认为，随着生产力日益迅即的发展，资本主义私人所有制越来越不能容纳庞大的生产力，因而这个私有制外壳必然要被生产资料公有制所取代。在此基础上，分配方式也必然相应地发生变革。正如马克思所言："改变了的分配将以改变了的、由于历史过程才产生的新的生产基础为出发点。"③ 马克思认为，由于生产力发展水平的差异以及受残存的旧意识形态的影响，共产主义社会分为"共产主义社会第一阶段"和"共产主义社会高级阶段"，在这两个阶段，也将实行不同的分配原则。

马克思在指出资产阶级社会内部正在积聚着炸毁这个社会的能量同时，强调指出："如果我们在现在这样的社会中没有发现隐蔽地存在着无阶级社会所必需的物质生产条件和与之相适应的交往关系，那么一切炸毁的尝试都是唐·吉诃德的荒唐行为。"④ 在共产主义社会第一阶段，将以劳动作为分配的尺度，根据各个社会成员的劳动来分配消费资料。这就是我们所熟悉的"各尽所能，按劳分配"。马克思是这样来论述这一原则

---

① 《马克思恩格斯选集》第 3 卷，人民出版社 1995 年版，第 525 页。
② 《马克思恩格斯选集》第 1 卷，人民出版社 1995 年版，第 86 页。
③ 《马克思恩格斯全集》第 31 卷，人民出版社 1998 年版，第 245—246 页。
④ 《马克思恩格斯全集》第 30 卷，人民出版社 1995 年版，第 109 页。

的:"每一个生产者,在作了各项扣除以后,从社会领回的,正好是他给予社会的。他给予社会的,就是他个人的劳动量。例如,社会劳动日是由全部个人劳动小时构成的;各个生产者的个人劳动时间就是社会劳动日中他所提供的部分,就是社会劳动日中他的一份。他从社会领得一张凭证,证明他提供了多少劳动(扣除他为公共基金而进行的劳动),他根据这张凭证从社会储存中领得一份耗费同等劳动量的消费资料。他以一种形式给予社会的劳动量,又以另一种形式领回来。"① 资本主义社会的主要分配方式是按资分配,与之相比,按劳分配是一个巨大的进步。它保证劳动者处于平等的劳动条件下,不会再受到资本的剥削和压榨,从而消除了人与人之间冲突的总根源。但是,在马克思看来,这一分配原则仍然是不充分的,仍然存有很多"弊病"。因为"这里通行的是商品等价物的交换中通行的同一原则,即一种形式的一定量劳动同另一种形式的同量劳动相交换。所以,在这里平等的权利按照原则仍然是资产阶级权利,……虽然有这种进步,但这个平等的权利总还是被限制在一个资产阶级的框框里。"② 也就是说,将劳动作为分配的标尺,从形式上来看,遵循的仍然是资产阶级社会的等价交换原则。在这一原则之下,劳动者实质上仍然是不平等的。这表现在两个方面:第一,按劳分配原则默认"劳动者的不同等的个人天赋,从而不同等的工作能力,是天然特权。所以就它的内容来讲,它像一切权利一样是一种不平等的权利。"③ 第二,按劳分配原则不能顾及劳动者个人情况的差异。正如马克思所说,已婚的劳动者和未婚的劳动者、子女较多的劳动者和子女较少的劳动者之间,在提供的劳动相同、从而由社会消费基金中分得的份额相同的条件下,某一个人事实上所得到的比另一个人多些,也就比另一个人富些。④

而要消除这些弊病,只有"在迫使个人奴隶般地服从分工的情形已经消失,从而脑力劳动和体力劳动的对立也随之消失之后;在劳动已经不仅仅是谋生的手段,而且本身成了生活的第一需要之后;在随着个人的全面发展,他们的生产力也增长起来,而集体财富的一切源泉都充分涌流之

---

① 《马克思恩格斯选集》第 3 卷,人民出版社 1995 年版,第 304 页。

② 同上。

③ 同上书,第 305 页。

④ 参见《马克思恩格斯选集》第 3 卷,人民出版社 1995 年版,第 305 页。

后，——只有在那个时候，才能完全超出资产阶级权利的狭隘眼界，社会才能在自己的旗帜上写上：各尽所能，按需分配！"① 这就是共产主义社会高级阶段。马克思在这段论述中指出，此时社会将实行"各尽所能，按需分配"的原则，人的需要成为分配的尺度。应当指出，马克思对实行"按需分配"的社会条件作了严格的限制：从物质基础来讲，生产力高度发展，社会财富极大涌流；从社会成员来讲，个人获得了全面发展的条件，展现出与资本主义社会中"经济人"完全不同的精神面貌；同时，劳动也已成为生活的第一需要，成为人确证自我存在的方式。在这种社会状态中，由于物质资源的丰富和劳动性质的变更，人与社会之间的联系不再通过商品或劳动交换而进行，这样，人的视阈不会再囿于资本主义社会的"等价交换"，人们在分配问题上的冲突也将被人的需要的满足所消解。博登海默把马克思恩格斯的正义思想概括为："卡尔·马克思和弗里德里希·恩格斯提出了实现资源与经济地位平等化的更为广泛的规划。他们全力反对当时收入水平上所存在的悬殊差别，并提出用生产资料公有制来作为纠正经济上不平等的手段。另外，他们还设想了在未来实现这样一种社会制度的可能性，在这一制度中，人们可以实现真正的平等，这是从他们所有的个人需要都可以得到满足的意义上来讲的。"② 也就是说，一当人们不再为了利益之间的冲突而相互争斗——即个人需要得到满足，正义这一范畴也就失去了它的用场。

　　还需要指出的一点是，在马克思和恩格斯那里，他们所着重关注和重点讨论的，不是人们在日常生活中因为各种琐碎原因所引发的正义（公平）或非正义（公平）的感受，而是那种和现实分配方式纠结在一起的、容易引起工人阶级思想混乱的正义。恩格斯就这一点曾指出："在日常生活中，需要加以判断的各种情况很简单，公正、不公正、公平、法理感这一类说法甚至应用于社会事务也不致引起什么误会，可是在经济关系方面的科学研究中，如我们所看到的，这些说法却会引起一种不可救药的混乱，就好像在现代化学中试图保留燃素说的术语会引起

---

① 《马克思恩格斯选集》第 3 卷，人民出版社 1995 年版，第 305—306 页。

② ［美］博登海默：《法理学——法哲学及其方法》，邓正来、姬敬武译，华夏出版社 1987 年版，第 241 页。

混乱一样。"① 也就是说，在马克思和恩格斯那里，他们意在超越的正义，不是人们在日常生活中遭遇到的各种非正义事件，而主要是针对在经济科学研究中以理论范畴形式出现的正义与公平。这就是说，当我们说共产主义社会是一个超越了正义的社会时，我们说的是，共产主义社会是一个超越了人们的物质利益算计和斤斤计较的社会，是一个超越了等价交换的资产阶级法权框架的社会；而不是说，共产主义社会是一个没有矛盾、没有是非的社会。

人类社会历史的发展，是一个永无止境的过程。资本的逻辑以及由此产生的观念、范畴仅仅是历史长河的一瞬。正如摩尔根所说："自从文明时代开始以来所经过的时间，只是人类已经经历过的生存时间的一小部分，只是人类将要经历的生存时间的一小部分。"② 以马克思和恩格斯的宏大历史视野视之，随着生产力的发展和生产方式的变更，长期困扰着人类社会的正义问题必将逐渐淡出人们的视阈。恩格斯在《反杜林论》的准备材料中清晰地论述过这一问题："平等仅仅存在于同不平等的对立中，正义仅仅存在于同非正义的对立中，因此，它们还摆脱不了同以往旧历史的对立，就是说摆脱不了旧社会本身。这就已经使得它们不能成为永恒的正义和真理。在共产主义制度下和资源日益增多的情况下，经过不多几代的社会发展，人们就一定会认识到：侈谈平等和权利，如同今天侈谈贵族等等的世袭特权一样，是可笑的；对旧的不平等和旧的实在法的对立，甚至对新的暂行法的对立，都要从现实生活中消失；谁如果坚持要人丝毫不差地给他平等的、公正的一份产品，别人就会给他两份以资嘲笑。……那末，平等和正义，除了在历史回忆的废物库里可以找到以外，哪儿还有呢？"③

最后，需要着重指出的是，马克思始终认为："权利决不能超出社会的经济结构以及由经济结构制约的社会的文化发展。"④ 在正义问题上亦是如此。因此，马克思恩格斯关于超越正义的构想，是严格地立足于未来共产主义社会的物质基础和社会状况之上而提出来的。也就是

① 《马克思恩格斯全集》第3卷，人民出版社1995年版，第212页。
② 转引自《马克思恩格斯全集》第21卷，人民出版社1965年版，第203页。
③ 《马克思恩格斯全集》第20卷，人民出版社1971年版，第670页。
④ 《马克思恩格斯选集》第3卷，人民出版社1995年版，第305页。

说，正义范畴的被超越，是在上述共产主义社会中社会财富极大丰富与人的精神状态、道德水平获得极大提高的情况下才得以实现的。而在这一社会形态到来之前，我们仍然处于人类社会的"史前时期"，正义范畴仍然有其独特的和重要的价值，需要我们努力追寻和大力维护。

追寻正义:西方政治哲学的运思路径

西方政治哲学自柏拉图以降,从某种意义上讲,都很注重从规范角度对国家的合法性与合意性进行探讨,寻求一种应然的政治秩序和恰切的价值分配。从西方政治哲学的发展轨踪来看,这种对应然秩序的探究,往往借助正义这一概念而展开,从而使追寻正义成为西方政治哲学一个极其重要的运思路径。千百年来,尽管每一时代、每一阶层甚至每一个体对正义的理解均有不同甚或抵牾丛生,然而从柏拉图到当代的政治哲学学者却大都在正义的名义下寻求着理想的良序空间与美好社会。可以说,对一种"正义王国"的追寻,构成了西方政治哲学一个重要的理论特色。研究西方政治哲学探究正义的历程,从中汲取有益的思想资源,对于当代中国的和谐社会建构,具有重要的理论价值和实践意义。

一 《理想国》:追寻正义的滥觞

依美国著名政治哲学(史)家列奥·施特劳斯的意见,苏格拉底是西方古典政治哲学的创始者。前苏格拉底的哲学家更多地关注事物的自然本性,自苏格拉底始,开始转向全力探索人类社会中正义的事物、高尚的事物和对人之为善的事物,从而开启了西方政治哲学的研究路向。[①] 然而,真正开始系统地探讨正义,并且将正义纳入个人与社会(城邦)的

---

① [美]列奥·施特劳斯、约瑟夫·克罗波西主编:《政治哲学史》,李天然等译,河北人民出版社 1998 年版,"绪论"。

交互视野中以取定正义之于人类社会的意义的，则首推柏拉图的《理想国》。

在《理想国》中，柏拉图从城邦正义的视角出发，将正义界定为各个社会阶层的各安其职、各守其分。"当城邦里的这三种自然的人（指统治者、护卫者、劳动阶层——引者注）各做各的事时，城邦被认为是正义的，并且，城邦也由于这三种人的其他某些情感和性格而被认为是有节制的、勇敢的和智慧的。"① 以现代人的观点视之，柏拉图的正义观固守人与人之间的天然不平等，这与现代正义观念从本质上就是相互抵牾的。然而，从政治哲学史的角度来看，柏拉图的意义首先不在于提出了"什么样"的正义理论，而在于他以其探究正义问题的特殊方式开启了人类对于一种永恒与超验的"正义王国"的追寻历程。

质言之，柏拉图不是着眼于斯时城邦社会的现实状况，采用"社会零星改造工程"（卡尔·波普尔语）的思路消除社会的非正义，而是力超现实层面，从理念世界的维度出发，为人类社会铺就了一幅永恒正义的"理想国"蓝图。正如柏拉图借苏格拉底之口所言："当前我认为我们的首要任务乃是铸造出一个幸福国家的模型来，但不是支离破碎地铸造一个为了少数人幸福的国家，而是铸造一个整体的幸福国家。"② 可见，柏拉图的着眼点在于勾画一个永恒的、完美的国家模型，指向未来而非当下。正是基于此，柏拉图在《理想国》中对统治者、护卫者和劳动阶层的道德品质，青少年儿童的道德教育与培养，优生，甚至爱人之间的亲密接触③，歌手的音乐翻新④等等问题都作了细密严格的规定，以确保这个模型的完美无瑕。正如悌利所言："柏拉图的《理想国》是一个完善国家的理想，是人间神国的梦想。"⑤ 这种运思路径对于西方政治哲学的影响至为深远，有力地魅惑着后人的理论思考。

然而，如此完美的模型，在现实的国家制度中能实现吗？依柏拉图的理念论，现实世界终究是理念世界的摹品，并且是永不完善的摹品。前者有生有灭，后者永存不息，前者永远处于对理念世界的追寻和模仿的路上

---

① 柏拉图：《理想国》，郭斌和、张竹明译，商务印书馆 1986 年版，第 157 页。

② 同上书，第 133 页。

③ 同上书，第 110 页。

④ 同上书，第 139 页。

⑤ 悌利：《西方哲学史》，葛力译，商务印书馆 1995 年版，第 70 页。

而无法真正致达。具体到正义国家，亦是如此。恰如列奥·施特劳斯所理解的："我们已经知道，正义本身在任何现实事物都能够是完全正义的意义上是不'可能的'。其后我们马上知道，不仅正义本身，而且连正义的城邦在上述意义上也是不'可能的'。这并不是说《理想国》中所描述的正义城邦像'正义本身'一样是一个理念，也不意味着这样的城邦是一个'理想'：'理想'不是柏拉图的术语。正义的城邦不像正义的理念一样是独立自存、位于上天某处的东西。毋宁说它类似于一个人的完善的画像，只是由于画家的画才可以存在；更准确地说，正义的城邦仅存在于'谈话'中：它之所以'是'（存在），只因为它是根据正义本身或天然正确的东西而被描绘出来的。虽然正义的城邦比正义本身相比处于较低层次，但即便如此，作为样板的正义城邦也不能变为现实，因为它只是一个蓝图；只能指望实际的城邦接近于这个蓝图。"① 因此，一方面，柏拉图所描绘的正义城邦确立了一种纯粹的典范，成为现实的国家制度应当实现的至善境界；但另一方面，这种理想境界又是永远不能完全实现的，因此，人类对国家制度的建构注定要辗转跋涉于追寻永恒正义的途程之中。然而，正义纵然不能完全实现，也当为人所永远追寻。正如柏拉图在《理想国》末尾满怀期望地写下的箴言："让我们坚持走向上的路，追求正义和智慧"② 。从某种意义上讲，正是这一箴言预示了和引导着此后政治哲学运思建构的长久路径。

二　启蒙学者：正义王国的吁求

启蒙时期是西方思想史上一个光辉灿烂的时代，众多思想家为了冲破封建制度的藩篱，提出了自由、平等、人权、正义的政治哲学诉求。在他们看来，当前的社会制度严重压抑了人的天然本性和理性追求，是一种非正义的制度。而要解决这一问题，只有建立永恒正义的共和国，才能为人的各种权利提供保障，为人的发展创造广阔的自由空间。

这一时期，政治哲学研究的一个突出特点，就是在自然法的基础上

①　[美] 列奥·施特劳斯、约瑟夫·克罗波西主编：《政治哲学史》，李天然等译，河北人民出版社 1998 年版，第 52—53 页。

②　柏拉图：《理想国》，郭斌和、张竹明译，商务印书馆 1986 年版，第 426 页。

研究正义问题，以自然权利反对专制特权。自然法理论早在古希腊、罗马时期即已出现，西塞罗、赛涅卡等思想家还进行过系统的探讨。近代自然法理论在此基础上作出了新的诠释。在古希腊和罗马时代，自然法更多地是指人的一种道德义务，强调国家对人民的统治是一种自然正义的秩序，而近代自然法理论则强调人的基本权利的自然赋予与不可剥夺，注重对个人的各种权利进行保护。正如有学者所认为的："自然法的观念认为，对于自然与对于人类社会双方都存在着某种确定的法则，它们构成了国家的实在法的基础；自然权利则是一种所谓的根据自然法人们自然具有的权利。自然法和自然权利的理论在多数情况下为人们对于现实政治生活的批判提供了一种重要的出发点，也是人们在现实中反抗国家的压迫或者向国家要求更多的政治和社会权力的根据之一。"①因之，在17、18世纪的思想家看来，人生而平等，天然就享有各项不可侵犯的基本权利，例如自由、生命与财产权等等。国家和政府是人民建立起来保护这些自然权利的组织机构，它们是否正义合理，要视它们对公民基本权利的保障程度来定。由此，推翻封建统治、建构正义国家就获得了合法性依据。正如恩格斯所说："以往的一切社会形式和国家形式、一切传统观念，都被当作不合理性的东西扔到垃圾堆里去了；到现在为止，世界所遵循的只是一些成见；过去的一切只值得怜悯和鄙视。只是现在阳光才照射出来，理性的王国才开始出现。从今以后，迷信、非正义、特权和压迫，必将为永恒的真理，为永恒的正义，为基于自然的平等和不可剥夺的人权所取代。"②

　　然而，启蒙思想家所吁求建构的正义王国真的"正义"吗？并非如此。从理论上看，资产阶级思想家所倡导的平等、自由原则仅仅是为了反对封建等级专制制度而提出的政治平等与人身自由。这种平等与自由反映了当时资产阶级发展自由经济的要求，因之要保护私有财产权，无法涉及实质性的经济平等。这是不充分和不彻底的。而如果缺少了经济方面的平等，所谓的平等就仅仅成为一个形式和口号而已。例如，伏尔泰认为，平等仅仅是指形式上的公民权利平等，而绝非财产平等，甚至"财产所有

---

①　唐士其：《西方政治思想史》，北京大学出版社2002年版，第214页。

②　《马克思恩格斯选集》第3卷，人民出版社1995年版，第720页。

权是一个享有充分权利的公民的必要标志。"① 因此，虽然伏尔泰认为，"自然权利同样属于苏丹和守园人；前者和后者应有同样的权利来支配自己的人员，自己的家庭，自己的财产。所以，人们实际上是平等的。"但是，这种平等就仅仅成为形式上的，无法消除实质上的不平等和非正义。因此，伏尔泰的思想只能归结为："在我们这个不幸的世界上，生活在社会里的人们不可能不分成两个阶级：一个是支配人的富人阶级，另一个是服侍人的穷人阶级。"②

因此，资产阶级思想家所吁求的正义国家"不过是资产阶级的理想化的王国；永恒的正义在资产阶级的司法中得到实现；平等归结为法律面前的资产阶级的平等；被宣布为最主要的人权之一的是资产阶级的所有权；而理性的国家、卢梭的社会契约在实践中表现为，而且也只能表现为资产阶级的民主共和国。"③

三　空想社会主义：以正义反对资本主义

资本主义制度建立之后，虽然消灭了等级制度与政治上的身份奴役，但是，广大民众的生活水平并未因此得到多少实质性的提高。一方是资产者的财富越积越多，另一方是劳动人民日益陷入窘迫的生存境地。在这种情况下，空想社会主义者又举起了社会正义的旗帜，以之反对资本主义制度。

众所周知，马克思之前的社会主义思想大致可以分为三个阶段：16—17世纪，莫尔和康帕内拉对当时欧洲各国的君主专制制度和刚刚产生的资本主义制度进行了尖锐的揭露，并描绘了乌托邦、太阳城等没有私有制、没有剥削和压迫的理想社会。18世纪，法国的摩莱里、马布利、巴贝夫的思想家进一步指出，私有制是资本主义社会不平等的根源，谋求建立一种崭新的共产主义公社制度来代替资本主义制度，并且制定了改造现存社会的纲领，掀起了实际的革命运动。19世纪初期，圣西门、傅立叶、

---

① ［苏］维·彼·沃尔金：《十八世纪法国社会思想的发展》，杨穆、金颖译，商务印书馆1983年版，第29页。

② 同上书，第28页。

③ 《马克思恩格斯选集》第3卷，人民出版社1995年版，第720页。

欧文等人更加深刻地论证了经济不平等的根源在于私有制，并且力图通过"实业制度"（圣西门）、"和谐制度"（傅立叶）、"合作公社"（欧文）等改革措施来消除社会非正义现象。

除了这些为人所熟知的思想家外，约翰·格雷、约翰·勃雷、魏特林、蒲鲁东等人也是通过诉诸政治哲学意义上的正义范畴来反对资本主义的。例如：格雷在《人类幸福论》一书中认为，劳动是财富的基础，而地主和资本家却把劳动产品据为己有，"这就是极大的不公平"。① 而这种状况的起因就在于资本主义制度，因此"我们要谴责制度，并且指出：'不公平是这种制度的主要基础。'"② 所以，"我们恳切地征求每一个正直的人的意见，请他们说一说，这样的社会状态该不该继续存在下去？它与一起基本的公平原则有没有矛盾？"③ 再如，蒲鲁东在其成名作《什么是所有权》中，也以正义作为研究主题。④ 蒲鲁东实际上是要说明，正义是社会最基本和最重要的原则，一切社会事务和现象都必须符合正义的要求。而现实社会中之所以充满了各种不正义的现象，在蒲鲁东看来，就是因为人们从来没有弄清正义的内涵。"我以为我们从来就没有懂得这些如此通俗和如此神圣的名词的意义：正义、公道、自由；关于这些原理的每一项，我们的观念一向是极端模糊的；并且最后以为这种愚昧无知的情况就是置我们于死地的贫困和人类所遭受的一切灾难的唯一原因。"⑤

由是观之，这些社会主义者虽然进一步扩大了正义要求的范围，但从根本上讲，仍然延续了启蒙时期政治哲学家的运思路径，诉诸正义来解决制度问题。正如恩格斯所指出的："他们（指圣西门、傅立叶、欧文——引者注）和启蒙学者一样，想建立理性和永恒正义的王国；但是他们的王国和启蒙学者的王国是有天壤之别的。按照这些启蒙学者的原则建立起来的资产阶级世界也是不合理性的和非正义的，所以也应该像封建制度和一切更早的社会制度一样被抛到垃圾堆里去。真正的理性和正义至今还没有统治世界，这只是因为它们没有被人们正确地认识。"⑥

---

① ［英］约翰·格雷：《人类幸福论》，张草纫译，商务印书馆 1984 年版，第 35 页。

② 同上书，第 30 页。

③ 同上。

④ 参见蒲鲁东《什么是所有权》，第 51—52 页。

⑤ 同上书，第 40—41 页。

⑥ 《马克思恩格斯选集》第 3 卷，人民出版社 1995 年版，第 721—722 页。

四　当代西方政治哲学:正义的多重展开与深层开掘

19 世纪以后，由于自然科学成就的日益突出以及随之而来的科学话语的强势冲击，人文话语陷入了严重的失语状态，政治哲学讨论也逐渐淡出了学术舞台，让位于政治科学研究。[①]　这种情况直到 1971 年罗尔斯《正义论》的发表才得以扭转。其后，当代西方政治哲学家围绕着正义问题展开了多维度、深层次的探讨。

当代政治哲学，首先触及的就是罗尔斯构建的作为公平之正义的理论体系。罗尔斯认为，正义问题主要讨论一种社会制度分配基本价值的方式，而所有的基本价值，比如自由和机会、收入和财富、自尊的基础等等，都要平等地分配。如果这种分配是不平等的，那么它必须能够促进个人尤其是弱势群体的利益。经由"原初状态"与"无知之幕"等条件的设定，罗尔斯推导出了两个正义原则，第一个原则是平等自由的原则，认为每个人都应享有一种平等的自由权利；第二个原则是机会公正原则和差别原则的结合。机会公正原则要求，所有的地位和职务应当平等地向所有人开放；差别原则要求，如果社会成员之间不得不存在不平等分配的话，那么这种不平等分配应当有利于最少受惠者。罗尔斯通过这两个正义原则，从社会各阶层中择出了"最少受惠者"这个群体，以其利益分配状况作为评价一个社会是否正义的标准。应当说，这一理论建构，反映了资本主义条件下弱势群体对社会资源分配方式的不满与对社会公平的吁求，重新续接了西方政治哲学借助正义解决社会问题的运思路径。

罗尔斯的正义理论提出后，激起了政治哲学界的热烈讨论。诺齐克首先向罗尔斯的理论提出了挑战。他认为，正义不在于公平，而在于个人权利。正如诺齐克所言："个人拥有权利。有些事情是任何他人或团体都不能对他们做的，做了就要侵犯到他们的权利。这些权利如此强有力和广泛，以致引出了国家及其官员能做些什么事情的问题。"[②]　在此基础上，

---

① 陈晏清、王新生：《政治哲学的当代复兴及其意义》，《哲学研究》2005 年第 6 期。

② ［美］诺齐克：《无政府、国家与乌托邦》，何怀宏译，中国社会科学出版社 1991 年版，第 1 页。

诺齐克提出了他的"持有正义"理论。诺齐克认为，社会的财产占有表现为个体的持有，这些个体的持有总和构成社会的财富分布状况。如果每个人持有的财产是正义的，那么社会财产的总体分布状况也就是正义的。这种持有正义理论包括三个环节：（1）最初持有的正义，即将无主物占为己有必须是正义的；（2）转让的正义，即将财富从一个所有者到另一个所有者的让渡必须是正义的；（3）矫正的正义，即矫正最初占有与让渡的不合理，使其重新符合正义。只要人们的财富获得符合这几个原则，就可以说是一个正义的社会。诺齐克的权利正义论从个体权利出发，希图通过"无数的个人正义"相加而获得社会整体正义，这虽然也是在正义的论域内讨论，但与柏拉图以来首先关注社会整体正义的思路已经颇为不同，并且因其严重限制了国家在分配中的作用，而带有强烈的社会达尔文主义色彩。

与诺齐克不同，迈克尔·沃尔泽提出了一种多元主义正义论来反驳罗尔斯的正义理论。罗尔斯认为，他的两个正义规则贯穿在社会生活的各个领域当中，具有普适性。这是沃尔泽所不同意的。他认为，罗尔斯的正义原则，只是一种逻辑上的空洞抽象，一旦进入某一具体的社会现实领域，就根本不能发挥作用。如沃尔泽所言，我们很难指望适合于现今美国社会的正义原则也能适用于古代巴比伦人的生活。因此，正义原则应当是多元的，不同的分配领域应当有不同的正义规则，"寻求一致性误解了分配正义的主题"[1]。沃尔泽倾向于从物品的意义出发进行社会分配。他认为，每一种物品的分配都有特定的正义规则，这种规则只能限制在这种物品的分配领域之内，一旦超出这一领域，就会引发控制与暴政。例如，政治职务以是否具有政治才能作为标准进行分配，因此，公民 X 而不是公民 Y 获得了政治职务，于是，这两个人在政治领域就是不平等的。但是，这种不平等并不就是非正义的。只有这种不平等影响到了除政治职务之外的其他领域，譬如给 X 带来优越的医疗、更好的住宿、子女更优越的教育条件等等，才成为非正义的。

戴维·米勒也同意多元主义正义原则，但他不同意沃尔泽诉诸社会物品意义的做法，而提出了一种基于"人类关系的模式"的正义理论。米

---

[1]　［美］沃尔泽：《正义诸领域：为多元主义与平等一辩》，褚松燕译，译林出版社2002年版，第3页。

勒认为，人类社会存在着各种不同的关系模式，通过把握这些关系的特殊属性，就能够准确地理解别人提出的正义要求，实现社会正义。他认为，现实的社会关系可以概括为三种基本模式：第一种模式是团结性社群，这主要包括家庭、宗教团体、工作小组、职业协会、某些俱乐部等组织。在这种人际关系中，应当实行"按需分配"的正义原则，按照个人的需要进行分配。第二种模式是人们以功利的方式联系起来的工具性联合体，最典型的就是社会中的经济关系。在这种关系中，应当实行"应得"的分配原则，按照个人的贡献、才能等标准进行分配。第三种关系模式是公民身份，这主要包括政治社会内部的成员。在这种关系中，人们作为同等的公民联合在一起，所以应当实行"平等"的分配原则。①

应当说，当代政治哲学一方面重续了诉诸正义以解决社会问题的思维模式，依然将正义社会作为一种可欲的理想状态；另一方面，则将思考的重点集中于分配领域，主要解决社会资源（物品、福利、机会甚至自然禀赋等等）分配领域的不公正问题。换言之，随着时代的发展，寄附于正义这一范畴之内的实质性内容已经发生了根本变化，但寻求正义仍然是其思考问题的运思路径。

五　结语：正义研究依然离不开马克思

通过对西方政治哲学发展历程的简短回顾，我们可以得出这样的结论：尽管各个时代和不同的思想家对正义的理解不尽相同，甚至存在着较大差异，但是，追寻正义这样一种逻辑运思路径却一直或隐或显地存在于西方政治哲学发展嬗变的过程中。如果说，柏拉图第一次为西方政治哲学开启了追寻正义的大门，启蒙学者与空想社会主义者则结合时代背景不断扩充着正义的范围与要求，那么，当代政治哲学论争则进一步深化了对分配正义的认识，扩展了分配正义的视阈。

这一运思路径，充分反映了正义这一价值理想之于人类社会的重要性，彰显了作为价值主体的人对于一种合意生活的向往。因此，西方政治哲学所涉及的社会正义问题理应引起我们的高度重视。当代中国随着改革

---

①　参见王广、杨峻岭《基于"人类关系模式"的正义考量——戴维·米勒社会正义理论述评》，《河北大学学报》2006 年第 2 期。

开放的深层次展开和多元利益格局的重组，也正处于一种罗尔斯所谓的"正义的环境"之中——一方面，我们处于一种客观环境的适度匮乏（moderate scarcity）当中，另一方面，我们又有进行社会合作的必要和可能。因之，如何建构一套适于当代中国的正义话语体系，不仅是学术之亟待，而且为实践之必需。

追寻正义这一运思路径的设定还反映出西方政治哲学的一个重要特点，即其理论不热衷于关注具体的政治事务，而习惯于为国家政治生活预制伦理原则，进行合法性讨论。这一点正如哈耶克所宣称的："政治哲学家的任务只能是影响公众舆论，而不是组织人民采取行动。只有当政治哲学家不去关注那些在当下政治上可行的事务，而只关注如何一以贯之地捍卫'恒久不变的一般性原则'的时候，他们才能够有效地完成他们的使命。"①

然而，这一运思路径也存在着一些问题。例如，西方政治哲学讨论正义问题，仅仅围绕着"正义"做文章，而没有进一步探究正义背后的经济动因。以马克思主义视之，正义作为观念性上层建筑之一种，是由社会经济生产方式决定的，它意味着人们对于现实的分配方式同自身利益关系的一种道德评价。对于一种分配方式，"如果我们说，这是不公平的，不应该这样，那末这句话同经济学没有什么直接的关系。我们不过是说，这些经济事实同我们的道德感有矛盾。"② 而"这种诉诸道德和法的做法，在科学上丝毫不能把我们推向前进；道义上的愤怒，无论多么入情入理，经济科学总不能把它看作证据，而只能看作象征。"③ 因之，马克思主义不主张从正义出发去批判和改造社会，也不认为这样做能够成功，而是主张通过变革社会生产方式和现实制度以消除不平等和非正义现象。在这一问题上，马克思主义的洞见显然更具有说服力。

马克思政治哲学的建构，不仅体现在其具体结论上，而且首先在于其系统缜密的方法论基础。在这一问题上，可以鲜明地看到以下两方面：首先，马克思恩格斯确立唯物史观为研究政治哲学的科学方法，其次，他们摆脱了西方政治哲学在政治哲学研究中仅仅将视阈锁定在"正义王国"

---

① ［法］哈耶克：《自由秩序原理》，邓正来译，三联书店1997年版，第206页。
② 《马克思恩格斯全集》第21卷，人民出版社1965年版，第209页。
③ 《马克思恩格斯选集》第3卷，人民出版社1995年版，第491—492页。

和正义领域的做法，而将关注的重心转向物质生产。正是马克思主义特有的研究方法，使得马克思政治哲学在学术史上呈现出科学严谨、博大深邃的独特面貌。

（一）政治哲学研究方法的变革：唯物史观

马克思政治哲学以唯物史观为研究方法，把正义看作一定社会中特定的经济生产方式的产物，在历史发展的具体行程中探求正义范畴的本质，从而在整个学术思想史上开辟了一条超越"正义王国"、走向现实社会实践运动的新路径。

在政治哲学研究史上，之所以难以摆脱"正义王国"的迷思，追根溯源，是因为在正义问题研究上始终缺少一个科学的研究方法作为理论指导。不管是寻求永恒公理的先验主义方法，还是构想人类原始状态的自然状态学说，都脱离了社会发展的真实历史，在纯粹的逻辑思辨中寻找着正义的真貌。这种种做法正如日本学者川本隆史所转述的，都是"在脑子里做着很有意思的体操"。① 从古希腊到启蒙时期再到空想社会主义，都是因为无法找到一种科学的研究方法，因而在政治哲学研究上陷入困境。即便当代西方政治哲学家的理论创作，也仍然没有摆脱非科学的研究方法之迷局。

唯物史观是马克思的第一个伟大发现，其发端、形成、确立经历了艰辛与漫长的理论探索。② 在1859年1月撰写的《〈政治经济学批判〉序言》中，马克思阐述了历史唯物主义的一系列重要原理，并对唯物史观作了经典性的表述："人们在自己生活的社会生产中发生一定的、必然的、不以他们的意志为转移的关系，即同他们的物质生产力的一定发展阶段相适合的生产关系。这些生产关系的总和构成社会的经济结构，即有法律的和政治的上层建筑竖立其上并有一定的社会意识形式与之相适应的现实基础。物质生活的生产方式制约着整个社会生活、政治生活和精神生活

---

① ［日］川本隆史：《罗尔斯：正义原理》，詹献斌译，河北教育出版社2001年版，第8页。

② 有关这方面的研究著作极多。可参见陈先达《走向历史的深处——马克思历史观研究》，中国人民大学出版社2006年版；叶汝贤《唯物史观发展史》，吉林人民出版社1985年版；王卫国、史耀东等《马克思的第一个伟大发现——唯物史观的形成》，安徽人民出版社1985年版，等等。

的过程。不是人们的意识决定人们的存在，相反，是人们的社会存在决定人们的意识。"① 也就是说，生产关系的总和构成社会的经济基础，决定着社会意识形式的产生与演变。马克思的这一发现，"正像达尔文发现有机界的发展规律一样"，揭开了人类历史发展的普遍规律，即："人们首先必须吃、喝、住、穿，然后才能从事政治、科学、艺术、宗教等等；所以，直接的物质的生活资料的生产，从而一个民族或一个时代的一定的经济发展阶段，便构成基础，人们的国家设施、法的观点、艺术以至宗教观念，就是从这个基础上发展起来的，因而，也必须由这个基础来解释，而不是像过去那样做得相反。"② 这样，人们在理解正义包括自由、平等、公平等范畴时，就没有理由再将这些范畴看作历史的发源地和社会发展的标杆，试图依靠讨论这些范畴获得现实的解放。西方政治哲学对"正义王国"的追寻，正是因为其研究方法仍然浸染着唯心主义的色彩，仍然难以越出从头脑、思维以及思辨推衍中研究正义问题的藩篱。

自唯物史观看来，正义不是远超于社会之外的神秘原则，引领着社会向前迈进，而是社会和历史的产物，随着生产力的发展、生产方式的跃迁和历史条件的变更而改变着自己的样态。因此，正义不是永恒真理，"正义王国"不是社会发展的完美归宿，而是依托于物质条件变革而不断发展的一个具体的、历史的进程。所以，谈论政治哲学必须以唯物史观为指导，而不能脱离社会历史。可以说，虽然马克思和恩格斯很少从正面阐释其政治哲学，但他们所确立的新的研究方法和他们所开辟的新的研究范式，无疑拂去了笼罩在这一研究上的层层迷雾，将一条理论通衢展现、延伸在后继者的眼前。

（二）政治哲学研究重心的调适：物质生产

马克思恩格斯的政治哲学研究，在方法论上还有一个显著的特色，这就是他们强调，研究决不能仅仅在正义、道德和分配的领域内兜圈子，而必须转向物质生产领域。

早在 1848 年 11 月 2 日写的《巴黎〈改革报〉论法国状况》一文中，马克思就曾经论述过这一问题。当时，巴黎的《改革报》提出："法国在

---

① 《马克思恩格斯选集》第 2 卷，人民出版社 1995 年版，第 32 页。
② 《马克思恩格斯选集》第 3 卷，人民出版社 1995 年版，第 777 页。

遭受一种根深蒂固的祸害的折磨，但是，这种祸害并不是不可救药的。它的根源是思想和道德的混乱，是忘记了社会关系中的公正和平等，是受了利己教育的有害影响。应当在这方面寻找改造的手段。然而人们不这样做，却诉诸物质手段。"① 马克思就此指出："《改革报》把问题转移到'良心'方面去，而关于道德的空谈现在就成为根除一切祸害的手段了。由此看来，资产阶级同无产阶级之间的对立是由这两个阶级的思想产生的了。但这种思想是从哪里产生的呢？是从社会关系中产生的。而这种关系又是从哪里产生的呢？是从敌对阶级的物质的、经济的生活条件中产生的。在《改革报》看来，如果这两个阶级不再意识到自己的真正状况和自己的真正对立，并用1793年那种'爱国的'情感和漂亮话做鸦片来麻醉自己，对它们会有好处的。多么软弱无力呵！"② 从这段论述中可以很明显地看到，在马克思的视野里，现实的物质利益问题必须用物质手段来解决，希图通过道德和良心的调整来掩饰问题，这只是一种不切实际的空想。恩格斯也曾指出："这种诉诸道德和法的做法，在科学上丝毫不能把我们推向前进；道义上的愤怒，无论多么入情入理，经济科学总不能把它看作证据，而只能看作象征。"③ 这里依然是在强调，马克思在政治哲学研究中反对那种在道德领域内做文章的做法，而主张把物质生产领域的研究作为重心。总括起来，既然正义以及"正义王国"均是社会生产方式发展的产物，而不是相反，那么我们就必须深入研究一个社会中具体的物质生产和经济运行规律，而不能仅仅在道德与分配领域内寻求抽象的正义原则，设想通过这些原则解决问题。

但同时，需要指出的是，马克思强调研究政治哲学应当关注物质生产领域，决不意味着马克思不对资本主义社会及其丑恶现象作任何道德评价。实际上，在马克思和恩格斯的著作中，这种对资本主义制度的道德评价有很多。在1864年10月的《国际工人协会成立宣言》中，马克思援引各种资料，揭示了工人在资本主义制度下悲惨的生活状况，愤怒地谴责资本主义制度"使工人阶级健康损坏、道德堕落和智力衰退"④。在《资

---

①　《马克思恩格斯全集》第5卷，人民出版社1958年版，第533页。

②　同上书，第534页。

③　《马克思恩格斯选集》第3卷，人民出版社1995年版，第492页。

④　《马克思恩格斯选集》第2卷，人民出版社1995年版，第601页。

本论》中，马克思以强烈的讽刺性口吻写道："让我们来赞美资本主义的
公正吧！（着重号为引者所加）土地所有者、房主、实业家，在他们的财
产由于进行'改良'，如修铁路、修新街道等等而被征用时，不仅可以得
到充分的赔偿，而且按照上帝的意旨和人间的法律，他们还要得到一大笔
利润，作为对他们迫不得已实行'禁欲'的安慰。而工人及其妻子儿女
连同全部家当却被抛到大街上来，如果他们过于大量地拥到那些市政当局
要维持市容的市区，他们还要遭到卫生警察的起诉！"① 在这一问题上，
恩格斯持有同样的看法。例如，在《10 小时工作制问题》一文中，恩格
斯有这样一段论述："为工人阶级的利益而斗争的战士在答复主张自由贸
易的资产阶级，即所谓'曼彻斯特学派'② 的论据时，往往仅限于愤慨地
揭露他们学说的不道德和卑鄙自私的性质。如果每当有人冷酷地对工人
说，他们永世注定充当机器，充当主人可以随便用来争取资本的更大光荣
和资本的更快积累的物品，每当有人对他们说，只有在这种情况下，才能
保证'他们国家的强盛'和工人阶级本身的继续存在，而身受傲慢的爱
金如命的厂主老爷阶级的凌辱、压抑、肉体摧残和精神折磨的工人对此却
毫不气愤，那末，这些工人就完全命该如此了。没有这种革命的义愤填膺
的感情，无产阶级的解放就没有希望。但是，支持工人的英勇反抗精神是
一回事，在公开的争论中对付他们的敌人是另外一回事。在这方面，单凭
愤慨，单凭怒气迸发，不管多么正义都毫无用处，这里需要的是论据。"③
恩格斯在这里的意思很明确：工人阶级在反对资产阶级的斗争尤其是理论
斗争中，的确需要正义和义愤填膺的情感，需要政治哲学的价值评判，这
些对工人阶级的解放具有重要的推动作用；但是，决不能到此为止，仅限
于在价值评判领域中谴责他们，而必须以科学的态度去研究现实、找出证
据，以正确地指导工人运动。

　　阅读这些论述，我们不难感受到其中深深地蕴藏着马克思对资本主义
制度的强烈痛恨以及对工人阶级的深切同情。这构成了马克思政治哲学强
烈的现实色彩与情感基调。但同时，马克思之所以为马克思，正是因为他

---

① 《马克思恩格斯全集》第 23 卷，人民出版社 1972 年版，第 725 页。

② 所谓曼彻斯特派，是反映工业资产阶级利益的经济思想中的一派，其拥护者坚持贸易
自由和国家不干涉经济生活的观点。

③ 《马克思恩格斯全集》第 7 卷，人民出版社 1959 年版，第 269 页。

并不仅仅把气力放在这些价值、评判、痛恨上，而是积极探索工人阶级贫困、苦痛的根源，并努力在现实中寻找解决问题的途径。生活中的苦难不断提醒我们，对于各种苦难和不平，仅仅诉诸政治哲学的价值评判是不够的，还必须对之进行科学的研究和现实的战斗。

马克思的政治哲学不仅因其实践性品格而超越了西方政治哲学追寻"正义王国"的抽象理路，而且因其对经济社会问题的现实思考而蕴涵着其他政治哲学所难以容纳的维度，并因其在历史深层次上的思考而揭橥了人类社会的未来路向——这正如深埋于地下的煤，它因其历史的封沉而满含着燃烧照亮未来的伟力。

罗尔斯正义原则与和谐社会建构

    公平正义是建设和谐社会的重要一维,在建设和谐社会的历史进程中,必须认真对待和合理解决当代中国的公平正义问题。要做到这一点,需要吸收和借鉴世界文明发展的有益成果。一个时期以来,罗尔斯的正义理论在中国影响极大,甚至达到了不谈罗尔斯无以言正义的程度。而在笔者看来,罗尔斯的正义理论体大思精、有其优长,但同时也带有非常大的历史局限和思想局限,因而探讨当代中国的正义问题,同样需要对其进行具体分析,而不能原封不动地进行照搬挪用。以下本文拟通过简要探讨罗尔斯在《正义论》中提出的正义原则,分析其思想资源意义与历史局限,以有益于我国的和谐社会建设。

一　原初状态与无知之幕:
罗尔斯正义原则的择出

    罗尔斯在 1971 年出版的《正义论》中,把他近 20 年潜心研究正义问题的理论成果建构为一个体大思精、逻辑严密的理论体系,引领了当代政治哲学的勃兴与高涨。罗尔斯所提出的两个正义原则,有着独特的理论贡献,是可供汲取的思想资源。但同时,这些正义原则也一直存有争议,是思想家们聚讼争执的热点,需要我们认真省察。

    罗尔斯认为,任何社会制度都必须以正义作为其道德基础。他说:"正义是社会制度的首要价值,正像真理是思想体系的首要价值一样。一种理论,无论它多么精致和简洁,只要它不真实,就必须加以拒绝或修正；同样，某些法律和制度，不管它们如何有效率和有条理，只要它们不正义，就必须加以改造或废除。"① 即是说，正义是一个社会建构的中轴和核心，其他任何原则都不能逾越正义的要求。罗尔斯所讲的正义，主要指向社会基本制度的建构，而不是对个人德行操守的品评。"正义的主要问题是社会的基本结构，或更准确地说，是社会主要制度分配基本权利和义务，决定由社会合作产生的利益之划分的方式。"② 之所以如此，是因为罗尔斯认为，人们在生活中具有不同的生活前景，而这往往是由于经济政治制度的不同而造成的，这是一种特别深刻的不平等。因此，罗尔斯的正义研究直接指向社会基本结构。

罗尔斯正义原则的择出，经历了一个复杂的逻辑推导过程。为了择出正义原则，罗尔斯首先构想了一个"原初状态"。这是对霍布斯、洛克和卢梭等思想家提出的"自然状态"理论的继承和发展。在传统自然状态理论中，主要要解决如下问题：国家是如何产生的？其合理性何在？如果一个政府不再具备合理性，那么将之推翻的合法性何在？这些思想家从资产阶级革命的历史需要出发，提出国家不是出于神意的神圣产物，而是人们在自然状态中通过建立契约、主观选择的结果。他们论证说，在人类生活早期曾经历过一个自然状态，那时还没有国家和政府，随着社会进步和历史发展，人们通过签订契约而建立了国家与政府。这就为资产阶级推翻封建统治、建立资产阶级政权找到了理论根据。但是，"自然状态"理论有一个明显的缺陷，就是无法从实证角度证明其存在。而罗尔斯的"原初状态"则从根本上回避了这一不足。罗尔斯提出，"原初状态"只是他虚构的一个历史阶段，之所以提出这一观点纯然是为了从逻辑上推导出他的正义原则。

罗尔斯提出，在"原初状态"下，人们都处于"无知之幕"的遮蔽之下，不知道自己在社会中的地位、阶级、资质、文化水平、喜好兴趣等。这样做的目的，是使人们在选择正义原则时不受这些因素的干扰。但是，在"原初状态"中的人们也并不是一无所知的，他们知道自己处于一种正义的环境之中。即，他们都是具有理性的自利的个人，既有利益一致的一面，又有利益冲突的一面。因此，他们的合作既是可能的，又是必

---

① ［美］罗尔斯：《正义论》，何怀宏等译，中国社会科学出版社 1988 年版，第 3 页。
② 同上书，第 7 页。

要的。罗尔斯认为，处于这种情况下，人们能够想到的指导社会建构的原则，只能是以下这两个原则："第一个原则：每个人对与所有人所拥有的最广泛平等的基本自由体系相容的类似自由体系都应有一种平等的权利。第二个原则：社会和经济的不平等应当这样安排，使它们①在与正义的储存原则一致的情况下，适合于最少受惠者的最大利益；并且②依系于在机会公平平等的条件下职务和地位向所有人开放。"① 也就是说，罗尔斯的第一个正义原则，要求在社会成员之间平等地分配基本权利和义务，任何人都不应该侵犯他人同等的自由权利；第二个原则认为，社会和经济的不平等并非不能接受的，但其结果必须能给那些最少受惠的社会成员带来补偿利益。如此，社会基本结构就是正义的。概括起来，罗尔斯正义原则的核心观念就是："所有的社会基本善——自由和机会、收入和财富以及自尊的各种基础——都应该平等地加以分配，除非对其中一些或所有这些基本善的不平等分配，会有利于最少受惠者。"②

二　罗尔斯正义原则对于和谐
社会的思想资源意义

　　通观罗尔斯的正义理论，除了系统严谨的理论体系、耐心细致的论证分析之外，还可以看到他对现实问题的理论关切与深刻省思。从这个角度讲，罗尔斯的正义理论对当代中国的和谐社会进程，有着深刻的理论价值，值得我们认真汲取其思想资源与学术启迪。

　　首先，罗尔斯关于正义原则的论证引导公平正义问题研究冲破了元伦理学的藩篱，重新注目现实生活领域，为实践提供思想谋划与理论导引。元伦理的思想脉络由来已久。休谟最早发现，由纯然的事实判断无法推导出价值判断，要想得出价值判断，必定在前提中蕴涵着价值判断。这就是说，在事实与价值之间存在着裂隙，不具备逻辑的必然。20 世纪初叶，伦理学家 G. E. 摩尔又提出，"善"等概念是不可定义的，如果非要给它们下定义，就犯了"自然主义谬误"。此后，伦理学研究逐步关注道德语言，着重对道德判断进行逻辑解析，而不再涉及现实的道德生活，不主张

---

① ［美］罗尔斯：《正义论》，何怀宏等译，中国社会科学出版社 1988 年版，第 303 页。
② 同上。

为社会生活提供价值范导。这种思想体系必然会因为脱离现实而受到人们的质疑。20世纪五六十年代，西方国家各种社会运动风起云涌，社会价值观念陷于激烈的震荡之中。在这种情况下，人们迫切需要一种完备的理论来认识现实、宣泄不满甚而安置人生。罗尔斯的《正义论》在这种情境下应运而生，其正义原则摆脱了元伦理学的藩篱，重新将关注的目光投向现实生活领域，从而引发了政治哲学领域的重大变革。当前，我们建设社会主义和谐社会，也必须抛开某些语句的无谓争论，全力关注社会现实问题，在社会实践中不断探索解决公平正义问题的新思路。

其次，罗尔斯的正义原则，突出了处于不利地位的社会群体的利益要求，反映了弱势群体的正当呼求，在一定程度上具有抑制贫富两极分化的作用。现代社会，西方国家大多建立了保障公民政治自由的法律和社会制度，但是，在经济领域和社会利益分配领域，却出现了严重的两极分化。社会财富日益集中在少数大资本家手中，广大民众却只占有极少的财富份额。政治归根到底由经济因素决定，在经济地位上占绝对优势的阶级在政治和文化领域也占据着主导地位。这就导致资本主义社会的自由平等权利形同虚设，无法真正体现自由和平等的要求。这种日益不平等的社会，引发了人们对正义问题的强烈关注。罗尔斯紧紧联系这些现实问题，力图通过澄清正义观念和预设正义原则，勾画出一个理想蓝图，以解决现实中的不平等现象。罗尔斯的正义原则，要求社会和经济的不平等服从最少受惠者的利益，力图实现分配正义，缩小贫富差距。在当前中国的社会生活中，改革开放向纵深发展，社会主义市场经济体制逐步完善，社会主义现代化事业与和谐社会建设蒸蒸日上。但与此同时，也伴生了一些较为严重的社会问题。其中，突出的是各社会群体之间的收入差距呈持续拉大态势，农民、农民工、欠发达地区群众、城市下岗失业人员等弱势群体陷入窘迫的生活境况。这种情况的出现，迫使人们开始深入思考社会正义问题。罗尔斯的正义理论，其理论背景、致思路向与学术依凭都与中国的现实有很大差距，但是应该看到，在罗尔斯的正义理论中，的确有一些有益的思想资源可供我们吸收借鉴。

最后，罗尔斯的正义原则突出强调制度正义对于个人发展的巨大作用，认为正义的制度是承载社会进步的基本依托，这也很有借鉴意义。罗尔斯认为，现实社会尤其是经济领域中之所以有那么多的不平等现象，主要是由两个原因引起的：第一，自然天赋的影响。由于先天遗传因素的不同，人们具有不同的天赋，天赋较高的人能够在社会竞争和经济赛跑中处于有利地位，占有更多的资源。第二，个人所面临的社会条件的影响。个人的家庭出身、生长环境、教育条件等方面都存在差别，一些人能够借助于较好的社会条件，就能获得比其他人更好的分配。罗尔斯认为，这两种影响都不具有道德上的正当性，没有道德依据为这种过高的收入进行辩护。他认为，必须通过制度正义的优先性遏止这两种因素对社会成员发展的影响。由此，罗尔斯制定了差异原则，强调只有在对处于最不利地位的群体有利的情况下，个人才能运用他的各种优势赚取更大的财富和利益。这样，就既不会因为追求绝对平等而使社会骨干丧失劳动创造的热情与积极性，又兼顾了社会正义和平等，不至于产生巨大的两极分化。强调制度正义的优先性，这对于社会主义国家同样适用。社会主义代替资本主义是历史发展的必然，是在生产力与生产方式矛盾运动的基础上实现的，但是从价值评判的角度讲，社会主义必然要比资本主义体现出更多的公平正义，必然要使全体人民和劳动者共享社会发展的成果。否则，一部分社会成员只有义务没有权利，享受不到社会发展的利益，就难以体现出社会主义的优越性。

三　罗尔斯正义原则在和谐 社会建构中的历史局限

在建构和谐社会的历史进程中，罗尔斯的正义理论尽管有可供我们吸收利用的思想资源，但是，由马克思主义视阈观之，罗尔斯的正义原则又不可避免地带有一些历史局限性。这主要体现在以下几个方面：

第一，罗尔斯正义原则的精神实质仍然是资产阶级的价值观念，与马克思主义倡导的自由平等理念从本质上讲是根本不同的。罗尔斯认为，他的正义理论"可以把自由、平等、博爱的传统观念与两个正义原则的民主解释如此联系起来：自由相应于第一个原则；平等相应于与公平机会的平等联系在一起的第一个原则的平等观念；博爱相应于差别原则。"① 可以看出，贯注在罗尔斯正义原则中的价值观念其实就是自法国大革命之后资产阶级一直倡导的"自由、平等、博爱"理念。这些理念建立在资产

---

① ［美］罗尔斯：《正义论》，何怀宏等译，中国社会科学出版社1988年版，第106页。

阶级私有制基础上，早已失却了它们的本真含义。马克思主义经典作家在著作中多次对其进行批判。马克思主义主张，自由和平等应该建立在生产资料公有制基础之上，否则，就不会有真正的自由和平等。资本主义制度建立在生产资料私有制的基础上，其所谓的自由不过是资本自由地剥削劳动力的"自由"，其平等不过是实质不平等基础上的口号而已。我们在建构和谐社会的进程中，必须摒弃这种抽象的正义平等观，切实保障人民的各项平等自由权利。

其次，罗尔斯正义原则实质上是一种永恒的正义观，而马克思主义认为，任何正义原则都是一定时代的产物，"决不能超出社会的经济结构以及由经济结构制约的社会的文化发展"①。罗尔斯在《正义论》的开篇写道："正义是社会制度的首要价值，正像真理是思想体系的首要价值一样。""每个人都拥有一种基于正义的不可侵犯性，这种不可侵犯性即使以社会整体利益之名也不能逾越。"② 这与马克思主义形成了鲜明的对比。马克思主义认为，时代的经济状况决定该社会的政治生活和文化生活，正义观念归根结蒂是由时代的经济因素决定的，因此每一时代有每一时代的正义观，不承认有永恒的、不变的正义观。这就要求我们，在建构和谐社会的过程中，必须从现实经济状况出发，不能片面追求那种抽象的、永恒的正义。

再次，罗尔斯的正义原则主要关注"分配正义"，而忽视了生产过程，这样就把分配从经济运行的整体链条中抽离了出来。马克思主义认为，社会资源的分配，不仅仅是产品的分配，还包括更广阔的范围。"在分配是产品的分配之前，它是（1）生产工具的分配，（2）社会成员在各类生产之间的分配（个人从属于一定的生产关系）——这是同一关系的进一步规定。这种分配包含在生产过程本身中并且决定生产的结构，产品的分配显然只是这种分配的结果。"③ 这就告诉我们，不能只关心社会利益如何分配，而不关心其从何而来，必须将生产过程与分配过程联系起来综合考虑。

最后，从方法论上看，罗尔斯继承社会契约论传统，用纯然假设的

---

① 《马克思恩格斯选集》第 3 卷，人民出版社 1995 年版，第 306 页。
② ［美］罗尔斯：《正义论》，何怀宏等译，中国社会科学出版社 1988 年版，第 3 页。
③ 《马克思恩格斯选集》第 2 卷，人民出版社 1995 年版，第 114 页。

"原始状态"论证正义原则，是非历史主义的抽象思辨方法。恩格斯指出，"生产以及随生产而来的产品交换是一切社会制度的基础；在每个历史地出现的社会中，产品分配以及和它相伴随的社会之划分为阶级和等级，是由生产什么、怎样生产以及怎样交换产品来决定的。所以，一切社会变迁和政治变革的终极原因，不应该在人们的头脑中，在人们对永恒的真理和正义的日益增进的认识中去寻找，而应当在生产方式和交换方式的变更中去寻找；不应当在有关的时代的哲学中去寻找，而应当在有关的时代的经济学中去寻找。"① 质言之，马克思主义探究社会正义问题，坚持从现实经济状况出发，反对非历史主义的倾向。正是在这个意义上，有人将罗尔斯建构正义原则的努力视作"在脑子里做着很有意思的体操"②。因此，罗尔斯针对西方社会的不平等而提出的正义原则，只是在思辨的领域内对资本主义制度进行的改良。要真正解决这一问题，只能是彻底改变资本主义经济制度，实现新的物质生产方式和经济社会运行模式。

---

① 《马克思恩格斯选集》第 3 卷，人民出版社 1995 年版，第 617—618 页。
② ［日］川本隆史：《罗尔斯：正义原理》，河北教育出版社 2001 年版，第 8 页。

戴维·米勒基于"人类关系模式"的正义考量

　　自 20 世纪 70 年代以来，社会正义问题一直是西方政治哲学讨论的焦点问题。自由主义的平等主义思想家如罗尔斯、德沃金等人从社会公平的角度诠释正义，自由至上主义思想家如诺齐克、哈耶克等人在正义问题上持守个人权利至上的古典原则，麦金太尔等社群主义思想家则将正义指向共同体视阈中美德的追寻。诸神论战，各执一端。思想家们的探索开辟了探索正义问题的不同路向，提供了深厚的思想资源与学术启迪，但任何一种理论都没有穷尽正义问题的探究，社会正义仍然是一个开放式的论题。

　　在这种情况下，牛津大学著名政治哲学家戴维·米勒（David Miller）教授从他所谓的"人类关系模式"（modes of human relationship）入手，提出了一种新的社会正义理论，进一步拓展了社会正义问题的理论空间。这一理论在米勒的早期著作《社会正义》（*Social Justice*）中已初现端倪，在《社会正义原则》（*Principles of Social Justice*）一书中则做了全面、系统的阐述。笔者试图在本文中评介米勒的社会正义理论，以从中汲取有益的思想资源。

一　社会正义的范围

　　社会正义历来是一个内涵丰富且充满歧义的范畴，人们对它的理解多种多样。可以说，如何界定正义，是每一位论及正义问题的政治哲学家需要首先解决的问题。米勒认为，社会正义，"非常粗略地说，我们所讨论的是生活中好的东西和坏的东西应当如何在人类社会的成员之间进行分配。"① 具体地说，正义就是社会成员享有的利益与承受的负担与他们应当享有和承受的一致。否则，人们就有理由认为，社会政策是非正义的。可见，米勒并不倾向于从哲学形上学意义上来理解正义，而是借鉴了罗尔斯的思路，将社会正义问题归结为利益或负担分配的问题。

那么，这些利益或负担具体包括哪些内容呢？米勒认为，"一个利益的初步清单必须至少包括以下内容：金钱和商品，财产、工作和公职，教育、医疗、儿童救济金和保育事业，荣誉和奖金，人身安全、住房、迁移以及闲暇机会。"② 而这些利益"必须与非惩罚性的损失和负担那些较短的清单并置：兵役，艰苦、危险和低级的工作以及照顾老人。"③ 值得注意的是，在米勒制定的利益清单上，并没有包括人们通常认为属于社会正义调节范围的福利或幸福。因为米勒认为，福利或幸福是个人的一种心理状态，这种心理状态个人差异极大，所以它不应当属于社会正义的关注范围。质言之，人们能否获得一种物品，这牵涉到社会正义问题，而这种物品能否带给人们福利或幸福，则取决于个人体验，所以米勒认为"社会正义与赢得福利的手段有关，却与福利本身了无关系"。这在一定程度上反映了米勒思想中的程序正义倾向。

由于人们对物品的个人体验和私人评价存有歧异，所以，米勒认为社会正义涉及的利益与负担并不是固定不变的，并不存在罗尔斯所指称的社会的"基本的善"的规范条目。在这个问题上，"毋宁说，与正义相干的和不相干的物品之间的边界是滑动的，这一边界的位置既取决于我们的社会制度的技术能力，也取决于人们能够在特殊物品的价值上达成共识的程度。"④

二　三种关系模式与三个正义原则

如上所述，米勒认为社会正义问题就是要解决利益与负担在社会成员

---

① ［英］戴维·米勒：《社会正义原则》，应奇译，江苏人民出版社 2001 年版，第 1 页。

② 同上书，第 7—8 页。

③ 同上书，第 8 页。

④ 同上书，第 12 页。

中的分配问题，那么，如何实现这种分配呢？米勒提供了一条崭新的思路：从"人类关系模式"入手。米勒认为，人类社会虽然复杂多样，但都是由各种关系模式联系在一起的，只要区分出不同的关系模式，就能够准确地理解别人提出的正义要求，实现社会正义。米勒将多种多样的人类关系概括为三种基本模式，在其中各自对应着一种正义原则。这三种人类关系模式与三个正义原则构成了米勒正义理论的主干。

（一）团结的社群与需要原则

米勒认为："三种关系模式的第一种即团结的社群（solidaristic community），它存在于人们共享民族认同之时，而这种认同是由人们作为具有共同的民族精神的相对稳定的群体的一员来定义的。"[①] 具体说来，构成团结性社群的成员多是由共同的信仰和文化、亲戚关系、相互熟识等联结起来的，具有相互理解和相互信任的特征。"对大多数人来说，团结性关系主要存在于家庭之中。较为松散的团结形式则出现在俱乐部、宗教团体、工作小组、职业协会以及诸如此类的地方。在更大的范围，民族性提供了间接的和由共同的实践或共同的文化作为中介的社群形式。要具有超出家庭规模的直接的社会关系，人们必须进入到宗教社群或者集体农庄这样的世俗等价物之中。"[②] 在团结性社群中，应当实行"按需分配"的正义原则，同时要求社群中的每个人根据社群联系的紧密程度承担起相应的责任和义务，根据自身能力为满足别人的需要而做出贡献。

那么，什么是需要？如何确定个人的需要？米勒认为，应当根据"共享的社会规范"来确定人的需要。具体说来，这种需要就是"使得人们在他们的社会中过上一种最低限度是体面的生活的那些条件"。[③] 这里的"体面"概念是根据亚当·斯密"必需品"的思想而提出来的。亚当·斯密认为，必需品不但是维持生活必不可少的商品，而且按照某个国家的习俗，缺少了它，体面人和最低阶层的人民都会觉得有伤体面。在斯密生活的年代，例如亚麻衬衫和皮鞋就是这样的"必需品"。"共享的社

---

① ［英］戴维·米勒：《社会正义原则》，应奇译，江苏人民出版社 2001 年版，第 27—28 页。

② 同上书，第 28 页。

③ 同上书，第 234 页。

会规范"就是在这种体面生活的意义上提出来的，恰如米勒所言："为了使'各取所需'成为一个可行的正义原则，我们要求的只是希望实行这种原则的社群内部关于需要的共识。我已经给出的解释——并不忽视'需要'的生物学的内核，但强调对充斥在其周围的一种最低限度的体面生活的社会理解——满足这个要求。"①

米勒还指出，提出"按需分配"原则的思想家——例如马克思——是在物质资源充分涌流的情况下提出该原则的，在这种背景下关于正义的讨论不成其为问题。而在当代世界，物质产品并未达到马克思所设想的丰富程度，因此，我们必须解决在物质资源相对匮乏的情况下如何运用需要原则的问题。为了解决这一问题，米勒首先讨论了两种分配观：一种是"严格优先性"的观点，这种观点要求首先考虑最贫穷或处境最差的人，帮助他们直到他们的需要不再比下一个群体的需要更为迫切，然后再去考虑群体间需要的比较；另一种是"治疗类选法"的观点，这种观点来自于"由军医创始的把战争受伤者分为三类的实践：第一类是受重伤以至于即使进行大量的治疗其康复的机会也微乎其微的伤员；第二类也是严重受伤但只要有限的医疗资源就能使他得到挽救并重返战场的伤员；第三类则是无须治疗，到一定时候会自动康复的伤员。按照治疗类选法，第二部分伤员应给予治疗优先权，即使他们的需要没有第一类伤员来得大。如果时间或资源已经用尽，就只好让最严重的伤员死去。"② 米勒认为，上述两种观点都有缺陷。"严格优先性"的观点偏重于考虑处境最差的人的正义需要，而没有考虑处境较差的人的需要，没有在"最需要"与"较需要"之间做出比较而断然支持处境最差的人的需要。这对于那些处境较差的人来说，是不公平的。"治疗类选法"则犯了相反的错误。例如在处理伤员时，有时无法明确判断出第一类伤员是否处于不管怎样救治也会死去的境况，也许他们花费大量的资源就会活下去。在这种情况下，剥夺了这一部分人对医疗资源的任何要求，这也是非正义的。

米勒指出，上述两种分配观的缺陷实质上反映了在资源不足的情况下，我们无法达到十全十美的正义，而此时就应该通过比较和分析，采用使最终结果中的非正义最小化的分配政策。例如，在上述三种伤员的情况

---

① ［英］戴维·米勒：《社会正义原则》，应奇译，江苏人民出版社2001年版，第237页。
② 同上书，第240页。

中，"严格优先性"的观点要求首先关注第一类伤员，"治疗类选法"要求首先关注第二类伤员，而米勒则主张，必须在治疗第一类伤员与治疗第二类伤员所产生的满足的程度之间做出比较，选择能够提供最大满足程度的方案。由此，米勒认为："需要原则是更有辨别力的：它适当地重视由于其大量的需要而离常态最远的那些人，但它对那些更接近常态的人的处境的变化也保持敏感。"①

（二）工具性联合体与应得原则

工具性联合体（instrumental association）是人类关系的第二种模式。在这种关系模式中，人们以功利的方式联系起来。其典型形式是社会生活中的经济关系。除此以外，在其他组织中，如果把工作视作获取报酬、升迁或达到其他私人目标的手段，并将同事视作实现这些目标的合作者，也都可以看作工具性联合体。在这种关系模式中，"相应的正义原则是依据应得分配。每一个人作为具有用来实现其目标的技术和才能的自由行为者加入到联合体当中来。当其所得与其贡献相等时，正义就得到实现了。"②

那么，到底什么是应得呢？米勒指出，在关于应得的观念上，人们一般持三种观点：（1）积极的观点：承认存在一种融贯的、唯一的应得概念；（2）消极的观点：不承认存在这种关于应得的正义观念；（3）多元主义的观点：认为在讨论正义问题时可以以应得的名义提出各种要求，但在这些要求之中，缺少一个明确的、一致的应得概念。与此相对应，在应得和正义的关系上，也有三种观点：（1）积极的观点：认为正义应当主要地根据应得来理解；（2）消极的观点：认为应得与正义毫不相干；（3）多元主义的观点：认为应得与正义有关，但应得不是唯一的或者不是主要的正义标准。在应得观念上，米勒持积极的观点，认为存在一种圆融自足的应得概念；而在应得和正义的关系上，米勒持多元主义的观点，认为除应得原则外，还应该给其他正义原则留出足够的应用空间。

米勒还提出，人们在生活中会做出种种关于应得的判断，其中有的与正义相关，有的则与正义无关，因此对这些判断必须仔细辨别，剔除那些与正义无关的判断。米勒将人们所说的应得判断分成主要的应得判断、次

---

① ［英］戴维·米勒：《社会正义原则》，应奇译，江苏人民出版社2001年版，第243—244页。

② 同上书，第29页。

要的应得判断和假冒的应得判断三种。所谓"主要的应得判断"，指某人或某集体基于其行为或业绩，应当得到某种利益。这种行为或业绩应是造成这种利益的原因。即是说，应得要求一种道德上的动机，强迫、运气、错误动机等等因素不能成为"应得"的原因。例如，"有人完成了一次危险的营救，但却有证据表明他只是由于希望得到向他道谢的受害者的报酬才这样做的，这样，由于我们认为基于那种理由做那件事的人不大可能像我们推测的那样认识到营救是令人害怕的，我们就会修正我们的判断，低估他的应得。"① 所谓次要的应得判断，是指人们基于个人的潜在才能而不是实际业绩来断定人们的应得。例如，人们说，完成工作能力最强的人应当取得那份工作。这时人们做出的这个应得判断，是根据此人之前的成绩而不是根据他在以后工作中的实际表现做出的。这就属于次要的应得判断。所谓假冒的应得判断，是指人们的判断没有与当事人实际做出的成绩联系起来。例如，在世界小姐大赛中，人们说某国小姐应当摘得桂冠，因为她最漂亮。此时人们做出的这个判断，仅仅是依据比赛的标准对她进行评价——最漂亮就是最符合标准。在这里依据的既不是业绩，也不是对于才能的预期，这就是"假冒的应得判断"。米勒认为，只有在前两种应得判断中，"应得"作为一个正义原则才提供了道德上的正当性，此时，根据"应得"进行分配才是正义的。

（三）公民身份与平等原则

公民身份（citizenship）是第三种人类关系模式。米勒认为："在现代自由民主制条件下，政治社会的成员不但通过他们的社群和他们的工具性联合体，而且作为同等的公民相互联系。这种社会的任何正式成员都是一起确定公民地位的一组权利和职责的承担者。"② 也就是说，在现代社会中，社会成员拥有着共同的社会地位与政治地位，这种同等的公民身份成为社会成员的又一种关系模式。在公民身份联合体中，首要的正义原则是平等。

平等是一个含义异常复杂的范畴，如何界定平等是一个难题。米勒在对思想史上出现的平等观分析批判的基础上，提出了两种不同的平等观，

---

① ［英］戴维·米勒：《社会正义原则》，应奇译，江苏人民出版社 2001 年版，第 148 页。
② 同上书，第 32 页。

一种是与正义有联系的平等观，另一种是独立于正义之外的平等观。"第一种平等是分配性的。它确定了某种利益——例如权利——应当平等地加以分配，因为正义要求这样做。第二种平等则并非在这种意义上是分配性的。它并不直接确定对权利或资源的任何分配。相反，它确定了一种社会理想，即一个人们相互把对方当作平等来对待的社会——换句话说，一个不把人们放到诸如阶级这样等级化地排列的范畴中去的社会——的理想。我们把第二种平等称作地位的平等，或简称社会平等。"① 按照米勒的分析，第一种是个人主义的分配平等，第二种是整体论的社会平等。这两种平等所依托的政治传统和理论资源是不同的，前者来自于自由主义，后者来自于社会民主和社会主义。当对社会上的不平等事态提出批评和矫正时，前者诉求的是个人的公平权利，而后者则关注这种不平等事态所导致的严重的社会问题。那么，人们对平等的理解应该遵循分配平等的思路还是社会平等的思路呢？米勒认为，这两种平等都是我们所需要的，"不应当陷入认为只有一种有价值的平等而又必须在对那种价值的个人主义的或整体论的解释之间做出选择的窘境。"② 之所以这样认为，是因为在公民身份这一关系模式中，分配平等与社会平等不但不会引发冲突，而且会相互补充，共同塑造一种更大的平等。正如米勒所说："平等的公民身份和依系于它的具体权利提供了一个根本的出发点，从它出发能够迈出朝向一种更广泛的社会平等的步伐。"③

团结性社群、工具性联合体与公民身份这三种关系模式在人类社会中，不是居于同等重要的地位，而是有着不同的排列次序。"在正常的环境中，关系的显著性是逐渐降低的。我们最直接地意识到的是我们的家庭和其他社群关系；其次是专心于经济的和其他工具性的关系；最后是公民身份，对大多数人来说，它是遥远的并被苍白地理解的联合模式。"④ 但是，不管怎样，在人类社会的三种关系样式中，都应该采取其相应的正义原则："在一个社会的主要制度符合需要、应得和平等原则——这些原则一起确定了把利益和损失分配给个别成员从总体模式——的意义上，这个

---

① ［英］戴维·米勒：《社会正义原则》，应奇译，江苏人民出版社2001年版，第259页。

② 同上书，第260页。

③ 同上书，第273页。

④ 同上书，第42页。

社会是正义的。"①

三　米勒社会正义原则的优长与缺失

米勒着眼于"人类关系模式"而提出的多元主义社会正义理论，从当代西方政治哲学发展嬗变的脉络以及现实实践的层面来看，都是颇有创发意义的。

首先，米勒的社会正义理论以"人类社会关系模式"为切入点，力图超越自由主义正义诸理论以个人权利为基础的个人主义立场，这一理论努力是值得肯定的。西方自由主义正义理论，大多以个人权利为出发点，强调"天赋人权"、强调"个人权利不可侵犯"，较少从社会整体的角度来考虑正义问题。例如，诺齐克认为："个人拥有权利。有些事情是任何他人或团体都不能对他们做的，做了就要侵犯到他们的权利。这些权利如此强有力和广泛，以致引出了国家及其官员能做些什么的问题。"② 在这里，诺齐克首先关注的是个人权利为国家与社会留下了多大的权利空间，将个人权利提升到国家与社会之上，使后者只能在个人权利辐射不到的范围内活动。这样一种理论出发点，显然会使其正义理论带有浓厚的个人主义色彩。作为社群主义思想家，米勒提出了一种迥然不同于自由主义者的理论。他对自由主义的正义理论存有异议，认为这些理论"都没有准确地把握住我们根深蒂固地持有的关于社会正义的信念。"③ 其原因，正如加拿大著名政治哲学家威尔·金里卡所说，"现代自由主义者采取的是抽象的、个人主义式的立论，与之相反，他们（指社群主义者——引者注）提议一种更具情景性和更敏于共同体的立论。"④ 如前所述，米勒的理论高度关注社会正义的应用环境，重视正义原则的有效适用空间。正如米勒所言，"正因为其出发点不同，与在晚近的政治哲学中得到发展的大多数理论相比，本书提出的正义理论具有不同的特点。除了对大众舆论更为敏

---

① ［英］戴维·米勒：《社会正义原则》，应奇译，江苏人民出版社 2001 年版，第 102 页。

② ［美］诺齐克：《无政府、国家与乌托邦》，何怀宏等译，中国社会科学出版社 1991 年版，第 1 页。

③ ［英］戴维·米勒：《社会正义原则》，应奇译，江苏人民出版社 2001 年版，第 289 页。

④ ［加］威尔·金里卡：《当代政治哲学》（下），刘莘译，上海三联书店 2004 年版，第 378 页。

感外，它还更为密切地注意正义原则适用的社会情境。"① 正是这种理论关注，使米勒的理论摆脱了自由主义正义论者对个人的抽象的、"单子"式的理解，转而从人类社会关系入手来考察正义问题。

其次，米勒的社会正义理论甄别了不同社会关系下人们的不同正义要求，强调多元主义正义原则，这使其正义理论更富于宏观、辩证的特色。在迈克尔·沃尔泽、米勒等人的多元主义正义理论提出之前，西方政治哲学界往往局限于用一种单一的正义模式来确立原则、规导现实。例如，功利主义强调将"最大多数人的最大幸福"作为正义的标准。罗尔斯对功利主义的正义原则提出批评，借助于洛克、康德的社会契约论传统提出了他的两个正义原则，以公平诠释正义，突出强调弱势群体的利益。诺齐克则提出了个人权利至上的正义理论，认为维护个人权利是社会正义的旨意所系。以上这些理论，不管哪一种，都试图用一种正义原则为社会确立规范，以解决纷争不休的社会正义问题。然而，如同米勒所指出的，人类社会是一个复杂的共同体，其中，具有各种各样的关系模式，处于不同关系模式之中的社会成员对于何为正义有着不同的看法和要求，因此，单一的正义模式在面对不同群体的不同要求时，往往会不知所措。从这个意义上讲，米勒由需要、应得、平等构成的复合正义原则，能够更加辩证地面对世界的多样性和正义冲突。

当然，米勒的社会正义理论也不是完美无缺的。例如，米勒的理论出发点让我们想到马克思的著名论断："人的本质不是单个人所固有的抽象物，在其现实性上，它是一切社会关系的总和。"② 马克思认为，人的社会关系是体现人的本质属性的一个范畴，不同的社会关系从某种程度上决定着不同的需要、利益等，所以从社会关系入手考虑社会正义问题有积极意义。但是，米勒对人类关系模式的划分，撇开了阶级和阶层关系，这在现实中很可能是行不通的。例如，在米勒所划分的工具性联合体中，资本家阶级和工人阶级由于经济利益的冲突，必然具有不同的正义要求，对什么是"应得"也存在着不同甚至针锋相对的理解，在这种情况下，如何用应得原则来统率工具性联合体领域呢？从这里可以看出，米勒对三种人类关系模式的划分，其标准是有待进一步完善的。

---

① ［英］戴维·米勒：《社会正义原则》，应奇译，江苏人民出版社 2001 年版，第 2 页。
② 《马克思恩格斯选集》第 1 卷，人民出版社 1995 年版，第 56 页。

再如，马克思主义认为，社会资源的分配，不仅仅是产品的分配，还包括更广阔的范围——"在分配是产品的分配之前，它是（1）生产工具的分配，（2）社会成员在各类生产之间的分配（个人从属于一定的生产关系）——这是同一关系的进一步规定。这种分配包含在生产过程本身中并且决定生产的结构，产品的分配显然只是这种分配的结果。"① 正是秉持着这一观念，马克思并未在产品分配上大做文章，而是深入到资本主义社会生产方式的内部，深入解剖资本主义生产的各个环节，从而为解决社会正义问题开辟了现实的道路。与之相比，米勒对社会正义的讨论主要集中在资源分配方面，而很少关注资源的产出问题，这就使其正义理论缺少坚实的物质基础。从这个意义上讲，米勒的社会正义理论还需要进一步深入"社会正义原则"的背后，引入更为具体深刻的经济社会内容。

① 《马克思恩格斯选集》第 2 卷，人民出版社 1995 年版，第 14 页。

学术述评

哲学与史学的对话:"唯物史观与历史评价" 全国学术研讨会述评

为了推动跨学科的沟通合作,在不同学科的交叉互动和视界融合中寻找更加富有现实解释力与思想创造性的学术生长点,中国社会科学杂志社拟推出"当代中国社会科学前沿系列对话",推动学术界在不同学科之间展开富有学术质量和理论深度的对话交流,扎扎实实地推进中国社会科学理论与方法的创新。

哲学与史学的对话:"唯物史观与历史评价"全国学术研讨会,是当代中国社会科学前沿对话的第一场,由中国社会科学杂志社与复旦大学哲学学院、复旦大学国外马克思主义与国外思潮研究基地、复旦大学当代国外马克思主义研究中心共同主办,于 2007 年 10 月 9—10 日在复旦大学召开。出席本次对话会的有中国社会科学杂志社总编辑高翔研究员、中国社会科学出版社总编辑赵剑英编审,以及哲学学者张一兵、孙正聿、杨耕、丰子义、王南湜、俞吾金、吴晓明、陈学明、王德峰、邹诗鹏、张奎良、叶险明、童世骏、张雄等,史学学者庞卓恒、冯天瑜、张广智、葛兆光、姜义华、李杰、李红岩、陈新等。

这次对话会共收到了二十余篇学术论文,均是紧紧围绕着哲学与史学对话这一主题而写作的,力图把本学科的运思路径和理论触角绵延至新的学术领域,在两个学科的交互视野中收获新的思想创见。《中国社会科学》与《历史研究》将有选择地刊发部分论文。为了扩大对话成果,加强现场互动,这次会议还改变了以往学术会议部分学者主题发言、大部分学者台下听会的模式,而把重点放在了学者之间的对话和讨论上。其基本程式为，先由相关学者就所提交的论文进行简明的观点陈述，随即转入全体对话和讨论时段。与会学者共进行了六场对话，就唯物史观的科学品格与方法论意义、历史唯物主义与历史构境、历史事实与理论视角、历史规律与主观意志、历史意义与当代价值以及历史虚无主义批判等问题进行了较为深入的交流。学科对话的模式激发了思想的熠熠光华，会议议程的革新更是直接带动了不同理论观点的碰撞交辉。在座学者竞相发言，或立论或反驳，或诘问或辩护，或声援或反思，会议现场气氛热烈友好，生动活泼，令人振奋。这次对话会大大推进了哲学与史学两个学科领域的沟通交流，取得了良好丰硕的学术成果。总的说来，会议成果集中表现在四个方面：（1）学科对话与学术创新的必要性；（2）唯物史观在学术研究中的方法论意义；（3）唯物史观与历史评价问题；（4）对历史虚无主义等思潮的剖析与批判。

一　学科对话与学术创新的必要性

不同学科之间的学术对话有没有必要，它将在哪里找到其合法性根基，它又怎样在不同学科的交集和贯通中获得真实而深刻的学术成果？这一系列问题是哲学与史学以及其他对话的前提省思，舍此，学科对话将成为无本之木、空中楼阁。

中国社会科学杂志社高翔总编辑就此提出，当前，社会科学的发展已经到了一个新的转折点，每个学科都面临着下一阶段向哪一个方向发展的选择。在各种思潮相互激荡、各种方法相互冲击的情况下，加紧跨学科的对话和研究，可以给既有的学科研究范式和话语体系带来新的启迪与冲击，为学术生长提供新的巨大空间。在不同学科的对话中，哲学与史学的对话是最有基础的。历史学讲的是究天人之际、通古今之变。以现代意义上说，天人之际讲的是人与自然规律的关系，古今之变则是社会演变的规律。历史学研究要对上述关系和规律形成自己基本的、独立的观点，这和哲学研究在最高层次上应该是一致的。最近这几年，无论是哲学还是史学，都面临着加强对话的需要。马克思主义哲学要实现自身对各个学科的指导地位，必须加强与各个学科的相互沟通、了解，向各个学科提供最新、最前沿的研究成果。历史学在改革开放后几十年取得了长足的进步，但也面临着比较严峻的挑战和危机，其一是历史学出现了淡化理论的倾向，过度陶醉在对个别事实的精雕细琢中，其二是盲目崇拜西方史学的理论和方法，妨碍了我们的独立思考和理论创新。在这种情况下，学术界亟须重新认识唯物史观的价值，构建以马克思主义为指导的，与时俱进的和适合当前社会发展趋势的学科基础理论体系与价值评判标准。

复旦大学俞吾金教授认为，在哲学研究中同样存在着对史学研究的疏远，有些哲学研究不下艰苦的工夫研究史料，满足于哲学领域内的自说自话。在哲学和史学的对话过程中出现了一些困难，这是因为长期以来学科之间的交流不多，过去几乎没有对话。通过不同学科的对话，可以起到知识结构互补的作用，双方的理论借鉴和对经验材料的不同理解可以对对方产生非常有益的影响。天津师范大学庞卓恒教授说，据他回忆，这次哲学与史学的对话恐怕是新中国成立以来的第一次，这种对话本身就是一种创新。复旦大学张广智教授认为，历史学家也应当是思想家，没有哲学的深度就不能达到对历史的深入理解，为此，应当打破学科之间的围墙，倡导跨学科与多学科的研究。吉林大学孙正聿教授说，两个学科之间的对话是必要的，但这种对话不仅是困难的，而且是非常艰难的，像哲学以什么样的角度切入史学等，都需要作为基础问题深入研究。复旦大学葛兆光教授认为，一个好的历史学家，应当以一定的哲学理论作为其论述基础。哲学与历史之间，未必有多么深的鸿沟，彼此之间是可以互相对话的。通过对话，两个学科领域的语言、概念、思路、方法能够互相接近，但同时，填平鸿沟并不等于彼此没有界限，学科对话绝不是说和光同尘，绝对同一。南京大学张一兵教授认为，倡导史学与哲学的对话，恰恰缘起于当代中国学术研究过于硬化的学科边界和学科陌生性，这可能是 20 世纪自然科学与教条主义意识形态留给我们的某种理论后遗症；而对话即是推倒学科之间的屏蔽之墙，打破学科壁垒，探索面对今天的总体性社会生活时所共通共识的理论方法。

实际上，对学科对话与学术创新的必要性的思考，贯穿和隐含在几乎所有学者的发言以及讨论中，学者们对这一点均持积极性肯定态度。有学者就此提出，对话会的设置本身就应当成为中国现代学术史上不可忽略的一笔。

二 唯物史观及其方法论意义

唯物史观是马克思毕生研究所达致的两大科学发现之一，是马克思主义最基本和最重要的理论成果。在中国近现代学术史上，老一辈学术工作者在中西今古之变和多种学术思潮的振荡冲突中，自觉地以唯物史观和马克思主义为指导建立了现代学术话语体系。马克思主义成为中国现代学术的旗帜和灵魂。时过境迁，当代中国和世界已经发生了和正在发生着急剧的变革，时下各种学术思潮和不同研究范式又在中国思想学术界展开了激烈的碰撞横决。在这种情况下，唯物史观如何结合当代中国实践绽发出新的形态，如何在学术研究中进一步深化其方法论意义，就成了这次对话会必须回答的一个重大主题。

复旦大学吴晓明教授认为，历史唯物主义作为历史科学的方法论，对于当今史学研究具有重大意义。但长期以来，一方面由于哲学与史学的疏离隔绝，另一方面由于现代形而上学强化和巩固了实证主义或自然主义的意识形态，所以历史唯物主义作为历史科学方法论的意义在很大程度上仍然是蔽而不明的，它或者被当作形而上学的固定模式或先验框架，或者被看作完全无批判的实证主义。他认为，历史唯物主义的方法论特征实际上突出地体现为三个基本方面：（1）社会现实的发现。这意味着，历史事实只是在社会现实中构成并通过社会现实而显现出来，历史事实的客观性归根到底不过是社会现实的客观性；因此，历史科学的真正任务就在于切中并把握社会的现实，并从而揭示历史事实本身的客观意义。（2）总体性的观点。在马克思看来，总体性的现实乃是在人类的实际生活过程中感性地生成的社会关系，在这里，历史唯物主义作为历史科学方法论的意义明确地表现为：只有当一切孤立的历史事实、历史现象或历史人物从属于这样的总体之时，它们才有可能作为真正的现实被理解和把握。（3）具体化的路径与实行。历史唯物主义不是抽象的思想，而有其具体化路径，这就是马克思在《〈政治经济学批判〉序言》中概括的经济基础与上层建筑的辩证关系原理。之所以把这个"基本原理"理解为并称为历史唯物主义的具体化路径，不仅在于突出其方法论的意义，而且在于强调这一方法论纲领按其本性来说不是现成的、自身封闭的；毋宁说，它只是开辟了一条经由社会现实的总体来具体理解人类历史的道路。正是因为这一具体化路径,历史唯物主义才能够作为历史科学的方法论而存在。

俞吾金教授则从唯物史观的基本理论出发,对历史事实与理论视角、客观规律与主观意志、历史意义与当代意义等问题进行了阐述。他认为,尽管历史唯物主义是一种哲学理论,历史学是一门实证性学科,但前者却为后者奠定了正确的思想基础,并使后者真正获得了科学的尊严。历史唯物主义为人们理解历史事实提供了科学的理论视角和理论思维的指导,从而可以勾勒出某个历史事实的整体面貌。同时,历史唯物主义理论启示我们,作为一个当代人,尤其是当代中国人,要准确地把握历史事实研究,乃至整个历史研究的当代意义,前提是必须准确地理解当代中国社会生活的本质。因为任何历史事实,乃至全部历史的当代意义都隐含在这一社会生活的本质之中。

庞卓恒教授则力图从唯物史观是科学这一角度来重申唯物史观的方法论意义。他认为,科学就是揭示了客观事物存在和变化的因果必然性规律,并经过实践检验证明这些认识是真理的知识体系。他重新解读了"生产力与生产关系"、"经济基础与上层建筑"、"社会形态从低级向高级的发展"、"社会存在和社会意识"、"阶级对立和阶级斗争"、"历史发展的一般规律和特殊规律"、"历史发展的必然性和偶然性"、"人民群众和历史人物在历史发展过程中的作用"、"共产主义实现的历史必然性"等唯物史观的一系列基本概念,并在此基础上提出,唯物史观揭示了人类历史发展的因果必然性的普遍规律,因而唯物史观及其指引的历史学研究是科学。

复旦大学姜义华教授提出,在当前的社会实践中,劳动、资本、分工等很多问题,实际上都不是在唯物史观的框架下进行分析的。有些人对问题的态度,正如马克思所指出的,归根到底是换一种方式来解释现存的问题,即通过这样一种解释来承认现实。如同青年黑格尔派一样——用的是震撼世界的词句,实际是最大的保守分子。因此,当前最大的问题,是厘清马克思的历史唯物主义及其所批判过的各种思潮。

复旦大学王德峰教授充分阐释了唯物史观在史学研究中的去蔽作用。他认为,在马克思那里,真正的历史科学要研究的不是肯定的事实或者已经包含了理论成分构架的事实,而是人们的实践活动和他们的实际发展过程以及人们能动的生活。马克思第一个真正发现了生产关系,在物质生产中揭示了本真的历史性,而只有认识到物质生产是人的现实生活的本质来历，认识到它为历史奠基，才可能去除对本真的历史性的观念遮蔽。唯物史观的"唯物主义要点"，就在于让"时代的现实动因"，即物质生产方式变更的历史运动本身呈现出来，而不是只看到那些遮蔽了现实动因的形式，比如，只看到宗教的观念、哲学的观念或政治的观念，并把它们当成造就了一个时代的动因。

北京师范大学杨耕教授从历史认识论的角度阐发了唯物史观的当代形态问题。他提出，历史认识论是现代西方历史哲学的理论主题，也是唯物史观在当代创新的理论生长点。这是因为：第一，马克思对历史认识论有所论述但又没有具体展开、详加探讨；第二，当代社会实践、科学、历史学、哲学向纵深发展又突出了这个问题，即成为通常所说的热点问题；第三，上述诸方面的发展又为解决这一问题提供了现实可能性。正是在这三层意义上，历史认识论成为唯物史观在当代的理论生长点。从这个意义上理解，产生于19世纪的唯物史观主要是一种历史本体论，但其中以萌芽的形式包含了历史认识论。这主要体现在，马克思提出了认识和研究历史的抽象方法与理解方法，并实现了历史本体论和历史认识论的统一。即，唯物史观不仅要回答历史是什么，而且要回答如何认识历史的问题，达到了历史本体论和历史认识论的统一。

三　唯物史观与历史评价

历史是一个沉重的话题。如何正确地进行历史评价，历来是一个严肃的理论和现实问题。历史评价的论定、修正甚或重估，往往会对现实社会的发展进程和人们的思想观念产生极其巨大的影响。然而，现今在后现代主义和历史虚无主义思潮的冲击下，历史评价似乎变得简单、轻松、随意了。历史仿佛真的成了"可以任人打扮的小姑娘"。可以说，历史评价问题，尤其是以唯物史观为指导的历史评价问题正面临着严峻的挑战。如何面对历史，如何以唯物史观为指导进行历史评价，如何使这种评价符合历史本身的逻辑，这是与会学者集中讨论的又一重要问题。

北京大学丰子义教授分析了唯物史观视野中的评价及其标准问题。他认为，从大的方面来看，评价主要涉及两种，一是历史评价，一是价值评价；与此相应，评价的尺度也有历史尺度与价值尺度两种。所谓历史尺度，主要着眼于社会历史发展的客观规律，以能否有利于社会生产力的发

展和社会文明水平的提高作为标尺对历史加以评价；所谓价值尺度，亦即
道德尺度，主要着眼于历史发展对人的存在和发展的意义，以一定的道德
准则和主体性原则作为标尺对历史进行评价。前者属于客体尺度，后者属
于主体尺度。从马克思的基本观点来看，就历史发展长过程和总的趋势而
言，两种尺度是一致的，随着生产力的发展和整个社会的发展，人也在趋
向全面发展；另一方面，就历史发展的特定阶段和特定问题来说，两种尺
度又可能存在着某种不一致，从历史尺度看可能是合理的，从价值尺度看
可能是不合理的，反之亦然。在两种评价尺度发生冲突的情况下，历史评
价始终是首要的，价值评价则是第二位的。自觉地坚持这样的历史观与价
值观，对于正确进行历史评价是非常重要的。

　　复旦大学陈学明教授尖锐地指出，当前中国学术界争论的一个重大问
题，是我们在评价历史事件、历史人物的时候，需要不需要以唯物史观来
指导。的确有一些人发表文章企图否定唯物史观在历史人物、历史事件评
价中的指导作用。因此，把唯物史观与历史评价的关系作为一个尖锐的问
题提出来，不仅有理论意义，更具有现实意义。唯物史观在认识、看待历
史的时候，充分注意到两个环节：事实的历史性与事实的整体性。以此为
主要特征的唯物史观的观察历史的方法，其现实意义体现在，可以帮助我
们思考人类究竟还需要不需要理想的问题。质言之，人类需要不需要为我
们自己的行动设立一种奋斗目标，人类是否需要重新回到"运动就是一
切，目标微不足道"的轨道上去？唯物史观在面向历史的时候，把过去
的所有历史事件和历史总体联系在一起，把当前塑造的一切和历史的总体
联系在一起，这充分彰显了理想和目标的意义。因此，人类不应该放弃目
标和理想，应当永远高扬理想主义的追求。

　　首都师范大学叶险明教授则将历史评价作为唯物史观与历史学的一个
重要契合点。他提出，唯物史观与历史学间的内在逻辑联系一旦被"淡
化"，唯心史观和虚无主义就会"乘虚而入"。近些年，我国哲学界和历
史学界对唯心史观和虚无主义批判的著述虽比较多，但后者对包括哲学界
和历史学界在内的整个学术界的影响非但没有减弱，而且还有蔓延的趋
势。其原因除了研究主体知识结构的局限和狭隘的学科视阈所导致的哲学
研究与历史学研究的分裂倾向外，也与我们只注重批判中国虚无主义具体
观点，而忽略了对中国虚无主义的思想文化支撑点作系统的批判性分析有
关。因之，明确唯物史观与历史学的内在逻辑联系、加强哲学与历史学的

联盟，批判性地分析中国虚无主义的思想文化支撑点，是在当代坚持和发展唯物史观，确立历史评价科学性的三个重要逻辑环节。

张一兵教授从历史唯物主义角度阐发了历史构境的问题。他认为，依马克思的历史唯物主义立场，"意识"并没有自身独立存在的历史，任何观念的历史都依存于人类现实社会的存在和发展。历史的观念同样如此。人的历史观念总是一定历史条件下人们对过去社会生活的主观重构，而一定的社会历史生活结构则生成着人们再现历史生活的一定的重构方式。对马克思来说，人类社会的历史，并不是辉格式的线性进步时间，而是人的社会存在方式的历史转换本身。社会存在并不是外在于人的物性实体或实存，而是在人对自然的对象化关系和人与人的社会关系中建构出来的有序性社会生活世界。社会存在本身就是历史的，历史已经内在地编织进当下的社会存在之中。因此，对于历史的理解从来就不能离开对当下社会生活的把握，任何历史都是一种为研究主体所建构的历史情境。

孙正聿教授则提出，唯物史观与历史评价问题，应当有不可回避的现实针对性。这包括两个方面，一是怎样看待经济全球化过程中的当代世界，二是怎样看待和评价市场化过程中的当代中国。而在评价当代世界和当代中国的时候，需要建立在把握整个人类历史的基础上。在马克思那里，历史是追求自己的目的的人的活动，因此，人类历史实质上是一个所谓趋利避害的历史。也正是由于趋利避害问题，才向人类提出了历史评价的问题。换言之，人类在实践活动中，总要思考何者为利、何者为害、究竟怎样才能趋利避害等，对历史做出评价和选择的问题。哲学作为一种理论化的人类自我意识，应当更深层地揭示对历史的理解。

如何看待唯物史观及其在中国的传播问题，这本身就属于历史评价的一个重要课题，武汉大学冯天瑜教授对此作出了详细解答。他认为，唯物史观自20世纪初叶即流布于中国，并逐渐衍为主流历史观。其中，五四新文化运动和中国社会史论战是唯物史观在中国早期传播的两个关键阶段。在这两个阶段中，一方面通过译介与运用唯物史观，对中国史学发展起到了积极引导作用，另一方面又因其"左"派幼稚病而导致了两种偏颇：其一是把西欧历史模式放大为普世规则，陷入了历史单线进化论；其二是忽视反映社会形态的核心概念的准确性，导致了中国历史宏大叙事的紊乱。今日反观唯物史观在中国早期传播的成败得失，应当克服两种偏颇，复归和完善唯物史观的科学体系，并努力达成对唯物史观及其社会形态学说的正确理解、合理运用与创造性发展。

　　上海财经大学张雄教授从历史的普遍性和历史的特殊性这一角度对历史评价问题提出了自己的见解。他认为，"普遍性"是对历史的合目的性与历史的合规律性的哲学抽象，意指历史可以根据一个合理的、为人理解的计划而展开，并且朝着一个历史的理性目标所前进。"特殊性"则是指与历史的普遍性相对应的异质、多样化的"历史对抗性"，即单个人的非社会的社会性，它包括人性中所固有的私向化、自由意志、贪欲和情欲、利己主义行为等倾向。在具体的历史进化过程中，历史的普遍性和历史的特殊性总是呈现着极为复杂而又辩证的性质。马克思运用唯物史观，深刻地思考并揭示了现代性资本社会普遍性与特殊性矛盾性状的本质。在马克思那里，既反对绝对的特殊性或个别性，又反对绝对的普遍性原则。历史进化过程中的普遍性与特殊性的存在，反映了人类生存世界的两种需要、两种追求：现实与理想、物质与精神、生活与信仰、本能与审美、劳作与预期等。历史正是在实践的推动下，不断解决因上述需要和追求所引发的一系列生活世界的矛盾、冲突和对抗，使人的发展和类的提升成为可能。

四　历史虚无主义等思潮析评及其他

　　哲学与史学对话不是坐而论道，袖手清谈，而是充满了强烈的现世关怀和忧患意识，对历史虚无主义、历史目的论等思潮的剖析即是一例。一段时间以来，历史虚无主义等思潮照搬西方个别史学流派的观点，淡化和否定马克思主义在史学研究中的指导地位，以貌似超然的客观主义态度研究中国历史尤其是近现代史。然而，这些思潮不过是导源于西方文化的无节制崇拜和无意识摹写，而生发的对中华文明的虚无以及对中华民族学术生命力与创造力的否定，它所深刻表征的是某些学者在学术上的失语和无思考状态。与会学者从不同方面、不同角度对这些思潮展开了深入的分析与批判。

　　中国社会科学院李红岩研究员在讨论中重点谈到，现在史学界涌动着历史虚无主义思潮，它其实"虚无"的就是唯物史观。换言之，唯物史观在史学界面临的挑战是唯物史观还管不管用，以唯物史观为指导进行历史研究，是促进还是阻碍了学术发展。他认为，这要从唯物史观在中国的传播谈起，唯物史观之所以能够在中国立稳脚跟，是因为回答了当时中国人最迫切的问题，即中国社会的性质和出路问题。一百年来的中国史学史已经表明，唯物史观非但没有束缚中国史学的发展，反而帮助中国人空前深刻地揭示了中国历史的奥秘，极大地促进了中国史学的发展。将唯物史观应用于历史学，能够帮助史学家"从政治形式的外表深入到社会生活的深处"①。另外，唯物史观的一大贡献就是把社会形态理论引入了历史学研究，这样的论证方式是两千多年的中国史学所没有的。因此，建立新世纪中国马克思主义史学理论体系，必须坚持以唯物史观为指导。

南开大学王南湜教授提出，历史目的论是一种根深蒂固的历史唯心主义观念，它把历史的主体预设为某种抽象的诸如"精神"、"上帝"、"理性"之类的存在物。尽管马克思主义哲学创始人对于历史目的论进行了极其严厉的批判，但它并未绝迹，而是以各种方式残存于人们的头脑之中，影响着人们对于历史唯物主义的正确理解，甚至将历史唯物主义也阐释成为一种历史目的论变体或一种隐蔽的历史目的论。这样一种隐蔽的历史目的论影响着人们对于历史的正确评价，并且往往诱发诸如历史虚无主义的理论倾向。而在唯物史观看来，人只是从事现实活动的人，人既是历史剧的"剧作者"又是"剧中人物"。因此，历史的目的只能是实践着的人的目的，在此之外根本不存在一种抽象的历史的目的。

复旦大学邹诗鹏教授对解释学史学观展开了深入的分析批判。他认为，解释学史学可区分为三个大的阶段，第一个阶段是狄尔泰、克罗齐以及科林伍德的历史解释学及其思想史研究，第二个阶段是在现象学、特别是海德格尔此在现象学基础上发展起来的伽达默尔的哲学解释学及其史学模式，第三个阶段则是后现代解释学及史学模式。这三个阶段，分别标示着历史的三个基本规定性即客观性、历时性与总体性的丧失。这样，解释学史学观就呈现出浓厚的相对主义特征，而其背后则是历史虚无主义的巨大思想氛围。与之相对，马克思的唯物史观，强调历史活动中的人、实践活动及其主体性，并批判了思辨的历史哲学，强调自身是"人的科学"及"历史科学"，是"现实的人及其历史发展的科学"，因而对解释学史学观作出了有力批判。也正由于此，在解释学史学路向上不断被消解的历史客观性、历时性以及总体性，在唯物史观中得到了建设性的保留。唯物史观蕴涵的历史进步及其人类解放论，有理由作为抵制和遏制历史相对主

---

① 《马克思恩格斯全集》第 12 卷，人民出版社 1962 年版，第 450 页。

义与历史虚无主义的思想资源。

云南大学李杰研究员提出,在中国几十年的史学理论研究中,西方分析历史哲学、后现代主义史学观等有较大影响,这种影响既有正面的,也有负面的。其中负面影响主要表现为否定历史事实的客观性,否定历史规律的存在,否定历史真理的属性等,其中包括否定唯物史观的科学性。在这种负面影响之下,中国史学在一定程度上产生了放弃唯物史观理论指导的倾向,而这导致了中国史学理论思维水平的降低。马克思主义史学关注社会现实的重大问题,努力发现历史与现实的联系;它的题材围绕劳动者阶级的解放而形成;它以事实陈述与理论阐释的结合为其叙述方式,以揭示历史规律为己任。放弃了唯物史观的史学研究,尽管在个别事实的阐释上能发现历史真理的颗粒,但如果不能与人类解放事业相关联,不能阐明历史的进程与趋势,不能对劳动者阶级的愿望作出表达,就不能称为合格的史学。当代中国马克思主义史学要以研究历史规律为己任,应当致力于阐明,在全球化的世界历史潮流以及传统与现代的转换中,中华民族实现伟大复兴的历史必然性。

上海社会科学院童世骏研究员通过对毛泽东纪念馆、刘少奇纪念馆与李大钊纪念馆的不同观感,提出了一个严肃的问题,即我们如何对待历史。在我们的研究和宣称中,既要防止历史出现空白和断裂,又要防止历史失去实质内涵,更不能将历史仅仅视为历史。

复旦大学陈新副教授批评了某些哲学家或哲学史家在思考哲学史时,仅仅将哲学史作为一种历史表现,以获取客观的哲学史为其宗旨的做法。这一做法是 19 世纪发展出来的实在论"历史"观在今天的简单移用。而一部好的哲学史作品应该建立在哲学史家对"哲学"和"历史"观念的反思之上。

历史虚无主义等思潮的一个重要方法论特征,就是通过历史个别现象而否认历史活动的本质,孤立地分析历史的阶段错误而否定历史运动的整体过程。正如吴晓明教授所说,"用精心挑选的历史细节来遮蔽历史事实"。那么,到底什么是历史事实,从唯物史观立场上如何科学地界定历史事实?与会学者围绕着这一问题展开了热烈的讨论。

李红岩认为,历史事实的概念,无论在怎样的程度上值得质疑,但归根到底,历史事实的概念和历史真实的概念是可以成立的。这里所谓的"底",是在最基础的层面上讲的,譬如说秦始皇是个男人。在这个基本的层面上应当承认历史事实的客观性。庞卓恒基本上也同意此一观点，因而他不同意张一兵历史事实都是建构的意见。他质疑说，如果秉持这种看法，那么，譬如郭沫若翻译的《德意志形态》早期版本是不是客观形态，是不是事实存在和历史事实？张一兵对此做出了回应。他提出，恩格斯在《反杜林论》里谈到过真理的问题，例如拿破仑死于1821年5月5日是不是永恒真理。在恩格斯看来，讨论一个理论和学术问题的时候，不能把问题降低为一个经验事实。从这一意义上讲，历史概念、历史研究的对象、历史事实都不是在经验层面上产生的，而主要是被构建起来的人们的生活。因此，李红岩提到的秦始皇是个男人的例子也仅仅是一个生理学上的物性事实，而不能构成历史事实。庞卓恒就此反驳说，单个的经验事实问题不大，但如果是能构成论断的两个以上的经验事实，特别是涉及因果关系的经验事实，不就牵涉到历史事实了？另外，在盲人摸象的故事中，摸到象的不同部位就说象是什么，这当然不对，但象本身是否是存在的？张一兵则进一步回应说，社会现象本身并不是一个客观的、离开了人的取向而独立自存的东西，而是以人的利益、活动、关系为依据的。从这个意义上说，历史事实本质上都是被构建的。因此，对于湖南农民运动，毛泽东说好得很，有的人却说糟得很。李杰则提出，这实际上是把历史事实分为认识层面上发生的事实与本体论意义上的事实来讨论的，正如恩格斯所讲，认识是有范围的，当我们不能认识某个事物的时候，这个事物对我们来说就是不存在的，但另一方面，我们不能认识的事物并不等于事物不存在。前者是认识论层面上的事实，后者则是本体论意义上的事实。俞吾金认为，历史事实就是指历史上真实地发生过的事情，但是，任何一个史学研究者都不可能直接面对历史事实，而只能通过历史资料的媒介，从观念上去重组历史事实。而历史资料决不是纯粹的感性资料，必定混杂着各种不同的思想理论酵素。同时，任何一位史学研究者谈论历史事实时，都是通过一定的理论视角而展开的。因此，史学研究者无法脱离理论视角来谈论并探讨历史事实，一定的历史事实总是在相应的理论视角中显现出来。吴晓明则在历史事实与经验事实对比的意义上对二者进行了区分。他举出马克思的一句话为例，黑人就是黑人，但只有在一定的关系中才是奴隶。这里，黑人就是黑人，这是生理学事实；但黑人是奴隶，却是历史事实。平时提到的某人是父母所生等，这也是生物学事实，而不是历史事实。黄金就是黄金，这是事实，但黄金是货币，则是历史事实。换言之，我们谈论历史事实，应当从人类感性的实践活动这一层面上来进行。王南湜则把事实分为客观事实、感性事实、理性事实来理解。他认为，作为客观实在的事实，这是自然科学、历史学家和哲学家都得承认的，人们在生活中通过感官接触到的属于感性事实，而马克思更看重的是把这些客观事实、感性事实经过理性加工后作为一个整体表达出来的事实。

　　与会学者还就哲学界与史学界共同关心的问题展开了热烈讨论，封建制问题的讨论即是一例。黑龙江大学张奎良教授通过解读马克思的《科瓦列夫斯基〈公社土地占有制。其解体的大大原因、进程和结果〉一书摘要》认为，马克思提出了封建制的几个标准：（1）是否存在封建土地私有制；（2）是否存在农奴制；（3）土地能否自由买卖。而东方不存在土地私有制；中国古代存在的是自由民、小农，生产者是民而不是奴；中国从秦汉开始就能够大规模地进行土地自由买卖。即是说，这三条标准在中国都不存在，因此很难说中国存在封建制。另外，张奎良通过文本检索提出，马克思有 10 篇谈到中国的文章，其中对中国的陈述约有一百多处，但对中国形容、定性的时候，马克思把中国称做“天朝帝国、古老帝国、北京朝廷、天朝皇帝”等，从未出现过“封建王朝、封建帝国”等说法，这也有助于说明马克思的观点。进而，张奎良认为马克思在历史发展道路上是一个彻底的历史多样性论者。李红岩则不太同意这种观点，认为马克思社会发展道路理论的最终指向是普遍性的。庞卓恒提出，马克思的封建观指的实际上是新意义上的封建。从这个意义上看，不是说西欧的封建制就是唯一的独特的东西，在非西欧国家，也许有与其本质相同的社会。否则，就无法解释《资本论》第三卷第 47 章把西欧的农奴制比作西欧国家实用地租的问题；同时，也无法解答《1857—1858 年经济学手稿》把西欧封建制跟家长制关系合在一起，认为它们是性质相同的问题。冯天瑜则同意张奎良的看法，并进一步明确：（1）秦汉至明清，农业生产者的主体是人身大体自由的农民，而并非有法定人身依附的农奴，不存在占优势地位的农奴制；（2）自战国以降，土地可以买卖、转让，贵族土地世袭制不占主导；（3）中国秦汉以下又有着比印度更加完备、更加强势的中央集权君主制度，官僚政治取代了贵族政治，阻止向西欧国家权力分散的领主封建制那样的社会形态发展；（4）司法权掌握在朝廷手中，封建主拥有世袭司法权早在周末就已渐次消除。因此，将秦汉至明清称为“封建社会”，与马克思、恩格斯的封建社会原论格格不入。这实际上是对封建概念的泛化与滥用。学者们在讨论中提出的文本解读、概念辨析等问题值得引起进一步关注。

五　思考与展望

本次对话会已经凝结为历史，但对这次会议的回顾、思考和展望才刚刚开始。或许，任何事件总是要以成为历史的方式，去启动和诱发人们的思考。从这个意义上讲，哲学与史学的对话、思与史的互通具有天然的学术生命契合。这次对话会提示我们，在学科对话与学术创新上，需要继续关注的有以下几个方面：

第一，学科对话是推动学术创新，形成新思想、新见解的重要平台。回顾思想史我们看到，随着人类实践领域的日益扩展与认识活动的深入精微，学科区划也日益细密严格。这一方面使得人们可以更加精准地认识和分析世界，但另一方面，森严的学科壁垒也限制和割裂了人们对身周世界的整体性把握。"明足以察秋毫之末而不见舆薪"，"鸡犬之声相闻，老死不相往来"，刻画的正是这样一种尴尬状态。在这种氛围下，我们可能产生专门的学问家，却看不到能够准确把握当前时代的本质和变化规律，准确认识学术的本质特征和渊源流变的思想家。这是一个学术繁荣的时代，这也是一个思想贫乏的时代。如果学术的繁荣带来的是思想的委靡和枯竭，那么这种学术研究能够以成熟的体征写入学术史册吗？基于对这种研究现状的反拨，中国社会科学杂志社率先启动了学科对话与学术创新活动。哲学与史学的对话证明，这一举措对于学者突破长期以来固化的理论视野和研究范式，关注新问题，触碰新观念，激发新思想，提炼新方法，具有极为积极的意义。

第二，学科对话的目的不是盲目求新求异，而是为中国特色社会主义寻找新的更加强大的思想助力。举行学科对话，推动学术创新，其目的不是追逐时髦的话语体系，让理论的触须在思辨的天国中任意摇摆，更不是为了在故纸堆中发思古之幽情。它的目的只能是不断深化中国特色社会主义研究，为中国特色社会主义提供源源不竭的精神动力和智力支持。胡锦涛总书记在十七大报告中强调指出，改革开放以来我们取得一切成绩和进步的根本原因，就是开辟了中国特色社会主义道路，形成了中国特色社会主义理论体系。中国特色社会主义理论体系，坚持和发展了马克思列宁主义、毛泽东思想,是马克思主义中国化最新成果。① 回顾五四运动以来跌宕起伏的社会史和思想史,我们可以清楚地看到,在沧海横流、群说竞起的时代风云中,国家民族命运的雄健转折和中国学术的蓬勃发展,正是因为我们始终坚持科学社会主义基本原理与中国特色相结合。放弃了科学社会主义的基本原则,中国的发展必然偏离世界历史发展的正确方向,滑入世界资本主义体系的逻辑;忽视了当代中国的具体国情,所谓的理论指引就会失去常青的生活底色而蜕变为苍白抽象的教条。因此,学科对话与学术创新的真正路向,是在时代与学术的交互视野、现实与理论的交织互动、历史与逻辑的辩证统一中,"推进学科体系、学术观点、科研方法创新"②,不断深化中国特色社会主义研究。

第三,学科对话要求学者们突破单一学科的视阈制限,不断拓辟新的学术空间。学科对话不是简单的"1 + 1 = 2"的关系,也不仅仅是"1 + 1 > 2"的关系,而是力争在双方的交流互动中,呈现为新的研究领域的开启,新的学术思维的激活和新的理论范式的确立。这是一项艰苦和长期的工作。应当说,当前我们在哲学社会科学领域的对话和交流还是初步的,尚需大力拓展与深化。这一方面要求学者们继续坚持本学科的本色研究,努力提升本学科的学术质量与理论素养;另一方面,要求学者们转换思维,大胆突破本学科的理论界限,努力学习和理解其他学科的概念范畴、理论体系和研究方法。在此基础上,我们才能破除单一学科的独白式研究,使学科对话的学术水准实现新的提升和飞跃。

---

① http://live.people.com.cn/note.php? id = 575071012163741_ ctdzb_ 031,2007 年 10 月 15 日。

② http://live.people.com.cn/note.php? id = 575071012163741_ ctdzb_ 031.

构筑当代中国的思想文化基础

——近年来社会主义核心价值体系研究综述

一 引言:国家发展背后的思想文化根基

改革开放新时期以来,中国走过了一段不平凡的发展历程,中国人民在思考中前行,在奋进中求索,中国特色社会主义事业以更加磅礴的发展态势巍然屹立于世界东方。当代中国的发展成就及其和平发展道路、和平发展理念,被国际舆论概括为"中国道路"、"北京共识",正在被越来越多的人所认可、关注和接受,正在越来越强烈地吸引着世界的目光,展示了中国特色社会主义事业与马克思主义理论创新的真理光芒和独特魅力。

一个国家的兴旺发达,一个民族的自立自强,其背后往往充盈着一种深厚的思想文化根基。正是这种思想文化力量,深刻地拓展了民族国家新的发展视阈,开辟了民族国家新的发展空间,昭示了民族国家未来的发展路向。反过来,民族国家的发展跃迁又为其思想文化基础提供了强大的物质依托和实践验证。回顾人类文明史,大国崛起的历程及其背后涌动着的思想文化浪潮一直在提示我们,必须深刻关注国运兴衰与文化思想鼎革承传之间极其密切的勾连。

正是出于对这一问题的深刻体认,中共十六届六中全会通过的《中共中央关于构建社会主义和谐社会若干重大问题的决定》明确提出了建设和谐文化,巩固社会和谐的思想道德基础的战略任务,要求必须坚持马克思主义在意识形态领域的指导地位,牢牢把握社会主义先进文化的前进方向，弘扬民族优秀文化传统，借鉴人类有益文明成果，倡导和谐理念，培育和谐精神，进一步形成全社会共同的理想信念和道德规范，打牢全党全国各族人民团结奋斗的思想道德基础。而要完成上述战略任务，就必须着力培育和建设社会主义核心价值体系，形成全民族奋发向上的精神力量和团结和睦的精神纽带，最大限度地形成社会思想共识。胡锦涛同志在中共十七大报告中再次强调指出，"建设社会主义核心价值体系，增强社会主义意识形态的吸引力和凝聚力"。

社会主义核心价值体系的提出，是我们党理论创新的又一重要成果，是社会主义意识形态的本质体现和建设和谐文化的根本，构筑当代中国和平发展的深刻的思想文化基础，对开辟中国特色社会主义事业新局面，实现中华民族伟大复兴具有重大而深远的意义。因而，如何从上述角度深刻地体认社会主义核心价值体系，厘清这一价值体系之于中国特色社会主义、之于中国未来发展、之于中华民族乃至之于每一位社会成员的历史价值，为当代中国更好地践履、遵行这一价值体系贡献思想资源和精神动力，是一项意义极为重大的课题。

也正由于此，笔者在这篇述评中不拟过分纠缠于价值、价值体系等概念的分梳和清厘——尽管这也是非常重要的，而试图站在时代的高度和当代中国社会主义现代化事业发展之现实需要的角度，将关注的重点放在那些既具有深邃的历史眼光又具有强烈的现实关切、既具有鲜明的创新精神又具有敏锐的问题意识的研究成果上，较为集中地总结和分析社会主义核心价值体系的时代境遇与理论创制、理论架构与科学内涵、实践意义与理论价值、理论特征与重要特点、现实构建与路径择取等问题。

二　社会主义核心价值体系的 时代境遇与理论创制

马克思曾经指出，每个原理都有其出现的世纪。任何一种真正符合科学精神、闪烁着理性光辉的理论创造，总是深深地表征和凝结着人们在特定时代境遇所搭起的舞台上，在辛勤探索与实践变革过程中产生的呼求、思考、智识和冀望。黑格尔在论述时代与哲学的关系时曾经写道："每个人都是他那时代的产儿。哲学也是一样，它是被把握在思想中的它的时代。"① 实际上，不仅仅是哲学，全部哲学社会科学都是时代所孕育的思维产物。"每一个时代的理论思维，从而我们时代的理论思维，都是一种历史的产物，它在不同的时代具有完全不同的形式，同时具有完全不同的内容。"② 因而，要准确把握和深刻理解社会主义核心价值体系，首先需要考察这一理论创见所产生的时代背景。

袁贵仁认为，当前由于社会经济成分、组织形式、就业方式、利益关系和分配方式日益多样化，人们思想的独立性、选择性、多变性和差异性明显增强，这既是有利的一面，也有不利的一面；既有向积极健康方面转化的可能，也有向消极病态方向转化的可能。如何使效率与公平相协调，尊重个人价值和弘扬集体主义精神相统一，鼓励一部分人先富起来与坚持走共同富裕的道路相衔接等等，已成为我们的理论和现实中不可回避的重大问题。要解决上述问题，其中一个重要途径就是加强价值观建设，综合运用各种手段，把提倡与反对、引导与约束、鼓励与惩罚结合起来，严格监督和检查，严格考核和奖惩，为构建先进的价值观体系提供各种保证和支持。③

韩震等学者详细考察了社会主义核心价值体系提出的时代背景，为人们深刻认识这一理论提供了深厚的历史感。他们从世界经济政治格局、我国经济社会发展、思想文化领域的新问题等三个方面作了阐述。（1）国际格局变化和科学技术发展提出了新挑战。社会主义核心价值的提出，首先是基于对当今世界政治经济格局的准确把握和对方兴未艾的全球化浪潮的科学认识。深刻认识当今国际格局的发展状况，是理解和分析社会主义核心价值体系的基础。对于发展中的中国来说，我们既面临着前所未有的历史发展机遇，又必须应对前所未有的严峻挑战。当前阻碍我国经济社会发展的国际因素主要表现在，国际环境的复杂化、综合国力竞争的新形势，以及"中国威胁论"等影响中国发展的不和谐声音。在这种情况下，我们必须进一步坚持党的领导和坚定走社会主义道路的理想信念。（2）我国社会的快速发展提出了新任务。一方面，近年来我国的经济社

① ［德］黑格尔：《法哲学原理》，范扬、张企泰译，商务印书馆1961年版，序言，第12页。
② 《马克思恩格斯选集》第4卷，人民出版社1995年版，第284页。
③ 参见袁贵仁《价值观的理论与实践》，北京师范大学出版社2006年版。

会发展为和谐社会建设提供了有利条件，经济实力明显提高，政治体制改革稳步推进，人民文化生活日益丰富；另一方面，随着经济社会发展也出现了一些迫切需要引起关注的新问题，例如就业、社会保障、收入分配、教育、医疗、住房、安全生产、社会治安等方面关系群众切身利益的问题比较突出，这些问题虽然是局部的，但往往影响社会的整体和谐，因而迫切需要认真解决。（3）社会转型时期的思想多样化也提出了新问题。近年来社会思想领域日益呈现出多样化、丰富化的特征，我国的社会思想意识发展除了表现出开放性、独立性、理性化的特征外，还呈现出冲突性特征。这种冲突性对我国思想意识领域的工作，提出了更高的要求，越是人们的思想观念和价值观念趋向多样的时候，越需要用为全社会所普遍认同的思想理论和价值观念来统一人们的思想认识，整合人们的价值取向。①

黄凯锋、唐志龙等学者则从"三个需要"的角度分析了社会主义核心价值体系提出的时代背景。他们认为，建设社会主义核心价值体系，主动适应了三个需要：（1）首先是坚守马克思主义意识形态阵地的需要。处于社会主义初级阶段的中国马克思主义一方面在创新中不断发展，但另一方面，非马克思主义的意识形态也有所增长，民主社会主义、自由主义等思潮时有干扰，封建主义沉渣泛起，伪科学疯狂抢滩，同时世界范围内社会主义与资本主义的斗争远未结束。因此建设社会主义核心价值体系对于坚守马克思主义意识形态阵地十分必要。（2）其次是应对全球化条件下多元文化碰撞的需要。在全球化和信息化时代，时时涌动着普适价值的声音。但实际上，普适并不能仅仅以少数国家所认可的标准推广，而只能以全人类的利益为根据，实事求是地落实。提出社会主义核心价值体系，就是希望在为全球普适价值做贡献的过程中发出中国自己的声音，呈现中国特色社会主义的风貌。（3）最后是转型时期寻求共同价值观的需要。当前，人们价值生活中一个实际存在的问题就是对信仰的困惑。为了给人生找到支撑，摆脱虚无主义深渊，人民可能急不可待地寻找绝对价值的替代品，此时，非理性的选择、情绪性的取向难以避免。在这种情况下，建设好中国人的价值生活，就成为摆在我们党面前的一个十分重要的课题。

马克思曾经说过："一个时代的迫切问题，有着和任何在内容上有根据的因而也是合理的问题共同的命运：主要的困难不是答案，而是问题。

---

① 参见韩震主编《社会主义核心价值体系研究》，人民出版社2007年版，第二章。

因此，真正的批判要分析的不是答案，而是问题。"① 马克思在这里强调的正是时代的问题、时代的课题的极端重要性。总的来看，正是上述时代问题和现实需要，使得构建一种兼具科学性与艺术性、先进性与广泛性、主导性与包容性的价值观念系统，成了中国共产党人所必须承担的一项时代使命与历史责任。

<h2 style="text-align:center">三　社会主义核心价值体系的
理论架构与科学内涵</h2>

社会主义核心价值体系，是包括马克思主义指导思想、中国特色社会主义共同理想、以爱国主义为核心的民族精神和以改革创新为核心的时代精神、社会主义荣辱观在内的有机整体。其中，马克思主义指导思想是这个体系的灵魂，中国特色社会主义共同理想是这个体系的主题，民族精神和时代精神是这个体系的精髓，社会主义荣辱观是这个体系的基础。如何深入研究这一有机整体的各个组成部分及其相互关系，进一步深刻分析社会主义核心价值体系的科学内涵，是当前一个重要的理论课题。

袁贵仁深刻分析了社会主义核心价值体系四个组成部分的科学内涵与重要地位。他认为，马克思主义指导思想是社会主义意识形态的灵魂。马克思主义是我们立党立国的根本指导思想。坚持社会主义道路，坚持人民民主专政，坚持共产党领导，坚持马克思主义指导，这是同一个问题的不同侧面，是社会主义意识形态不可分割的支点。其中，坚持马克思主义指导地位具有根本性。离开马克思主义指导，社会主义意识形态就会迷失方向，社会主义事业就会归于失败。中国特色社会主义是社会主义意识形态的主题。中国特色社会主义伟大旗帜，是当代中国发展进步的旗帜，是全党全国人民团结奋斗的旗帜。社会主义意识形态是社会主义基本路线、根本目的、总体布局、战略目标的总体反映和价值体现，它是围绕建设和发展中国特色社会主义这个主题展开的，是为坚持和发展中国特色社会主义道路服务的。没有中国特色社会主义共同理想，中国特色社会主义意识形态就失去了根基。以爱国主义为核心的民族精神和以改革创新为核心的时代精神是社会主义意识形态的精髓，社会主义荣辱观是社会主义意识形态

---

① 《马克思恩格斯全集》第 1 卷，人民出版社 1995 年版，第 203 页。

的基础。社会主义社会是全面发展的社会，建设社会主义先进文化、社会主义精神文明是它的重要内容和重要特色。在马克思主义指导下，立足我国基本国情，与社会主义市场经济相适应、与中华民族传统美德相承接、与当代人类文明发展相一致的民族精神、时代精神、道德规范、行为准则，是中华民族屹立于世界民族之林的精神支柱，是社会主义中国凝聚力、向心力的精神源泉，是中国人民团结和谐、奋发向上的精神力量。[①]

侯惠勤提出，马克思主义的指导是构建社会主义核心价值体系之根本。他认为，在马克思主义、中国特色社会主义共同信念、时代精神和民族精神以及社会主义荣辱观这个"四位一体"的价值体系中，马克思主义的指导始终是灵魂。因此，构建社会主义核心价值体系，首先要加强对于这个"体系之魂"的认识。他强调，有人习惯于抽象地谈论社会主义核心价值体系的时代性、先进性及人性化内涵，结果陷入了用现代西方社会的核心价值观进行解读的谬误，有意无意地认同和呼应了西方的意识形态渗透，起到了消解社会主义核心价值观的作用。历史证明，不涉及实际内容的人类价值，只能是资产阶级核心价值的表达方式，而社会主义核心价值则必须从现实的人（无产阶级、人民群众及民族解放和复兴等）出发。社会主义的核心价值体系是反映社会主义制度本质及国家核心利益的观念体系，它应该根本区别于资本主义的核心价值体系。马克思主义之所以是社会主义核心价值体系之魂，就在于它在揭示社会主义根本区别于其他社会体系的独特价值及其客观依据的同时，展示了社会主义核心价值的进步性、人类性和无限生命力，从而能够真正起到整合并引领日益多样的社会价值观的作用。因此，以马克思主义为指导构建社会主义核心价值体系，就必须首先把握住建立在社会主义基础上的、与社会主义制度相符合的、为广大人民群众认同和践行的、与资本主义社会的基本价值观相对立的社会价值规范和行为选择标准。

具体说来，侯惠勤认为，要实现上述目标，必须做到以下五个坚持。(1) 必须坚持"劳动优先"，反对私有产权崇拜。科学社会主义的根本价值追求，就是通过"劳动的解放"和"劳动的复归"，实现每一个人的自由而全面的发展。(2) 坚持"人民至上"，反对个人第一。"人民"是马克思主义历史观、价值观特有的词汇，也是西方意识形态力图消解的马克

---

① 袁贵仁：《社会主义意识形态的本质体现》，《人民日报》2008 年 4 月 21 日。

思主义主要话语，因而是我们必须鲜明地加以坚持的概念。（3）坚持"共同富裕"，反对市场崇拜。共同富裕是社会主义的本质特征，没有共同富裕就不是社会主义；共同富裕是对资本主义制度阶级压迫的否定，因而与资本主义的核心价值观（资本统治劳动）格格不入。（4）坚持"形式平等与事实平等的统一"，反对形式平等崇拜。在马克思主义那里，平等总是和一定的阶级要求相联系的，而真正的平等只能是无产阶级消灭阶级的要求。平等在马克思主义那里，就从一般的价值诉求，转变为彻底改造资本主义社会的共产主义革命，成为体现历史发展客观要求的实践形式。（5）坚持"每一个人的自由全面发展"，反对抽象个性崇拜。人的自由全面发展体现了社会进步与个人发展的统一，而离开这"两个统一"去谈"个性解放"或"个性自由"，只能是自由个人主义的幻想。社会主义核心价值体系的建设是一个不断创新的过程。马克思主义的指导地位和灵魂作用，正是通过这一过程才得以体现，并真正扎根于当代中国的生活沃土中。①

荣开明也系统阐述了"马克思主义指导地位是最根本的"这一问题。他提出，这需要从几个不同角度去加深认识。一是要从社会主义核心价值体系的内容及其相互关系中，深刻认识马克思主义指导思想是贯穿这一体系的旗帜和灵魂。在社会主义核心价值体系相互联系、相互贯通、有机统一的完整体系中起指导作用的是马克思主义。二是要从社会主义和谐社会的性质和定位中，深刻认识坚持马克思主义指导地位的必要性。建设社会主义和谐社会，如果动摇了马克思主义的指导地位，就会失去全党全国人民团结奋斗的共同思想理论基础，就会导致思想混乱、社会动荡，那将给党、国家和民族带来巨大的灾难。三是要从新世纪新阶段我们面临着"两个前所未有"的挑战和机遇中，深刻认识坚持马克思主义指导地位的紧迫性。从国际上看，西方社会在对包括中国在内的第三世界推销产品、输出文化的同时，时刻都在兜售他们的世界观、价值观和文化观，试图凭借其强大的经济实力和科技优势，达到利用西方意识形态、文化影响，演变世界特别是社会主义国家的目的。从国内看，我国已进入经济社会发展的转型期，在经济、文化日趋多元的条件下，人们的价值取向也呈现出多

---

① 侯惠勤：《马克思主义的指导是构建社会主义核心价值体系之根本》，《毛泽东邓小平理论研究》2007 年第 3 期。

元态势。如不坚持马克思主义在意识形态的指导地位，享乐主义、拜金主义、极端个人主义就会泛滥成灾，甚至公开反对马克思主义指导，任意修改、随意解说马克思主义的观点也会在社会上蔓延。四是要从苏联、东欧等社会主义国家剧变的历史教训中，认识坚持马克思主义指导地位的重要性。马克思主义是社会主义国家立党立国、治党治国之本，是社会主义核心价值体系的旗帜和灵魂，是哲学社会科学最核心的组成部分和最根本的理论基础，其指导地位是不可动摇的。动摇了，就有亡党亡国的危险。五是要从中国近代革命以来发展的必然选择中认识坚持马克思主义指导地位的必然性。大量的历史事实证明，只有马克思主义才能救中国，只有马克思主义才能发展中国。①

上海市邓小平理论和"三个代表"重要思想研究中心的有关学者提出，树立中国特色社会主义共同理想，是建设社会主义核心价值体系的主题。他们提出，随着我国社会主义市场经济的深入发展，经济成分、组织形式、就业方式、利益关系和分配方式日益多样化，不可避免地出现了价值观念多样化现象，这就更加迫切需要在全体人民中树立共同理想。有了共同理想，就有了共同奋斗的精神动力。我们的共同理想，是在中国共产党领导下，建设中国特色社会主义，实现中华民族的伟大复兴。中国特色社会主义共同理想是中国历史发展的产物，是当代中国发展的客观需要，是人类社会发展历史趋势的反映。我们在前进中必定会遇到许多新情况、新问题，必定要面对国际国内多种风险和挑战。这就需要以社会主义核心价值体系为主导，需要强大的精神支柱和精神动力。而中国特色社会主义共同理想，就是中华民族团结奋斗的精神支柱和精神动力。②

赵曜分析了社会主义核心价值体系的理论架构，认为社会主义核心价值体系四个方面构成了四位一体的有机整体。（1）坚持马克思主义指导思想，是从理论层面说的。坚持马克思主义指导思想包括三个不同层次的内容，即：坚持以马克思主义指导中国特色社会主义的实践，推动改革开放和社会主义现代化建设；坚持马克思主义在意识形态领域的指导地位，

①　荣开明：《论社会主义核心价值体系的第一要义》，《思想政治工作研究》2007 年第 3 期。

②　上海市邓小平理论和"三个代表"重要思想研究中心（执笔：李明灿、刘世军）：《把握社会主义核心价值体系的主题——牢固树立中国特色社会主义共同理想》，《光明日报》2007 年 6 月 26 日。

用一元统领多元，使马克思主义成为主流社会思潮：坚持用马克思主义尤其是中国化的马克思主义武装广大干部和群众。（2）坚持中国特色社会主义共同理想，是从理想层面说的。对于共产党人来说，最高理想是实现共产主义；在现阶段，全社会的共同理想是建设中国特色社会主义。这个共同理想，昭示了我们在21世纪前20年全面建设小康社会，到本世纪中叶基本上实现社会主义现代化，把我国建设成为富强、民主、文明、和谐的社会主义国家，具有强大的感召力和凝聚力。（3）坚持以爱国主义为核心的民族精神和以改革创新为核心的时代精神，是从精神层面说的。民族精神和时代精神是一个民族赖以生存和发展，自立于世界民族之林的精神支撑。以爱国主义为核心的民族精神和以改革创新为核心的时代精神是中华民族生生不息、薪火相传的精神支撑，是当代中国不断创造崭新业绩和世界奇迹的力量源泉，成为社会主义核心价值体系不可或缺和不可分割的重要组成部分。（4）坚持社会主义荣辱观，是从道德层面说的。任何社会的安定与和谐，都需要用法律制度和道德规范来维系。以"八荣八耻"为主要内容的社会主义荣辱观，涵盖了社会风尚、人生态度的方方面面，体现了中华民族传统美德、党的优良传统和社会主义道德三者的完美结合。它深化了我们党对社会主义道德建设规律的认识，成为社会主义核心价值体系的重要内容之一。社会主义核心价值体系，以理论层面为主导，统领理想、精神、道德等不同层面，四者相辅相成、相互促进，缺一不可，构成一个完整体系。①

吴潜涛认为，社会主义核心价值体系是指在社会生活中居于统治、引导地位的社会价值体系，它能够有效地制约非核心、非主导的社会价值体系作用的发挥，能够保障社会经济制度、政治制度、文化制度的稳定和发展。社会核心价值体系关系到国家的兴衰成败，关系到社会的进退治乱。社会主义核心价值体系是立足于社会主义经济基础之上的价值认同系统，它涉及经济、政治、文化、思想等社会生活的方方面面，集中体现了社会主义意识形态的本质属性，是社会主义思想道德建设的指导方针，是激励全民族奋发向上的精神力量和维系全民族团结奋斗的精神纽带。在社会主义核心价值体系这一有机体中，马克思主义指导思想居于最高层面，是指对作为认识世界、改造世界的理论基础的马克思主义的价值认同，从根本

---

① 参见赵曜《大力推进社会主义核心价值体系建设》，《红旗文稿》2007年第12期。

上说，是指对人类社会发展规律的价值认同；中国特色社会主义共同理想是指对国家、民族追求的未来美好发展前景的价值认同；以爱国主义为核心的民族精神和以改革创新为核心的时代精神，是指对实现共同理想的动力之源的价值认同；在社会主义核心价值体系这一有机体中，社会主义荣辱观居于重要地位，它指的是对公民思想行为选择标准的价值认同。①

刘建军提出，中国特色社会主义共同理想作为社会主义核心价值体系的主题，有自身明确的内涵。首先，中国特色社会主义共同理想是一个综合性的社会理想，包括着丰富的内容。（1）它综合性地包含着社会生活各个方面的发展状态，它向我们描绘了社会的经济、政治、文化、日常生活等多方面的理想状态。（2）它把理想与信念包含在一起，形成共同的理想信念。否则，脱离了信念的理想不过是一种单纯的设想和想象罢了。（3）它不单单是一个理想目标，而且包括追求和实现这个理想目标的道路和方式。道路就是中国特色社会主义道路，方式就是坚持中国共产党的领导，这是一个追求理想的实实在在的过程。其次，中国特色社会主义共同理想是一个具体的阶段性理想，这样一个现实的目标，最能直接地激发我们的奋斗热情。最后，中国特色社会主义共同理想是全体中国人民都可以认同和追求的共同理想。但同时需要注意的是，中国特色社会主义共同理想虽然具有极大的综合性和包容性，但它并不是一个大杂烩，而是有自己非常鲜明的本质规定性。其精神实质就在于，它是当代中国条件下的、带有中国特点的社会主义理想信念，与中国国情和民族精神深刻地结合在一起。②

赵存生认为，社会主义核心价值体系的基本内涵由四方面内容组成。这四个方面的内容围绕着中国特色社会主义这个主题展开，既各有侧重又紧密联系，构成一个内容丰富、深刻、严整的价值观念体系。"马克思主义指导思想"指的是中国特色社会主义的指导理论，是指导我们思想的理论基础。"中国特色社会主义共同理想"指的是全党和全国各族人民共同选择和认定、共同为之奋斗的理想和目标。半个多世纪特别是改革开放以来的伟大实践，不但坚定了中国特色社会主义这一共同理想，而且为这

---

① 吴潜涛：《社会主义核心价值体系的科学内涵》，《道德与文明》2007 年第 1 期。

② 刘建军：《中国特色社会主义共同理想是社会主义核心价值体系的主题》，《高校理论战线》2007 年第 4 期。

一理想的实现奠定了更加坚实的基础，廓清了更加清晰的路径。"以爱国主义为核心的民族精神和以改革创新为核心的时代精神"指的是团结、凝聚、支撑党和人民自强不息、开拓进取的精神支撑，具有鲜明的民族特色和时代特色，洋溢着强烈的民族精神和时代精神。"社会主义荣辱观"指的是在建设中国特色社会主义的奋斗中用以引导、规范党员和人民群众的思想与行为的道德准则，只有坚持这样的道德准则，才能卓有成效地建设中国特色社会主义。他指出，这一体系的核心价值取向，就是建设中国特色社会主义，实现最广大人民的根本利益，促进人的全面发展。这也是社会主义核心价值体系的精神实质。①

李崇富也认为，社会主义核心价值体系的基本内容是一个有机整体。其中，马克思主义指导思想是导向性因素，中国特色社会主义共同理想是目标性因素，民族精神和时代精神是思想支撑性和思想背景性因素，以"八荣八耻"为主要内容的社会主义荣辱观则是伦理道德上的基础性因素。而建设社会主义核心价值体系的"核心"和关键是其中的理想信念问题。我们所要树立的中国特色社会主义的共同理想和信念，是马克思主义理想信念与中国国情的具体结合，是以建设中国特色社会主义事业、实现中国社会主义现代化作为奋斗目标的。中国特色社会主义的共同理想信念，与共产主义的理想信念具有本质上的同一性，也需要接受共产主义理想信念的指导。在广大人民群众特别是在党员干部中，切实抓好理想信念的教育，也就是抓住了"建设社会主义核心价值体系"的关键。②

张卫萍提出，"社会主义核心价值体系"的概括源于对人类精神生活的认识，是对社会主义意识形态本质的反映。社会主义核心价值体系的内在统一性表现在四个方面：一是真理原则与价值原则的统一。一方面，它以马克思主义为指导思想，把符合客观事物的本质和发展规律作为一切行动的理论基础；另一方面，它又把建设中国特色社会主义作为共同理想，强调最大限度地保证人们的社会需要和利益。二是理想目标与现实过程的统一。建设中国特色社会主义的共同理想，作为一种价值追求，它面向实际，着眼于实践，作用于实践。马克思主义指导思想、民族精神和时代精神、社会主义荣辱观都是实现这个理想所必需的思想道德支撑，把理想目

---

① 参见赵存生《牢固树立社会主义核心价值体系》，《思想理论教育》2007 年第 1 期。

② 李崇富：《建设社会主义核心价值体系的哲学思考》，《光明日报》2007 年 1 月 23 日。

标的实现牢牢地建立在建设中国特色社会主义的现实过程中。三是民族传统与时代要求的统一。将民族精神纳入社会主义核心价值体系之中，体现了它与民族文化传统的继承关系；强调以改革创新为核心的时代精神，又体现了其面向世界、面向时代的精神气息。四是高度概括性与具体操作性的统一，马克思主义指导思想、中国特色社会主义共同理想、以爱国主义为核心的民族精神和以改革创新为核心的时代精神这三方面内容是对于社会主义思想理论的价值认同，在社会主义核心价值体系中发挥着理论前提和思想导向的作用。社会主义荣辱观，是对公民思想行为选择标准的价值认同，是对社会主义合格公民应该遵守的基本思想道德规范和应该养成的健康文明的生活方式的具体概括，它们共同构成了一个逻辑严谨、层次分明、由理论到实践、由思想到行为的框架结构。[1]

唐凯麟深入分析了社会主义荣辱观与社会主义核心价值体系的关系，认为前者为全体社会成员提供了基本的价值准则和行为规范，构成了社会主义核心价值体系的基础。他提出，社会主义核心价值体系四个方面相互联系、相互贯通，构成一个有机统一的整体。其中，社会主义荣辱观旗帜鲜明地指出了在社会主义市场经济条件下，应当坚持和提倡什么，反对和抵制什么，为全体社会成员判断是非得失，做出道德选择，确定价值取向，提供了基本的价值准则和行为规范，因而构成了社会主义核心价值体系的基础。荣辱观作为人们对荣辱问题的根本态度和总的看法，体现和表达了一定社会的核心价值体系及其相应的道德原则与规范，是推动人们形成价值认同，把一定社会的核心价值体系及其相应的道德原则与规范内化为自己的道德意识和道德信念的心理机制，也是人们实现从价值观念到价值实践、从道德意识到道德行为转化的内在动力。因而，社会主义荣辱观是把社会主义核心价值体系连成一个有机整体的道德精神纽带，并以其特有的实践性品格最直接、最具体、最集中地体现了社会主义核心价值体系的广泛性和包容性、整合力和引领力，成为引领社会文明风尚形成和发展的一面旗帜，成为推动人们学习与践行社会主义核心价值体系的实践理性基础。[2]

---

① 张卫萍：《谈社会主义核心价值体系的理论创新意义》，《党建研究》2007 年第 10 期。

② 参见唐凯麟《把握社会主义核心价值体系的基础——牢固树立社会主义荣辱观》，《光明日报》2007 年 8 月 14 日。

四　社会主义核心价值体系的
实践意义与理论价值

正如引言中所示，现代国家的崛起应当有配套的文化和意识形态作支撑，否则其崛起很可能成为一种暂时现象。① 综合当前学者们的研究，可以看到，社会主义核心价值体系的实践意义和理论价值集中体现在三个方面：第一，社会主义核心价值体系是社会主义意识形态的本质体现，深刻地总括和凝结着诸多关乎党和国家根本的问题；第二，社会主义核心价值体系是引领社会思潮的强大思想武器，对于澄清一系列复杂深刻的思想理论认识问题，最大限度地团结人民、凝聚力量、振奋精神具有重要的意义；第三，社会主义核心价值体系是建设和谐文化的根本，对社会、个人都起着规范和引导的作用，决定着文化的总体性质、方向和整个社会的思想道德基础。下面，我们择取相关研究成果分而论之。

（一）　社会主义意识形态的本质体现

按照马克思主义，意识形态作为社会意识中构成社会观念上层建筑的部分，包括艺术思想、道德观念、政治法律思想、宗教观点和哲学等林林总总的观念形态在内。在意识形态领域必须始终立场坚定地坚持马克思主义的一元指导，决不能搞指导思想的多元化。这是 20 世纪末叶苏东剧变、国际社会主义运动陷入低潮带给我们的惨痛教训。苏东剧变其原因固然错综复杂，但重要根源之一就是任凭各种社会思潮的自由泛滥，主张意识形态领域指导思想多元化。俄罗斯科学院院士季塔连科就曾经指出："意识形态的失误是导致苏共垮台的致命原因"，"苏联人民应当对苏联解体负责，是苏联人民没有捍卫自己的利益"。② 一个时期以来学者们的研究也较为深刻地揭示了这一点。从这一意义上看，社会主义核心价值体系的提出，对于当前深刻地把握社会主义意识形态问题，熔铸凝聚中国人民同心同德开辟中国特色社会主义事业新局面的共同思想基础，具有突出的

---

① 参见 http：//news. xinhuanet. com/politics/2007 – 10/23/content_ 6927009. htm。

② 参见季塔连科 2004 年 5 月 21 日在中国社会科学院所作的专题学术演讲："苏联解体的原因"。

价值。

袁贵仁深刻地分析了社会主义核心价值体系作为社会主义意识形态本质体现的根据。他认为，任何社会意识形态都有自己的核心价值体系，核心价值体系集中体现意识形态的本质。社会意识形态不同于一般的社会意识，它的核心内容是阶级、政党、国家对自身根本利益和要求的深刻认识，对自身发展道路和目标任务的高度概括，对自身理想信念和行为规范的集中表达。对于一个阶级、政党、国家来说，社会意识形态的根本问题是存在的理由、存在的价值的问题，它所要回答的是思想旗帜、发展道路、精神风貌、理想目标等问题，它所要解决的是举什么旗帜、走什么道路、以什么样的精神面貌、朝着什么样的目标前进的问题。这些问题就是社会意识形态的本质问题，就是一个社会的核心价值体系问题。社会主义是人类历史迄今最先进的社会形态，社会主义社会也有自己的意识形态及其核心价值体系。社会主义意识形态及其核心价值体系区别于其他社会意识形态及其核心价值体系的本质特征在于，它坚持以马克思主义为指导，坚持走社会主义道路，代表最广大人民的根本利益和要求，以富强、民主、文明、和谐为奋斗目标。全面把握社会主义核心价值体系是社会主义意识形态的本质体现，关键是要深刻理解究竟是什么决定了社会主义意识形态的本质。社会主义意识形态的本质，是社会主义本质的观念反映、理论表现，归根到底是由社会主义本质决定的。中共十七大报告关于中国特色社会主义道路的论述，最充分地体现了社会主义的本质及其要求。社会主义意识形态作为社会主义经济基础、政治制度的反映，就要紧紧抓住、准确体现社会主义道路的关键之点，这是社会主义道路对社会主义意识形态的本质要求。[①]

杨昕把核心价值体系与社会主义制度本身联系起来，认为社会主义核心价值体系是社会主义制度内在的精神支柱和生命之魂，它决定着社会主义的发展模式、制度设计、体制建构、政策选择和目标任务，在所有社会主义价值目标中处于统摄和支配的地位。只有深刻认识和正确把握社会主义核心价值体系，才能保证社会主义的正确方向，才能抓住社会主义价值需要、价值创造和价值实现的关键。他提出，建设社会主义核心价值体系是抵制西方各种反社会主义思潮、防止和平演变和颜色革命，推进中国特

---

① 袁贵仁：《社会主义意识形态的本质体现》，《人民日报》2008 年 4 月 21 日。

色社会主义事业继续前进的坚强盾牌。当今世界，社会主义仍然在同资本主义作着不懈的斗争，资本主义以其在历史上形成和积累的强大优势和力量，极力宣传各种反社会主义的思潮，企图在社会主义国家进行和平演变和颜色革命。在这种情况下，社会主义必须摆脱以前那种在理论上让人感觉模糊的、遥不可及的意识形态的历史叙述，形成和发展具体的、可感知的而且符合人类价值需求的社会主义核心价值体系，让社会主义在彰显人类价值追求的过程中显示其符合历史发展规律的内在生命力。因此，从这个意义上说，建设社会主义核心价值体系是抵制西方各种反社会主义思潮、防止和平演变和颜色革命，推进中国特色社会主义事业继续前进的坚强盾牌。①

农华西等学者提出，从我国目前情况来看，社会主义核心价值体系对人们有着深刻影响，是我国主流的社会意识。第一，社会主义核心价值体系影响人们的思想观念。核心价值体系的各个组成部分鼓舞了全国人民的信心，符合人们在市场经济条件下的内心愿望，因而在社会上具有广泛影响。第二，社会主义核心价值体系影响人们的思维方式。人们在成长过程中，会被灌输各种价值观、世界观，形成一定的社会意识，获得一定的社会经验，从而形成一定的思维方式。总体上看，社会主义核心价值体系对人们思维方式的影响非常巨大。第三，社会主义核心价值体系影响人们的行为规范。②

（二）引领社会思潮的强大思想武器

中国的社会转型和后发现代化事业是世界密切关注的问题，在这一过程中，围绕着中国社会性质、发展道路、改革方向等重大问题，在思想理论界以及部分社会成员中出现了一些思想倾向，值得引起我们进一步关注。《中国社会科学》编辑部曾经系统概括和深刻分析了当前学术界理论界的几种思潮，对于我们坚持正确的政治方向、理论方向和科研方向，全面深刻地认识这些思潮，进一步推动学术创新具有重要意义，故将其论列如下：

（1）新自由主义。20世纪80年代中期以后，新自由主义逐渐被我国

---

① 杨昕：《论建设社会主义核心价值体系》，《党政论坛》2007年第2期。
② 参见农华西等《意识形态与核心价值体系建设》，湖南人民出版社2007年版，第二章。

学术界所关注，并通过大量的文献出版物、大学里的各种讲坛、研究机构主办的各种学术研讨会等渠道和方式传播，其观点、方法和政策主张，引起了人们的激烈讨论。这种理论继承资产阶级古典自由主义的自由经营、自由贸易等思想，反对和抵制凯恩斯主义的国家干预，是一种适应国家垄断资本主义向国际垄断资本主义转变要求的思潮。有的学者极力推崇和大肆宣扬从英美照抄照搬来的新自由主义理论观点和政策主张，不仅在社会上特别是部分青年学生中具有相当大的蛊惑力，而且还企图影响党和政府的决策。他们无视新自由主义所代表的国际垄断资本控制全球经济，加强对本国工人阶级和广大发展中国家盘剥的要求，忽视我国生产力发展的现状，否定公有制的主体地位和国家宏观调控的必要性，认为国家干预造成经济效率的损失，宣扬绝对自由化、完全市场化、全面私有化，主张全球经济、政治、文化一体化。这种思想倾向，与我国坚持中国共产党领导，坚持公有制为主体和共同富裕的根本原则以及社会主义的改革方向是背道而驰的。如果按照他们所鼓吹的新自由主义理论和政策进行改革，必将使中国沦为国际垄断资本主义的附庸。

（2）民主社会主义。民主社会主义是这两年又时髦起来的一股思潮，以激烈批判"斯大林模式"的心态，不满于中国模式改革开放的力度，认为马克思主义的正统是民主社会主义，主张中国走民主社会主义的道路。虽然这一主张缺乏严密的理论基础，但通过一些拼凑和包装出来的似是而非的理论观点所表达的明显政治倾向，颇具迷惑性。民主社会主义和科学社会主义有着根本区别，它反对改变生产资料私有制，反对阶级斗争和无产阶级专政，主张通过议会道路进行社会改革；强调"思想民主、思想自由"，主张指导思想多元化，反对一元思想的指导。它主张实行听任资产阶级政党支配政权的多党制，把一些抽象原则与具体规定相背离的自由和民主作为社会主义的本质特征。

（3）"新左派"。"新左派"不同于以思想僵化、不思进取、教条主义为特征的极"左"思潮。20世纪90年代中后期以来，随着社会分层化的日益明显和社会分配矛盾的日益尖锐，"新左派"思潮日趋活跃。它从批判资本主义全球化的角度，提出公平、社会正义与平等的价值诉求，对改革中的利益受损群体表达了同情和关怀，并用马克思主义的阶级学说分析社会现实，具有一定的积极意义和合理性。但是，他们把当代中国的现实问题当作资本主义的问题，有人甚至对"文化大革命"的基本理念抱有相当积极的肯定，主张重新回到平均主义，怀疑和否定当今中国的市场经济和改革开放，其极端者甚至认为"改革就是受资本家剥削，开放就是受帝国主义殖民主义剥削"，显然在政治上是荒谬的，在理论上是幼稚的。对当代中国的理论和实践而言，"新左派"批判性大于建设性。

（4）历史虚无主义。历史虚无主义是改革开放以来人文研究领域逐渐出现的一股较为值得关注的思潮，它以虚无主义态度贬低传统、歪曲历史，把传统文明向现代文明的过渡看成是彻底的断裂，否定历史发展的内在逻辑，轻率地对待历史和文化遗产。与此同时，以客观评价为名，美化反动统治者、侵略者和汉奸；以历史解释学为名，任意地涂抹史料，对历史恣意割裂歪曲，从而达到其借否定历史否定现实的目的。中华民族在数千年历史长河中形成的优秀民族文化传统，特别是五四运动以来形成的革命文化传统、与时俱进的时代精神，是我们前进的基础和出发点，是取之不竭的智慧宝库。历史虚无主义对优秀历史、文化传统的歪曲和否定，在本质上是否定唯物史观对历史学的指导作用，否定马克思主义史学对中国历史发展规律性、必然性的论断，通过对历史的曲解，否定中国走社会主义道路的必然性。

（5）后现代主义。如果说历史虚无主义是要"告别革命"，那么后现代思潮则是"告别理想"。一般认为，后现代主义思潮产生于第二次世界大战以后，广泛渗透在文学、史学、哲学、音乐、绘画等领域，对人们的社会生活和精神世界产生了深刻的影响。它反对"本质主义"，消解深层模式；否定自我意识，消解人的主体性；反对中心，寻求差异和不确定性。当20世纪八九十年代后现代主义在欧美日趋没落之时，后现代主义却被当作一种时髦的思潮引入中国。有些学者将其作为前卫性的思潮大肆追捧，并将其视为批判我国改革开放和社会主义现代化的"利器"，充当人文学科领域解构马克思主义指导地位的工具。一些人用非中心，否定马克思主义的指导地位；用非本质，否定历史规律，否定社会主义的必然胜利。

（6）新文化保守主义。如果说新自由主义和民主社会主义思潮体现了对西方资本主义发展模式的膜拜或向往，那么，新保守主义则强调中国的现代化发展应充分利用传统资源，激发传统走向现代化的内在动力。新保守主义涉及政治、经济、文化等各个领域，在不同的社会空间获得不同的表现形式。就文化方面而言，新文化保守主义者主要包括近年来才开始登上思想舞台的大陆新儒家以及国学复兴论者等。他们主张以本民族文化为本，开采传统文化资源，兼容西方"新知"，发扬光大中国文化，以反抗西方文化霸权；他们高调倡导复兴儒学，重振国学，重建文化传统，甚至宣称21世纪是儒学复兴或国学复兴的世纪。新文化保守主义中有两种倾向值得注意：一是褊狭的文化心态。某些新文化保守主义者抱有强烈的中国文化优越感，对传统文化中的精华和糟粕缺乏认真的区分，盲目鼓吹"新儒学"，提倡"新国学"，刻意拔高儒学和国学对当代道德建设、社会发展乃至国家政治生活的指导意义，偏执地抵制和排斥西方思想文化，这些都可能导致复古主义和狭隘民族主义。二是对社会主义文化的否定。一些人在高喊"复兴儒学"、"振兴国学"的同时，对五四新文化运动进行了不恰当的指责，把矛头指向了近代以来的启蒙和革命，甚至试图将儒学意识形态化，将马克思主义与儒学尖锐对立起来，以儒教代替马克思主义。当前各种各样的新文化保守主义包含了太多的情绪化的躁动和呐喊，通过不断变化着的"热"来制造轰动效应，但缺少平正、深沉的理性成分，这对中国当代文化建设只会产生消极影响。

（7）民族主义。民族主义是18世纪以来，对世界历史发展产生重大影响的思潮，它宣称"民族特征"是人类划分的主导性因素，强调民族利益至高无上，并将其作为价值标准和行动指南。当前，随着经济全球化进程的加速，中外交往中各类摩擦、冲突的增多，民族主义在中国开始活跃。民族主义批判西方主导的国际政治、经济秩序和话语霸权，强调在竞争中保护国家主权和民族利益，体现了全球化背景下对发展中国家处境的忧虑，以及维护民族尊严、国家主权的强烈愿望。中国当前的民族主义是中国近代史上民族主义思潮的发展和继续。对于民族主义在近代史上的作用，有学者将之区分为"理性民族主义"（有利于民族国家目标建构之思想与活动）和"非理性的民族主义"（盲目排外主义、民族虚无主义和民族沙文主义），提倡确立明确的"理性民族主义"观念。对民族主义，如果加以正确引导，将有助于我们增强民族凝聚力；反之，则可能沦为狭隘的排外主义，不利于和谐社会建设，进而威胁到中国现代化进程。

对于上述种种观点各异、花色繁多、面貌不断翻新的学术思潮，究竟如何以社会主义核心价值体系加以引领？如何切实增强人们冷静观察、深入分析、全面总结的理论思维能力？如何最大限度地凝聚力量和振奋精神，实现中华民族伟大复兴？对于这些重大理论和现实问题，学者们从不同方面进行了论证。

赵曜提出，建设社会主义核心价值体系，是在意识形态领域存在多种社会思潮的情况下进行的，因而，搞好这项建设，必须加强对我国意识形态问题的研究。他认为，当前我国意识形态领域的主要特点表现在两方面：一是改革开放以后，随着经济领域确立以公有制为主体和多种经济成分并存的基本经济制度，在上层建筑的意识形态领域出现了一元主导和多样并存的错综复杂局面，反映不同阶级、阶层的利益和愿望的社会思潮应有尽有、层出不穷，其中既有正确的、进步的、积极的、向上的社会思潮，也有错误的、消极的落后的甚至是腐朽的社会思潮。二是我国正处在从计划经济向社会主义市场经济过渡的时期，也是社会大变动时期，现在是思潮万千、思潮起伏、思潮澎湃，是社会思潮活跃期，它们彼此对立、互动、激荡、消长，活跃于社会上层建筑的意识形态领域里，对社会和人们产生不同的影响。社会主义核心价值体系的建设正是在这种条件下进行的。①

梅荣政、王炳权等认为，社会主义核心价值体系既是构建社会主义和谐社会的精神支柱，也是引领社会思潮的伟大旗帜，具有强大的整合能力和引领能力。为使对社会思潮的引领进一步落到实处，取得良好效果，需要努力提高以社会主义核心价值体系引领社会思潮的能力。这包括：大力发展社会主义社会生产力，为以社会主义核心价值体系引领社会思潮提供坚实的物质基础；根据解放和发展生产力的要求，坚持和完善公有制为主体、多种所有制经济共同发展的基本经济制度；继续坚持以人为本，充分体现科学发展观的价值取向和根本要求，体现经济社会发展与人的全面发展的辩证关系，坚持发展为了人民、发展依靠人民、发展成果由人民共享，在推动经济社会协调发展中促进人的全面发展；深化马克思主义理论研究和建设，巩固以社会主义核心价值体系引领社会思潮的思想基础；积极宣传社会主义核心价值体系，为引领工作打下良好的社会心理基础；切实加强党的领导，强化以社会主义核心价值体系引领社会思潮的政治保障。②

---

①　参见赵曜《大力推进社会主义核心价值体系建设》，《红旗文稿》2007 年第 12 期。

②　梅荣政、王炳权：《坚持以社会主义核心价值体系引领社会思潮》，《思想理论教育导刊》2007 年第 6 期。

　　张军提出，坚持以社会主义核心价值体系引领社会思潮，是和谐文化建设的一项重要任务。坚持以社会主义核心价值体系引领社会思潮，需要把握几个原则。一是正确处理一元与多元的关系。在坚持社会主义核心价值体系的主导价值观地位、牢牢把握社会主义先进文化的前进方向这一前提下，尊重差异，包容多样，在尊重差异中扩大社会认同，在包容多样中增进思想共识，最大限度地形成共识、凝聚力量，齐心协力建设中国特色社会主义。二是坚持破中有立、立中有破的原则，用积极健康的思想引领多样化的社会思潮。在我国改革发展的关键时期，既有正确的、进步的、积极的、向上的社会思潮，也有错误的、落后的、消极的、保守的社会思潮。因此，要加强对各种社会思潮的有效疏导，根据社会思潮的不同性质采取不同的措施，引导其沿着健康的轨道前进、向着积极的方向发展，但决不允许各种反马克思主义的社会思潮滋长。三是处理好理想与现实的关系。社会主义核心价值体系的构建是价值目标与现实社会历史过程的统一，它既着眼于树立正确的、社会认同的主导价值观，又将减少社会冲突、维护社会稳定作为重要的内容。四是提高对社会思潮的预判能力，最大限度地防止错误思潮的形成，做到防患于未然。①

　　敖带芽提出，以社会主义核心价值体系引领社会思潮，应做到"三个坚持"：第一，坚持弘扬主旋律与提倡多样性的统一。既要坚持马克思主义的核心地位，不断提高人们的思想认识水平，同时也要尊重差异，包容多样。只有坚持弘扬主旋律和提倡多样性的统一，才能最大限度地形成思想共识。第二，坚持先进性和层次性的统一。要在提倡社会主义、共产主义的同时，也要推行适用于普通劳动者、爱国者的思想道德。在全体人民中广泛进行爱国主义和艰苦创业的精神教育，提倡为人民服务和集体主义精神，大力提倡社会公德、职业道德和家庭美德。同时，也要肯定和提倡一切有利于社会主义生产力发展、有利于社会全面进步的思想道德观念。第三，坚持整合性和开放性的统一。既要坚持意识形态的整合性，又要照顾到各层次思想文化观念的不同特点，坚持灵活对待的原则。才能有效整合社会上分散的思想力量，统率社会的观念形态，销蚀对立情绪，强化为共同理想而奋斗的坚定信念，巩固执政党

---

　　①　张军：《坚持以社会主义核心价值体系引领社会思潮》，《人民日报》2007 年 1 月 19 日。

的思想政治基础。①

(三) 建设和谐文化的根本

胡锦涛总书记在中共十七大报告中指出："当今时代，文化越来越成为民族凝聚力和创造力的重要源泉、越来越成为综合国力竞争的重要因素，丰富精神文化生活越来越成为我国人民的热切愿望。"建设和谐文化是时代和人民的需要，是增强国家软实力的必然要求。而社会主义核心价值体系是建设和谐文化的根本。核心价值体系对社会、个人都起着规范和引导的作用，决定着文化的总体性质、方向和整个社会的思想道德基础。

广东省邓小平理论和"三个代表"重要思想研究中心有关学者认为，建设社会主义核心价值体系，是着眼于打牢全党全国各族人民团结奋斗的思想道德基础、全面总结思想道德建设经验而作出的战略部署，将有力地推动构建社会主义和谐社会的伟大进程。他们提出，价值观是文化的核心，一个社会的主导价值观构成它所特有的文化、文明的精神实质和显著标志。只有以社会主义核心价值体系为指导，才能保证社会的精神文化沿着正确的方向前进，才能保证和谐文化建设取得实际成效。因而核心价值体系在和谐文化建设中占据核心和根本的地位。②

韩震等学者提出，和谐文化建设以社会主义核心价值体系为根本，这规定了和谐文化建设的根本性质和方向。第一，坚持以社会主义核心价值体系为根本，要求和谐文化建设必须坚持正确的方向。和谐文化建设不是一般意义上的和谐，必须保持社会主义性质。第二，以社会主义核心价值体系为根本，要求和谐文化建设必须把巩固中国特色社会主义共同理想作为自己的主题。第三，以社会主义核心价值体系为根本，就必须把弘扬和培育民族精神和时代精神作为和谐文化建设的重要任务，树立中华儿女对民族发展和民族振兴的责任感和使命感，增强全民族的精神力量。第四，以社会主义核心价值体系为根本，必须在全社会树立和践行以"八荣八耻"为主要内容的社会主义荣辱观，提高公民的道德素质和社会文明程

---

① 敖带芽：《坚持以社会主义核心价值体系引领社会思潮》，《党建研究》2007 年第 6 期。

② 广东省邓小平理论和"三个代表"重要思想研究中心（执笔：蒋斌、周薇）：《建设社会主义核心价值体系是构建和谐社会的重大课题》，《光明日报》2007 年 2 月 13 日。

度。最后，以社会主义核心价值体系为根本，必须把社会主义核心价值体系的各项要求贯穿于和谐文化建设过程的始终，落实到和谐文化建设的各个环节之中。①

五　社会主义核心价值体系的理论特征与突出特点

任何一种成熟的理论成果，都有独特的理论特征和诸多重要特点。作为马克思主义理论创新的又一重要成果，社会主义核心价值体系也是如此。学者们从不同角度对这一问题进行了分析。

张军提出，社会主义核心价值体系具有四个突出特征。他认为，一是体现了先进性。它坚持马克思主义在意识形态领域的指导地位，牢牢把握了社会主义先进文化的前进方向。二是体现了理想性。中国特色社会主义集中反映了我国工人、农民、知识分子和其他劳动者、爱国者的利益、愿望与要求，是整个社会主义初级阶段乃至以后更高发展阶段我国各族人民的共同理想。三是体现了时代性。以爱国主义为核心的民族精神和以改革创新为核心的时代精神，反映了社会主义核心价值体系是一个面向时代、立足现实，与中华民族优秀传统文化相承接、与社会主义先进文化相一致的思想文化体系。四是体现了现实性。社会主义荣辱观为社会主义市场经济条件下全体社会成员判断行为得失、作出道德选择、确定价值取向提供了基本的价值准则和行为规范，是新形势下社会主义思想道德建设的重要指导方针。②

李国华则提出，社会主义核心价值体系表现出三个主要特点：（1）针对性和指导性。社会主义核心价值体系是社会主义制度的内在精神和生命之魂，它决定着社会主义的发展模式、制度体制和目标任务，在所有社会主义价值目标中处于统摄和支配地位。没有社会主义核心价值体系的引领和主导，构建和谐社会、建设和谐文化就会迷失方向。建设社会主义核心价值体系，抓住了社会主义意识形态的关键，反映了现阶段我国社会思想观念的新变化、新特点，反映了社会主义市场经济发展的要求，适应了

---

① 韩震主编：《社会主义核心价值体系研究》，人民出版社 2007 年版，第 271—278 页。

② 张军：《坚持以社会主义核心价值体系引领社会思潮》，《人民日报》2007 年 1 月 19 日。

社会主义民主政治发展的要求，适应了社会主义先进文化建设的要求，适应了构建社会主义和谐社会的要求，具有很强的针对性和指导性。（2）社会主义核心价值体系包括四个方面的内容，它们之间相互联系、相互贯通，形成一个统一的、有机的整体。它既突出坚持一元化指导思想，又强调尊重差异，包容多样；既明确了一致的追求，又涵盖了不同群体和阶层的愿望；既坚持了先进文化的前进方向，又符合不同群众的思想状况；既体现了先进性要求，又体现了广泛性要求，具有广泛性和包容性，以及强大的整合力和引领力。（3）建设社会主义核心价值体系，是构建社会主义和谐社会的一个重大课题，是一项系统工程，也是一项长期的艰巨任务，不可能一蹴而就。

六　社会主义核心价值体系的
现实构建与路径择取

实践性是马克思主义的根本观点，"改变世界"是马克思主义哲学区别于以往以"解释世界"为主要特征的旧哲学体系的根本点。从这一意义上讲，社会主义核心价值体系必须走入实践，内化为人民群众内心的价值认同与自觉的行为规范。

同时，社会主义核心价值体系不仅是一种深刻的理论表达，其内部深深蕴藏的与中国特色社会主义的血肉联系早已本质决定了它必须切实融入当代中国人民的实践进程，成为人们自觉认同、遵循、践履和崇尚的价值观念。实际上，这一方面的要求更为突出、更为现实，也更为迫切。在这一问题上，学者们提出了诸多见解，从不同角度、不同侧面和不同途径阐述了构建社会主义核心价值体系的现实考量和路径选择。

张传开分析了建设社会主义核心价值体系的方法论，认为建设社会主义核心价值体系是一个长期的历史过程，必须以辩证唯物论和历史唯物论作为方法论，在操作层面上则要把握四个方面：一是先进性与广泛性的统一。建设社会主义核心价值体系所体现的先进性要求，是社会进步的客观要求与我们党的先进性的有机统一。在社会主义核心价值体系建设中坚持先进性要求，最重要的就是坚持用马克思主义中国化的最新成果武装全党、教育人民，用民族精神和时代精神凝聚力量、激发活力，倡导爱国主义、集体主义、社会主义思想，加强理想信念教育，加强国情和形势政策教育，不断增强对中国共产党领导、社会主义制度、改革开放事业、全面建设小康社会目标的信念和信心。同时，社会主义核心价值体系建设还要体现出广泛性的要求，需要以社会主义核心价值体系引领社会思潮，尊重差异，包容多样，最大限度地形成社会思想共识。二是民族性与世界性的统一。社会主义核心价值体系要有中国特色。所谓中国特色，就是要继承和吸收中华民族优秀文化传统中的积极因素和合理成分，并用中华民族的语言和风格准确地加以表达。社会主义核心价值体系建设还要吸收人类文明的精华。实际上，西方社会不少有价值的思想，并不是资产阶级的专利，也不是某个民族、某个国家的非卖品，而是人类文明的共同成果，因而也是社会主义核心价值体系应该借鉴和吸纳的。三是稳定性与开放性的统一。一个民族的核心价值体系，是该民族文化中最稳定的内容，是该民族绝大多数成员的行为规范和评价尺度。因此，它本身要求不能、事实上也不可能经常变化。同时，随着社会生活的变迁，随着经济、政治、文化和社会的发展，核心价值体系也会不断变化，呈现出开放性。四是理想性与现实性的统一。社会主义核心价值体系与其他社会核心价值体系的最根本的区别是，它具有社会主义性质，体现了社会主义的发展目标，包含着我们中国共产党人的理想信仰；但同时，在社会主义制度下建构和培育社会主义核心价值体系，更要依靠社会主义的直接实践和社会现实。因而，社会主义核心价值体系建设必须将远大的社会理想和现阶段的工作目标真正统一起来。[①]

国防大学邓小平理论和"三个代表"重要思想研究中心的有关学者就构建社会主义核心价值体系的现实途径问题提出了三个转化的问题：（1）从理论向心理转化。社会主义核心价值体系的基本内容，符合广大人民群众的愿望要求，有其深厚的社会心理基础。但同时，社会主义核心价值体系并不是直接等同于社会心理，而是源于生活、高于生活，来自群众、引导群众。因此，建设社会主义核心价值体系，既要高度重视理论建设，使核心价值体系的理论形态更为科学与完备；也要高度重视实践建设，采取多种途径和措施，大力促进核心价值体系从理论形态向社会心理形态的转化，使其成为广大社会成员的心理认同、自觉意识。（2）从评价向行为转化。核心价值体系是一套规范体系和评价体系，影响、制约着

①　参见张传开《建设社会主义核心价值体系的方法论思考》，《求是》2007 年第 20 期。

人们的价值选择及行为。但价值评价并不完全等于价值行为，人们的行为并不一定在任何时候、任何情况下都遵循核心价值体系，顺应社会的评价导向。这就需要把行为的褒贬和行为的取舍一致起来，使价值评价机制转化为人的行为机制，使价值评价标准成为人们自觉行为的准则。（3）从规范向示范转化。建设社会主义核心价值体系，一个关键问题是要在现实生活中更多地涌现出核心价值体系的忠实践行者，实际地证明核心价值体系的现实性、可行性、普遍性，从而促使核心价值体系在最大程度上进入生活、进入群众、进入社会。这就是价值示范。从这一意义上讲，核心价值体系建设不仅是规则建设，更重要的是行为建设。要通过党员干部、社会先进分子的身体力行，使价值示范与价值规范相吻合，为建设核心价值体系作出表率，为广大群众的价值行为作出榜样。①

翟卫华提出，大力建设社会主义核心价值体系，主要应从以下几个途径入手：第一，深入开展社会主义核心价值体系主题教育。坚持不懈地开展理想信念教育、国情教育和形势政策教育，引导人们通过纵向的历史对比、横向的国际比较和现实的发展变化，加深对社会主义核心价值体系的认识和理解。要把党员干部特别是领导干部作为重点，引导他们模范实践社会主义核心价值体系。要积极引导各类公众人物，使他们更好地承担起传播先进文化和思想道德的责任。第二，把建设社会主义核心价值体系纳入国民教育全过程。要推进学校德育工作的改进创新，推动社会主义核心价值体系进教材、进课堂、进学生头脑。第三，努力营造建设社会主义核心价值体系的舆论强势。应当自觉地把宣传弘扬社会主义核心价值体系作为义不容辞的责任，把社会主义核心价值体系的要求贯穿到日常宣传报道中去，要进一步加强网络伦理道德建设，使网络成为建设社会主义核心价值体系的重要阵地。第四，用更多更好的精神文化产品和文化服务传播社会主义核心价值体系。第五，广泛开展建设社会主义核心价值体系实践活动。建设社会主义核心价值体系，要立足基层、着眼实践、注重养成，引导人们从自己做起，从身边事情做起，从一点一滴做起，要更好地发挥创建文明城市、文明村镇、文明行业等群众性创建活动的载体作用和优势，广泛吸引群众参与。第六，充分发挥道德模范的榜样作用。及时总结和宣

---

① 参见国防大学邓小平理论和"三个代表"重要思想研究中心（执笔：颜晓峰）《促进社会主义核心价值体系的实践转化》，《党建》2007 年第 6 期。

传体现核心价值体系要求的先进典型，特别是普通人群中的道德楷模，广泛开展学习活动，把他们的感人事迹、先进思想和高尚精神变成全社会的精神财富。①

徐宇宁提出，建设社会主义核心价值体系是个新生事物，是一项需要大力研究、大力倡导、大力宣传并且需要持之以恒开展教育的工作。其中，要用足用好六条途径：第一，领导率先垂范，领导干部的言行、情趣、作风必须成为全社会的表率和楷模；第二，加强名人的示范效应，用名人的言行影响社会、影响年轻人；第三，加强学校的正面灌输，按照我们的核心价值理念培养一代又一代的接班人和建设者；第四，注重影视作品的影响，以好的作品引导人、教育人、鼓舞人；第五，注重网络信息的影响，抢占网上舆论阵地，确立网上正面舆论强势；第六，强化社会氛围，营造无处不在、无处不有的教育引导环境。②

石云霞提出，建设社会主义核心价值体系，重在教育，这必须坚持以下基本要求：第一，以四项基本原则为根本内容，坚持用发展着的马克思主义进行社会主义核心价值体系教育。第二，从革命、建设和改革的根本需要出发，坚持理论联系实际的根本教育原则。第三，坚持方向性、思想性与科学性相统一的原则。第四，坚持正面教育为主与社会思潮批判相结合的原则。第五，坚持党作为教育者与群众作为教育对象之间教学相长的基本原则。第六，坚持先进性要求与广泛性要求相结合的原则。第七，坚持以人为本，尊重人、理解人、关心人，是社会主义核心价值体系教育取得成功的关键。第八，提高全民族的思想道德素质，培育"四有"公民，是进行社会主义核心价值体系教育最根本的目标要求。第九，坚持以实践标准作为检验社会主义核心价值体系教育效果的根本标准。第十，坚持和加强党的领导是进行社会主义核心价值体系教育最重要的实现机制和根本保证。只有坚持这些基本要求，才能使社会主义核心价值体系教育体现时代性，把握规律性，富有创造性，增强实效性。③

---

① 参见翟卫华《大力建设社会主义核心价值体系》，《光明日报》2007 年 10 月 20 日。

② 参见徐宇宁《关于在全社会确立社会主义核心价值体系的若干思考》，《党建》2007 年第 6 期。

③ 参见石云霞《论社会主义核心价值体系教育的基本要求》，《思想政治工作研究》2007 年第 3 期。

七　结语：核心价值观念与
中华民族的血脉和未来

当前，学术界理论界围绕着社会主义核心价值体系，从不同方面、不同领域提出的一大批研究成果，为分梳社会主义核心价值体系的一系列重要问题，建构当代中国发展强盛的思想文化基础，提供了丰富多样的思想资源和智力支持。但同时，由于社会主义核心价值体系这一重要思想提出的时间还不长，因而对其研究尚需在更深刻、更全面、问题意识更突出的层面上进一步展开。就笔者而言，想提出几点管见以供学界同人参考指正。

第一，深化社会主义核心价值体系研究，应当进一步突出问题意识，密切关注和深入解决那些具有实际意义和实质意义的问题。准确解读和大力宣传中央文献中关于社会主义核心价值体系的论述，是一项极其重要的工作，也是最基础的工作；但同时，必须在此基础上把中央精神和党的理论创新成果贯彻落实到实践中去，真正解决问题。这就要求理论学术工作者必须以强烈的现实关切，深入实践生活当中，发现问题、分析问题、解决问题。这也是这篇述评特意把"社会主义核心价值体系的现实构建与路径择取"作为一节的重要考虑。提出凸显问题意识这一点，实际上已经是一个老问题了，但绝非老调重弹，了无新意。老问题之所以作为问题，被一而再再而三地提出来，正是因为在其中隐藏着该时代境遇中也许最难解决的、最为重要的问题。

第二，深化社会主义核心价值体系研究，应当进一步具体化，使这一价值体系研究以及践行这一价值体系的研究，都更加细腻、深刻、充分地展开。当前的研究成果，从某种意义上说，宏大叙事较多，而就其中一些具体命题、子命题展开透辟分析的还比较少，这在一定程度上影响了社会主义核心价值体系研究的深入。

第三，深化社会主义核心价值体系研究，应当就一些重要课题展开调查研究，加强实证分析。当前的研究中理论分析较多，而依据第一手资料的、扎实的实证研究尚不多见。譬如，当前一个较为迫切的问题是，不同阶层、不同群体、不同年龄段、不同地区的社会成员对社会主义核心价值体系的理解、接受和践履情况到底如何？差异多大？弄清了这一点，我们才能在此基础上，针对不同受众的独特状况，有针对性地展开社会主义核心价值体系的宣传与教育，这样才能更好地推进社会主义核心价值体系建设，使其真正融入社会成员的生活，真正融入中华民族的血脉与未来。

第四，深化社会主义核心价值体系研究，除了要在生活常态中考察社会成员的价值观状况，还应当高度关注非常态下的价值情感问题，加强这一方面的研究。价值取向问题和社会主义核心价值体系的建设，常常表现为潜移默化、润物无声的工作。就当代中国而言，我们在思想文化领域确乎面临着种种问题与挑战，但同时也应看到，社会主义、爱国主义的价值取向仍然具有强烈的感召力和凝聚力。价值观念领域长期的宣传思想教育深层次地积淀在人们的内心世界和精神文化领域，每当祖国和民族遭遇重大危机时，爱国主义、集体主义、英雄主义情感便会无比强烈地迸射出来，放射出灿烂夺目的光彩。

笔者这里想特别提出的是，2008 年 5 月 12 日下午，四川汶川等地发生强烈地震，在抗震救灾的过程中就无比鲜明地展示了中华儿女崇高的价值取向和伟大的精神力量。震灾发生后，党中央、国务院高度重视，胡锦涛、温家宝等中央领导同志亲赴灾区指挥抗震救灾，全国上下迅速行动，展开了一场气壮山河的抗震救灾伟大战斗。5 月 12 日晚，中共中央政治局常委李长春同志主持召开抗震救灾宣传报道专题会议，传达中央政治局常委会议精神，对抗震救灾宣传报道工作作出部署。灾区党委政府迅速启动应急机制，组织干部群众奋力投入抗震救灾工作。人民解放军指战员、武警部队官兵、公安干警在灾区人民群众危难时刻挺身而出、冲锋在前、不怕吃苦、不怕牺牲。各地各部门采取有效措施，积极抢救受伤群众，努力为灾区提供各种支援。这场伟大的抗震救灾斗争，充分展示了中华民族万众一心、共克时艰的伟大精神力量，唱响了举国感奋、万众一心、不畏艰险、顽强斗争的价值观念主旋律，使全体中华儿女和世界上一切正义善良的人们与灾区人民情感相通、血脉相连、心手相牵。"时穷节乃见，一一垂丹青！"在那些艰难困苦、患难相依、共克时艰的时刻，中国人民伟大深邃的文化情感往往以最强烈、最璀璨的方式迸发出来，这为我们深刻审视当代中国的思想文化力量，进一步加强社会主义核心价值体系研究可以提供另外一个不同的视角，也对西方某些势力集团长期酝酿实施的"矮化中国"、"唱衰中国"的图谋给了一声雄壮响亮的回答。

我国学术界政治哲学研究的前提检讨

一　缘　起

政治哲学研究，是当前从西方学术界到中国学术界都极为关注的一个领域，相当一批以"××政治哲学研究"为主题的成果相继推出。然而，什么是政治哲学？如何算作政治哲学研究？这些问题迄至今日仍然聚讼纷纭、未有定论。不解决这些问题，不对政治哲学研究的理论视野、研究对象、范式方法和功能特征等问题有一个明确的分梳和把握，势必影响相关研究的学术质量和理论深度。

对这一问题，一些专家学者亦表达了同样的忧虑。例如，在中国社会科学杂志社与南开大学主办的第六届马克思哲学论坛"马克思主义政治哲学：阐释与创新"上，孙麾编审在作学术总结时提出，会议主题"为马克思主义哲学界打开了马克思政治哲学的研究论域或理论空间"，会上提交的论文"为建构当代马克思主义政治哲学提供了宝贵的探索经验和思想智慧"。然而，孙麾先生同时指出："不少文章试图'从政治哲学的视野'或'哲学的政治意蕴'来表达各种学术见解以及与现实有关的问题。但什么是'从政治哲学的视野'？什么是'哲学的政治意蕴'？应该说还缺少一个规范化的澄清，特别是前提与边界的批判性考察。在这里，所谓规范化的研究和批判性的考察就是要使立论建立在这样的基础上，就是反思和审视政治哲学学科的研究对象、专属于本学科的学术语言、基本术语的准确定义、自己独特的方法论、理论建构模式、理论与实践的联结方式以及发展目标等。没有这个基础，就会因为概念的宽泛以至杂乱而不能从严格的意义上或理论逻辑的深处推动政治哲学的学科发展。"① 主要由于这一原因，从总体上看，"关于马克思主义政治哲学的研究还没有形成一个明晰的框架、边界和思路，而且还没有自觉到在中国的语境中讨论政治哲学，包括中国政治经验的哲学概括、研究构架、路径以及形成中国特色的理论体系等，为解决中国的政治难题和推进政治改革提供学术资源和理论支撑。"②

有鉴于此，我在本文中将暂不涉及我国学术界政治哲学研究的具体内容，而试图从上述研究对象、研究方法等角度入手对当前研究状况作一简要梳理和评述，以有益于当代中国政治哲学研究的推进与深化。

二　简要的研究史回顾

政治是人类社会最为古老的现象之一，人类自古至今也一直未曾中断过对于政治现象的哲学探求与形上考量。几千年来思想精粹的层层累积，形成了人类政治哲学思想的灿烂星河，以至于我们直到今天还必须常常回过头去向人类文明的古老源头汲取智慧的力量。然而，政治哲学作为一个学科区划出现，则是相当晚近的事情。《中国大百科全书·政治学卷》"政治哲学"词条就此写道："政治哲学就其内容而言，十分古老，古代许多思想家的政治思想和学说都含有政治哲学的意义。但就其概念而言，则迟至20世纪上半叶才逐渐流行于学术界，并具有学科与方法论的双重特征。在20世纪上半叶以前，偶尔也有政治哲学之说，但只是传统学科分化的沿袭，如同将美学称为艺术哲学、史学称为历史哲学、伦理学称为道德哲学一样。20世纪初，政治学界开始萌生科学主义思潮，20年代的新政治科学运动率先提出政治学科学化主张，倡导引进自然科学的概念和方法，建立起类似自然科学的政治学理论体系。稍后的行为主义政治学则从理论上系统地提出了政治科学的概念，用以表示运用自然科学方法、定量研究、经验实证、价值中立、描述和分析等的政治学方法和理论，把长期沿用的演绎推理、逻辑验证，从纯理论角度讨论政治本质和目的、具有

---

① 参见赵剑英、陈晏清主编《马克思主义政治哲学：阐释与创新》，社会科学文献出版社2007年版，第468、479页。

② 同上书，第480页。

浓厚道德与价值色彩的政治学理论和方法统称为政治哲学。这时，政治哲学才获得了概念的意义。"①

就西方学术界而言，自科学主义思潮兴起之后，政治科学几乎成了政治学的代名词，许多人纷纷作出"政治哲学已经死亡"的论断。然而，自从1971年罗尔斯发表其扛鼎之作《正义论》以来，越来越多的学者投入到政治哲学的研讨中，政治哲学研究出现了明显勃兴的态势。

相较于西方学术界，我国学术界的政治哲学研究起步较晚，学术累积较为欠缺。自20世纪二三十年代起，一部分学者开始关注相关研究领域，学术界出现了一些题名为"政治哲学"的著作或译作。例如，李麦麦的《中国古代政治哲学批判》（上海新生命书局1933年版），日本学者五来欣造著，胡朴安、郑啸崖译的《儒教政治哲学》（上海商务印书馆1934年版），葛存念、刘通的《中国最高政治哲学》（北平大同出版社1947年印行），等等。这一时期的著作尤其是译作，在某种程度上初步具备了现代所谓政治哲学的意蕴。例如，1922年，范用馀先生翻译出版的浮列尔（Farrell）的著作《政治哲学导言》就认为，"政治哲学"所论的是"国家"（State）。具体说来，"政治哲学是要解答下列的问题——1. 国家是什么？2. 国家的目的是什么？再依着这个问题推论下去——国家普遍存在的理由在哪里？3. 国家怎样发生的？4. 国家的职能是什么并且如何实行他的职能？5. 国家现在有几种，从前有几种，以及怎样区别？6. 有没有理想的国家？"② 但是，从总体上看，这一时期仍然属于"传统学科分化的沿袭"，尚未赋予其特定的、明晰的学科内涵。浮列尔的《政治哲学导言》就提出，将是书的研究主题称为政治哲学（Political Philosophy）、政治科学（Political Science）、政策学（The Science of Politics），或简称政治学（Political），都没有什么分别。

直至改革开放之前，由于当时人们认识水平的局限和某些特殊因素的影响，我国许多学科的研究中断，政治哲学研究仍然处于空白和断档之中。进入改革开放新时期之后，我国学界重新展开了政治哲学研究，越来越多的学者投入到政治哲学研究的队伍中来。政治哲学学科研究日益引起

---

① 参见《中国大百科全书·政治学卷》，中国大百科全书出版社1992年版，第512页。

② 浮列尔（Farrell）著，范用馀译：《政治哲学导言》，上海商务印书馆1922年版，第2页。

人们的关注。这主要是由两方面原因决定的。从实践方面来说，随着我国政治体制改革不断引向深入，各种现实的政治问题需要人们从学理上作出深刻透彻的解答，各种政治现象、机制都需要从理论高度进行反思。人们关注的目光已经不再仅仅满足于"实然"，而是更多地投向价值领域的"应然"。这极大地催生了我国学术界的政治哲学研究。从理论方面来说，自从罗尔斯发表《正义论》带动激发了一大批政治哲学著作，使政治哲学讨论再度勃兴之后，几十年间，西方学界围绕着这些问题，新见迭出，妙论纷呈，这不能不深刻地影响到我国学者的理论视界。一个时期以来，我国学术界围绕着政治哲学研究，进行了比较深入的研究，引进译介了大量西方学者的政治哲学著作，同时推出了一批原创性作品，发表了一系列学术水准较高的论文，以政治哲学研究为主题的学术会议也频频举办，产生了比较大的影响。

三 政治哲学研究的前提梳理

从思想史的角度看，政治哲学内容驳杂，广被多包，但如前所述，作为一个现代新兴的学科区划，确立其学科定位、研究主题、研究方法、主要特征、功能效应等，则是展开深入研究的前提与基础。① 下面，我们主要从这一角度对我国学术界的相关政治哲学研究作一回顾和检审。

（一）政治哲学的学科定位

在政治哲学研究中，第一个需要回答的问题就是——何为政治哲学，它是一种什么性质的研究？从"政治哲学"的题名可以看出，它与政治学和哲学有着千丝万缕的联系。当前学界对"究竟何为政治哲学"这一问题虽然众说纷纭，莫衷一是，但大致可以从把政治哲学归属于哲学、政治学、哲学与政治学的交叉学科这样三个角度来划分。

1. 将政治哲学归属于哲学的观点

王连法、姚荣祥等学者认为，政治哲学是马克思主义哲学体系在政治领域中的一个分支学科或应用哲学。他们提出，政治哲学作为一门哲学，

---

① 这与突破学科壁垒，开展交叉学科研究是不矛盾的。实际上，交叉学科研究也必须是以本学科的明确分工和深厚积淀为基础的。

专门研究政治和政治现象本质，着重探讨社会政治关系，特别是各阶级在国家中的地位以及国家权力机构发展变化的基本规律，揭示政治及其现象的内部联系和变化规律是政治哲学的基本特征。相对于马克思主义哲学总体来说，政治哲学是局部世界观和方法论，即政治世界观和政治方法论。政治哲学不是政治的婢女，也不是凌驾于政治之上的任何其他东西，而是关于现代政治的概括和总结，是科学的政治观和方法论的理论体系，这是政治哲学的本质。

韩水法也认为政治哲学属于哲学的领域。他认为，政治哲学探讨政治的规范和价值、政治的观念基础以及政治科学的方法论，同时厘定与分析表述这些规范、价值和观念的概念，论证某些正当的规范、价值和观念构成的方式。正是由于它的规范与方法论的性质，所以它无法归于任何一门经验的社会科学之下，而属于哲学的领域。如果可以采用一种更为一般和抽象的表述，那么就可以说，政治哲学关涉人类生活中政治层面的根本问题。

张桂林将政治哲学称为政治学的元理论。他说，"政治哲学是人们对政治事物的普遍性知识的探求，它在最高层面上为评价、判别和概括政治现象提供价值标准和认识方法，它是最高层次的政治理论，是政治学的'元理论'。"简言之，"政治哲学就是政治认识论和政治方法论"[1]。

罗予超同样认为政治哲学是哲学的一个分支学科。他提出，政治世界的本质有三个层次：初级本质、深层本质、普遍本质。与此相适应，政治知识也可以划分为三个层次：经验政治学、政治理论、政治哲学。经验政治学是关于政治的事实科学和经验科学。它对某一具体的政治事物、现象和过程作出经验描述。政治理论则以经验政治学所提供的丰富思想材料为依据，进一步揭示各种在政治世界中具有普遍性的现实政治事物的本质——即政治世界的深层本质。政治哲学则在经验政治学、政治理论所揭示的政治世界的初级本质、深层本质的基础上，进一步揭示政治世界的普遍本质，揭示社会政治生活所应遵循的基本原则，揭示政治世界的主要结构要素（国家、政党、法、主权、民主、安全、秩序、政治主体和政治客体，等等）的实质与基本职能，以及政治世界各种具有普遍性的政治

---

[1] 张桂林：《西方政治哲学——从古希腊到当代》，中国政法大学出版社1999年版，第1页。

事物、现象和过程的规律性联系。可见，政治哲学是哲学的分支学科，是对政治世界的思维着的考察，是关于政治世界的普遍本质与普遍规律的科学。

2. 将政治哲学归属于政治学的观点

在《中国大百科全书·政治学卷》中，"政治哲学"词条的编纂者丘晓就将政治哲学定义为："政治学的一个分支学科，它是研究政治关系的本质及其发展一般规律的科学，又是政治理论的方法、原则、体系的科学。它主要关注政治价值和政治的本质，是关于一般政治问题的理论，也是其他政治理论的哲学基础。"①

陈闻桐等学者认为，所谓政治哲学，是一定时代人们的政治观特别是政治价值观的系统化和理论化。它既与一般政治理论和政治科学相关联，又与哲学世界观、方法论尤其是社会历史观相关联，但这种关联并不排斥政治哲学有着自己独立的研究对象。政治哲学主要是从哲学上研究社会政治生活的价值规范及其理论基础（即看待政治事实、规定政治价值、作出政治评价的准则）。同时，由于这种研究往往同一般政治理论讨论国家和法的学说密不可分，因而政治哲学必然涉及国家和法的学说。

万斌认为，政治哲学是在政治认识体系中居于最高层次的，具有整体性、全局性和高度抽象性的政治学理论。政治哲学的基本宗旨是以政治的普遍性来界说政治，并以社会历史进步的一般法则作为政治评价的价值准则。

俞可平则明确提出，"政治哲学是政治学的一个分支学科，它主要研究政治价值和政治实质。政治哲学属于政治理论的范畴，它是关于根本性政治问题的理论，是其他政治理论的哲学基础。"俞可平将规范性视为政治哲学的根本特征，"政治哲学是一种规范理论。它主要提供的不是关于现实政治的知识，而是关于现存政治生活的一般准则以及未来政治生活的导向性知识，即主要关注政治价值，为社会政治生活建立规范和评估标准。"② 简单地说，一般政治理论关注政治事实，而政治哲学关注政治价值。

---

① 《中国大百科全书·政治学卷》，第511—512页。

② 俞可平：《权利政治与公益政治——当代西方政治哲学评析》，社会科学文献出版社2000年版，第1—2页。

3. 将政治哲学归属于新兴交叉学科的观点

除上述两种意见外，还有一些学者认为，政治哲学既不同于传统的哲学，又不同于传统的政治学，而是属于一个新兴的交叉学科，因此它应该有自己独特的学科定位、学术属性等。

朱士群认为，政治哲学是以哲学的方式探讨政治存在、政治价值、政治话语（Political discourses）的一种理论体系。从整个思想史看，政治价值是它最重要最独特的论域。因此，相对于这些论域，政治哲学可以分为政治存在论（政治本体论）、政治价值论（规范政治理论）和政治诠释学（政治理解论）三个论域。

宋惠昌等学者在《政治哲学》一书中认为，政治思维方式——政治智慧与政治行为准则——政治伦理的有机结合，就是处在一定政治生活环境中的政治家们的政治哲学，或者简单地说，就是政治家的特殊的哲学。也就是说，所谓政治哲学，实质上就是政治学、哲学、伦理学交叉的综合性的应用哲学。

王岩则更明确地表示，"政治哲学并不是一般意义上的哲学，也不是一般意义上的政治思想，更不是政治与哲学的机械相加，它有其特定的研究对象和本质特征。"他认为："所谓政治哲学，是指在严密的哲学世界观指导下所产生的政治理论体系，是关于人类政治和政治实践活动的最一般规律的根本观点和方法论体系，是哲学的一个重要门类。它探讨的是政治现象的产生、发展和变化的矛盾运动规律；阐明的是政治的起源和本质特点；揭示的是政治活动过程的特殊方式和运动规律；规定的是政治活动的价值取向和规范化标准；研究的是国家、社会、阶级、革命等具体政治现象的产生、发展及规律；指导的是现实人类社会的政治建构和具体的政治操作。因此，在哲学理论指导下，研究政治现象的本质，揭示政治现象的内部联系和发展规律就构成了政治哲学的本质特征。"①

从上述各观点中我们可以获得两点启示：其一，学者们对政治哲学的界定虽然各殊，但其共通之处也很明显，这就是人们一般都承认，政治哲学与重视实证研究的政治科学相比，更注重政治价值和政治现象中具有本质性的、规律性的东西。质言之，政治理论指向的是"眼前之事"，政治哲学关注的则是"事后之理"。从这个角度理解政治哲学，不同的见解和

---

① 王岩主编：《中外政治哲学研究》，世界知识出版社 2004 年版，第 9 页。

看法就可以找到对话的切入点。其二，学者们如何界定政治哲学，一般都与自身的学术背景、知识累积密切相关。哲学学者往往把形上学意义上的一般世界观"向下"移诸政治世界，以对其进行抽象概括、总结提升；而政治学学者则倾向于把一般政治理论"上升"至世界观和方法论的高度。这一状况意味着政治哲学研究者之间应当进一步加强沟通对话，拓展研究视阈，汲取不同见解，这对于更加全面、准确地界定政治哲学当有所裨益。

（二）政治哲学的研究对象

政治哲学研究应当具有明确的研究主题和研究对象，这关涉政治哲学能否独立生存、健康生长的合法性问题。在这个问题上，学者们也提出了各种看法。

陈闻桐等学者认为，近现代西方政治哲学的主要内容有以下几点：（1）政治价值范畴。这是对政治价值的集中概括，是人类政治价值观念发展的理论结晶。最常见的政治价值范畴有：自由、平等、民主、正义、秩序、人权、主权、权力、权利、义务、责任，等等。（2）政治价值关系论题。政治生活错综复杂，政治现象色彩纷呈，决定了政治规范视角的多样性、流变性。这就产生了诸如自由与秩序、自由与平等、道义与规律、主权与人权、自由与责任等一系列政治价值关系论题。（3）政治价值观念演变的规律和走向。（4）理想政治秩序模式。（5）政治规范的理论基础。

俞可平认为，政治哲学的研究对象是政治价值和普遍性的政治原理。政治价值和政治原理的具体内容在不同的历史时期和不同的社会制度中是极不相同的，因此政治哲学的具体内容在不同的历史时期和不同的社会制度中也各不相同。但诸如国家、政府、权力这些重大现实问题和诸如自由、民主、平等、正义、人权等重大价值问题通常是各种政治哲学所共同关心的问题。

刘晓则提出，政治哲学的研究内容包括三方面：第一，关于政治的价值性范畴及其关系的探讨；第二，关于政治价值范畴及其关系的元理论；第三，以政治价值及其关系的理论和元理论为基点的社会政治批判理论。其中第一个内容是政治哲学最为主要的部分，第二、第三方面则是对这个核心的解释论证和延伸。

韩冬雪认为，政治哲学首先要探讨人类社会出现政治现象的根源，即人性和公共权力之间的内在联系问题；其次，政治哲学要研究公共权力的合理性与合法性基准，也即人们服从公共权力的价值依据；而从对上述问题的回答中，将引申出政治的性质、目的和功能等结论。同时，由此推导而来的政治原则和政治制度，不仅将强制地规定人们之间的社会关系和价值分配原则，而且还将作用于人们的思想和行为方式，影响人们对于生活的目的、意义等问题的价值认知和道德判断。

宋惠昌等学者则认为，"政治哲学首先要研究的是社会政治生活的主体，以民主政治体制为本质特点的现代社会，其政治主体主要有人民、公民、选民、政治家、社会、国家、阶级、政党等等"；"其次，政治哲学还要研究现代社会中一系列的政治关系问题，如国家与社会的关系，政治与经济的关系，政治与道德的关系，政治与宗教的关系，政治发展与社会发展的关系，等等；再次，政治哲学还要研究政治家特殊的思维方式，这其中包括他们的战略思维特点，他们的政治远见，政治革命与改革的智慧，等等；最后，政治哲学还要研究政治主体的政治行为规范、准则，特别是政治家的政治品德，等等。"①

万俊人沿袭了苏格拉底、柏拉图、亚里士多德等思想家的经典诠释，将政治哲学理解为政治学的理论基础，是一门关乎公民国家社会治理的正当合法性根据或基本政治原理（原则）的智慧之学；而在经济全球化趋势空前加剧的当代世界，政治哲学的理论视野还应当扩及国际政治和"世界公民"（康德语）的领域，为建立国际政治的基本正义秩序提供普遍合理的政治原理（原则）和理据。万俊人认为，政治哲学的核心理念是权利与权力的政治正义问题。政治哲学的基本问题关乎公民社会和国家政治两大领域，其核心概念是公民权利和国家（政府）权力，简而言之，权利与权力乃是政治哲学的关键概念。由权利与权力这一对核心概念就引发出至少如下基本政治哲学问题：（1）政治的基本理念和基本原则；（2）政治原则与政治制度；（3）权利与权力的基本结构和互动关系；（4）法治的实践和程序；（5）公民义务与政治家的职责或责任；（6）国家意识形态与社会政治理想，等等。

葛荃认为，政治哲学主要解决政治中的"为什么"、"应该是什么"

---

① 宋惠昌等：《政治哲学》，中共中央党校出版社 2003 年版，第 30 页。

和"为什么应该如此"的问题，也就是对于政治现象和政治问题进行本体的、价值的阐释与论证，其研究论域主要有七个方面：其一，政治权利及其权威的合法性认识；其二，政治制度与政策的理论原则依据；其三，政治关系形成与互动的认识依据；其四，政治行为与选择的价值依据；其五，政治观念、心态及信仰的价值依据；其六，政治道德的合法性认识；其七，政治目标的合理性论证。

（三）政治哲学的研究方法

每一门学科都有独特的研究方法，政治哲学也不能例外。关于这个问题，学者们也提出了自己的见解。但相对于研究对象而言，当前学术界考虑政治哲学独立研究方法的似乎尚不多见。

李小兵认为，政治哲学是政治学的元理论，它实质上超越了政治本身的范围，而涉及到伦理学社会学和哲学方法论的一系列最大和根本的问题。因此，政治哲学的研究方法，是综合的与哲学的。所谓综合的，是说它要研究政治学发展的整个历史，研究从柏拉图到当代的哲学家、思想家的理论；所谓哲学的，是说它要把这些理论的发展和结构看做一个相互联系的整体，从中找出一些带规律性的东西。

罗予超认为，政治哲学的研究方法有以下几种：（1）反思的方法。政治哲学是对具体政治科学知识，对具体的政治思想材料，对经验政治学、对政治理论、对一切有关的其他具体科学知识的高度概括和总结。政治哲学并不直接去研究具体政治现象和政治过程，而是与作为现实的政治事物、现象的思想反映的材料打交道。哲学是反思，是对思想的思想，政治哲学也要始终保持哲学的这一本质特征。（2）历史的方法。就是要研究政治的历史，要从政治的历史发展过程中来揭示政治的本质和规律。（3）真理认识与价值认识相统一的方法。政治哲学所要揭示的政治的实质与普遍规律都是真理问题，必须是对客观现实的反映，不能主观臆造；同时，政治哲学又是一种政治价值理论，必须回答"应该是什么"、"应该怎么样"的问题。所以，进行政治哲学研究必须坚持真理认识与价值认识相统一。

（四）政治哲学的特征功能

关于政治哲学的特征，刘晓将其概括为以下方面：（1）政治哲学的对象主要是人类的观念与精神，主要是对政治事实作出评价。（2）政治哲学具有高度的抽象性。（3）政治哲学主要是价值性的。它主要关注人类政治生活的意义和价值问题，特别是道德价值问题。（4）政治哲学探讨的是规范性命题。在对于政治问题的讨论中，它采用的是应然的规范命题，而与实然命题相区别。（5）政治哲学特别关注合法性问题。政治统治的合法性建基于一定政治哲学基础上的价值与信仰。（6）政治哲学具有传统性。政治哲学的问题具有永恒性，因此也就尊重并依赖传统。（7）政治哲学还具有意识形态性。（8）政治哲学注重政治的目标，不仅具有目的论，而且具有实践性。（9）政治哲学在方法上，不限于经验归纳以寻求因果联系的方法，还包括直觉、直观、演绎、推理等方法，并有自己的理论标准。

在政治哲学的功能问题上，王岩认为主要体现在如下几个方面：第一，政治哲学具有与传统哲学相类似的本体论和认识论功能。政治哲学不仅为人们对政治世界的认识提供逻辑起点与理论前提，更主要的是政治哲学为人们对政治世界的认识提供世界观和方法论，体现出认识论特点。第二，政治哲学具有价值论功能。政治哲学不仅向人们提供政治理想和政治信念，更主要的是在政治实践的最高层次向人们展现未来美好的社会意识形态和政治蓝图。第三，政治哲学具有直接现实性，它把高度抽象的政治理论同具体的政治科学和政治实践综合在一起，成为人们认识和改造世界的直接思想武器，生动而具体地表现了思辨哲学的实践功能。

万斌则认为，政治哲学的功能在于综合应用哲学理论，从总体上全方位地审视和评价政治现象。这表现在：（1）揭示政治的起源与本质，把握适应于一切政治现象的最基本的规定；（2）揭示政治与社会总体及社会各要素之间的相互关系，合理界定政治的领域、功能及其在社会生活中的作用；（3）揭示政治合乎社会历史规律和人的社会本性的发展趋势，不断赋予政治以新的时代内容和新的存在方式；（4）从总体上提出政治评价的一般价值尺度，合理评价人类社会的各种政治制度和政治思潮；（5）发掘和整理政治文化，拓宽人们的政治视野。

罗予超则提出政治哲学具有五大功能：（1）认识论功能。政治哲学为人们对政治世界的认识提供逻辑起点、理论前提，最基本的概念、范畴，以及方法论。（2）价值论功能。政治哲学为人们提供政治理想，提供人们的政治行为所应追求的价值目标，还使人们在政治生活中合理地规范自己的政治行为。（3）意识形态功能。（4）教育功能。突出表现在为政治思想教育工作提供最基本的思想、观念、理论、观点，并通过政治思想教育改变人们的政治意识、政治思维方式，提高人的政治思想觉悟。（5）实践功能。主要表现在政治哲学为新的阶级、新的政治势力提供理论和意识形态基础，使他们正确地认识到政治世界的本质、规律性以及本身的地位等问题；同时，政治哲学可以对新的国家、新的政治制度、新的政治结构作出设计。

四　几点初步思考

通过上述简要回顾和梳理，我们可以收获以下几点启发：

第一，我国学术界对政治哲学研究的"前提"思考是丰富多彩的，但相互之间的理论分歧也较为突出，一种能为学术界所普遍公认的政治哲学界定还没有展现在我们面前。由于理论视角、知识架构和实践变动等因素的影响，公认的政治哲学界定也许永远不会出现。在思想文化领域日益多元、多样、多变的情势下，这一状况也许充分表征了学术研究的自主性和多样性。但同时，这一状况也严肃地提示我们，在从事政治哲学研究时，理应以充分的论据、严密的逻辑和缜密的论证为自身的研究构筑坚实的理论前提。这实质上强烈地关涉学术研究的合法性问题。也就是说，当我们面对"××政治哲学研究"时，首先询问一句"什么是你所指称的政治哲学研究"时，是有充足的理由的。从这一意义上，我们也可以理解孙麾先生"事实上我们关于政治哲学的研究还处于初级阶段"[①] 这一论断，从纷繁复杂的论著景观中抓住了问题的实质，是准确的和深刻的。

第二，在相当程度上，受上述状况的影响，当前我国学术界的政治哲学研究还大多停留在译介、讨论西方学者的相关思想上，原创性严重不足。与西方学者如罗尔斯、诺齐克、麦金太尔、德沃金等学者思想迥异、风云激荡的"诸神论战"相比，我国学者还没有形成富有中国特色和中国风格的政治哲学理论。多种复杂因素造成了东西方百余年来在包括思想文化在内的多个领域内存在着巨大落差，因而对西方政治哲学著作的借鉴

---

① 赵剑英、陈晏清主编：《马克思主义政治哲学：阐释与创新》，社会科学文献出版社 2007 年版，第 479 页。

与吸收当然是一个必备的和基础性的工作，然而，这不应成为我国学术界政治哲学研究的全部，而仅仅是个开始。

正由于此，第三，政治哲学研究必须强调问题意识和实践关切。推进我国政治哲学研究，除了要认真对待这些前提思考外，还必须以明确的问题意识，密切关注当代中国特色社会主义实践，在重大理论和实践问题的切磋琢磨中收获新的学术创见。问题根源于实践中的矛盾，正确地提出问题和解决问题是学术创新的主战场和动力源泉。政治哲学研究必须对"问题"保持高度的敏感。当前，在改革开放与社会主义现代化建设事业全面推进的历史进程中，涌现出了许多重大的现实问题，对这些问题进行深入研究，提供富有学术深度和理论高度的答案，应当成为我国学术界政治哲学研究的主攻方向。

后 记

　　能够出版这本文集，首先要感谢中国社会科学院副秘书长，中国社会科学杂志社总编辑、研究员高翔先生！

　　没有高翔先生的奖掖、支持，这本完全带着初初问学之印痕的小册子是没有机会问世的。先生于我有知遇之恩！从我踏入中国社会科学杂志社参加工作开始，就基本上在先生身边学习、锻炼、尝试各种工作。先生对待后学，不仅言传，而且身教；对待工作，不仅部署明晰、立意高远，而且身先士卒、不惮劳苦。前几年，杂志社恰逢创办《中国社会科学报》等多项极其繁重的工作，先生为之殚精竭虑，日夜筹谋，真正是吃苦在前，享受在后，带领我们开辟榛莽，筚路蓝缕，艰辛备尝。没有亲身经历那段难忘的战斗岁月，很难想象其中工作的艰难繁重。而先生在其间付出的心血、忧劳，亦难以为外人道也。

　　尤其要感谢高翔先生在百忙之中为拙著赐序，深情厚望，铭心可感！先生之"百忙"，绝不是一句客套话，而是真正的、日复一日的操劳。这半年来，先生一直在中央党校中青班参加学习，课业任务极为繁重，学习时间、要求也极其严格，对于先生这样一位工作狂来说，只能是抽出晚上和周末的时间来处理杂志社"一报六刊"等等杂多繁难的工作，就是在这种情况下，先生慨然赐序，寄予厚望，令后学感动、感慨。我深切地体会到，先生之所以在密不容针的工作中抽出时间为这样一本小书写序，这不是对我个人的厚爱，而是对这几年来杂志社培养的一批年轻人的关爱、扶持和奖掖。正由于此，先生才充满感情地写道："令我感到欣慰的是，现在我们已经建立起了一支有理想、有信念、讲政治、懂理论、通学术的年轻编审队伍。这支队伍在世界理论学术编辑界独树一帜，可以和任何国家的同行展开平等的有尊严的对话，这是我最感到自豪的。"虽然我离先生的要求和期望还远得很，但我愿意持续不断地为之努力，为之探索。

人们常说文学是社会的镜子，于我而言，更觉得思想是时代的镜像。本书题名《思想镜像的生成》，大率源于此。至于镜像一词的具体出处，则既不是源于达·芬奇等文艺复兴时期艺术家、思想家所主张的镜子论，也不是源于法国魔幻式的精神分析学家雅克·拉康的镜像理论；毋宁说，这一想法出自我国古代典籍中关于镜、鉴的诗意阐发。《庄子·应帝王》即载："无为名尸，无为谋府，无为事任，无为知主。体尽无穷，而游无朕；尽其所受乎天，而无见得，亦虚而已。至人之用心若镜，不将不迎，应而不藏，故能胜而不伤。"以我之愚钝木讷，当然做不到所谓"用心若镜"，但于眼下一段艰难生活中常抱持此一想法，则确属万缘俱寂、任意东西之心境的自然表达。人之生也艰难，生活中总是会遭逢各种各样的艰辛甚至不幸。惟愿世人都能拂拭本心，敞开心镜，以期从中观照自我、理解他人、砥砺思想、确证未来。

于我而言，内心镜像中所呈现的，不仅有一些粗浅简陋的观点见解，而且还有各种情感、意绪、感喟、忆念。我甚至觉得，正是由于后者的存在，才让我们的生命镜像闪耀出丰富多彩、深沉瑰美的心灵彩虹，才让我们在现代性滚滚而来的浪潮冲击中，于灵魂至深处的精神家园花果飘零之际，而葆有一缕深情的叹惋、诗意的歌吟、精神的微笑。

衷心感谢我的博士生导师段忠桥教授和硕士生导师高春花教授！师恩深重，永难报偿。感谢责任编辑张林老师的辛勤劳动，谢谢！

二零一一年三月二十一日的晚上，我尚在本社上海记者站出差，已经有很多天没有见到我三岁多的宝贝女儿了。面对窗外绚烂的都市夜景，却倍觉萧索。春雨潇潇，更增思念。幽怀难遣，无心平仄，遂信笔写了一首想念女儿的小诗，谨录于此，以资纪念：

> 细雨湿沪上，绝知夜色凉。
> 万家灯绚烂，远客意苍茫。
> 遥怜三岁女，已解问离肠。
> 万籁此俱寂，惟闻唤父忙。

在以后的学习和研究中，如果没有意外的话，我将把部分精力投向关于中国书法的哲学思考。书法作为中华民族独具东方思想精粹的艺术形式，人们对她给予的关注和思考还远远不够。尤其是在当前这样一个艺术灵光正在消逝、古典艺魂步向荒凉、资本主义文化逻辑意图并吞天下的年代，关注包括中国书法在内的中华民族传统艺术形式，入古出今，返本开新，就不仅具有艺术史的意义，而且在更深刻的层面上指向我们这个古老民族文化精神的承继、绵延和新生，指向这一独具魅力的中华民族精神在世界文化园地中的自我确证和磅礴新生。

进而言之，我之所以愿意去做书法哲学研究——虽然这一点至今仍未赢得更多同道的深度认同——其实还是出于对马克思本真思想和文化观念的认同与践履。相比于那些抽象的、重复的马克思哲学研究，我更愿意化盐于水，将马克思哲学的精神渗透到某些具体的研究中去，虽然这其中未必有马克思的词句在。于我而言，是什么比像什么更重要。在这一点上，我认同美国著名的马克思主义学者詹姆逊的见解，他说："最终人们必须做出政治上的判断，我认为这至关重要；但问题应该首先从其内在的观念性上予以分析和讨论。对艺术作品亦是如此。我历来主张从政治社会、历史的角度阅读艺术作品，但我决不认为这是着手点。相反，人们应从审美开始，关注纯粹美学的、形式的问题，然后在这些分析的终点与政治相遇。……我更愿意穿越种种形式的、美学的问题而最后达致某种政治的判断。"詹姆逊尤其反对脱离具体作品阐释的抽象的理论问题——"我对许多哲学问题兴味索然，因为它们无法用具体作品和具体环境相结合。"诚所谓，夫子言之，于我心有戚戚焉。

在留心书史、锤炼书技、体察书道的学步过程中，著名哲学家、复旦大学吴晓明教授对我多加提点，屡屡教正，令我每每在绕室彷徨、苦思无策之际，恍如醍醐灌顶，得见天光。因此，我要在这里向晓明师表示最诚挚的感谢！晓明师不惟治学严谨，深邃精警，而且才情广被，思括今古，于历代文论、书论、诗话等无所不窥，持论新颖，见解特出。正由于此，从潜心伊秉绶，到神游爨宝子，到重返颜鲁公，到再溯王右军，到留意秦汉简牍，到检点仓石遽草，在我书道问学的每一步上，晓明师都倾囊相授，详加指点，拨云见日。"不意小筵云水散，何当立雪到曲园？"这是三年前在西安我呈送晓明师的诗句。时逝如水，三载光阴渐次凝成花蕊星芒。今夕有雨，漫打斜窗，遥望沪上，似乎又看到先生正在讲出从容而铿锵的话语来。

从哲学的意义上考量中国书法，这将是又一场漫远的征途，又一次无尽的思考。我想借此机会将自己追慕著名学者、书家、复旦大学教授王遽常先生的一首诗附在这里，作为对来日新的研究生活的邀约，对昨日无尽的苍茫浩想之纪念。

《记王遽常先生章草》

——摩挲遽草，心有所感，于二零一一年三月十四日
自京返沪车中有作

今贤独服王遽老，铁线苍藤飞大草。
矫折一笔辟新天，云气茫茫众山小。
小技尤须着眼奇，立身高古不同时。
屈折更拓能大之，独向幽径探希夷。
充实光辉之谓大，雄肆汪洋之谓霸。
书如佳酒不宜甜，老去沧桑唯有辣。
辣手磅礴复精微，青连齐鲁观忘归。
无一下笔无来历，帖碑帛简振迅飞。
且将遽草目时风，醉抹狂涂臆新功。
不觉功夫在诗外，任笔纵墨鬼青红。
红莲礼罢礼白莲，江南幸遇李龟年。
偶得高贤开眼目，风规高远气脉传。
神游小爨，心慕双卿。清雄壮慨，飞动峥嵘。
君不见千秋书史奔腾浩渺荡飞虹，匠心苦技双为功。
一纸沉吟天地映，千峰静峙月溶溶。

王　广
二零一二年夏日谨志于京城